М.М.БАХТИН

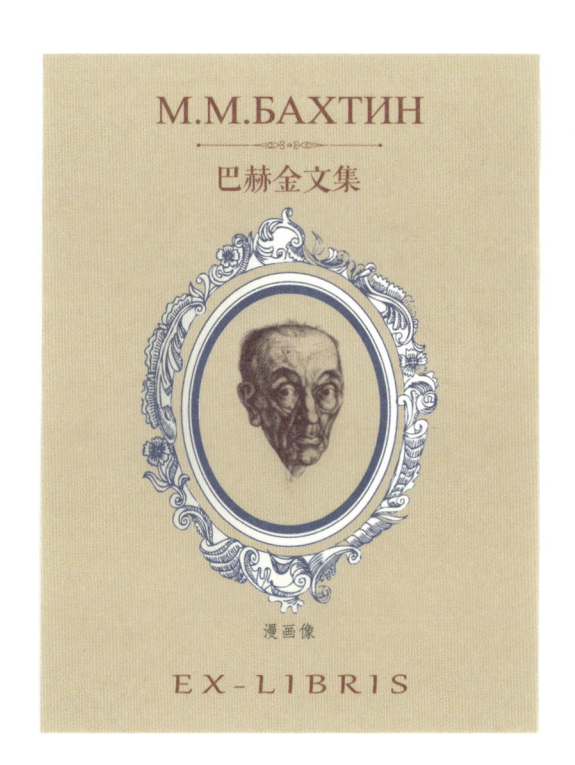

巴赫金文集

漫画像

EX-LIBRIS

М.М.БАХТИН

巴赫金文集

〔苏〕米哈伊尔·巴赫金 著

钱中文 主编

* 附卷一 *

柳若梅　王加兴　李辉凡
张　捷　凌建侯　译

陕西师范大学出版总社　西安

图书代号　WX24N1111

图书在版编目（CIP）数据

巴赫金文集. 附卷一 /（苏）米哈伊尔·巴赫金著；钱中文主编. —西安：陕西师范大学出版总社有限公司，2024.8
ISBN 978-7-5695-4088-8

Ⅰ. ①巴… Ⅱ. ①米… ②钱… Ⅲ. ①巴赫金（Bakhtin, Mikhail Mikhailovich 1895-1975）—文集 Ⅳ. ①C52

中国国家版本馆CIP数据核字（2024）第018665号

巴赫金文集　附卷一
BAHEJIN WENJI　FUJUAN YI

〔苏〕米哈伊尔·巴赫金　著

钱中文　主编

出版人	刘东风
出版统筹	杨　沁
特约编辑	李江华　黄　勇
责任编辑	李广新
责任校对	王　越
封面设计	高　洁
版式设计	李宝新
出版发行	陕西师范大学出版总社
	（西安市长安南路199号　邮编 710062）
网　　址	http://www.snupg.com
印　　刷	三河市宏达印刷有限公司
开　　本	710 mm×1000 mm　1/16
印　　张	16
字　　数	211千
版　　次	2024年8月第1版
印　　次	2024年8月第1次印刷
书　　号	ISBN 978-7-5695-4088-8
定　　价	109.00元

读者购书、书店添货或发现印装质量问题，请与本社联系、调换。
电话：（029）85308697

青年时期的巴赫金

青年时期的梅德维杰夫

《巴赫金文集》编辑委员会

主　编　钱中文
副主编　白春仁　卢小合
委　员　钱中文　白春仁　卢小合　周启超
　　　　张　杰　夏忠宪　万海松

目 录

学术上的萨里耶利主义 …………………………………… 1
评托马舍夫斯基著《文学理论(诗学)》 ………………… 16
评奈菲尔德著《陀思妥耶夫斯基(精神分析概述)》 …… 19
评什克洛夫斯基著《散文理论》 ………………………… 23
缺乏社会学的社会学观点 ………………………………… 26
文艺学中的形式方法 ……………………………………… 34
 第一编 马克思主义文艺学的对象和任务 …………… 34
  第一章 意识形态科学及其当前的任务 ………… 34
  第二章 当前文艺学的首要任务 ………………… 49
 第二编 关于形式方法的历史 ……………………… 77
  第一章 西欧艺术学中的形式流派 ……………… 77
  第二章 俄国的形式方法 ………………………… 92
 第三编 诗学中的形式方法 ……………………… 117
  第一章 作为诗学对象的诗歌语言 …………… 117
  第二章 材料和手法是诗学结构的组成部分 … 152
  第三章 艺术结构的成分 ……………………… 182
 第四编 文学史中的形式方法 …………………… 198
  第一章 艺术作品是外在于意识的实体 ……… 198

1

第二章　形式主义关于文学历史发展的理论 …………… 214

附：

现代活力论 ……………………………………………… 233

题注 ……………………………………………………… 243

学术上的萨里耶利①主义
——评形式(形态)方法

> 扼杀了声音,
> 我解剖了音乐—如尸身。
> 又用代数,检验了和谐。
>
> 普希金:《莫扎特与萨里耶利》

形式方法或确切些说形态方法,从1916年至1917年诗语研究会头两部诗集问世算起,正式存在于俄罗斯不过八年时间,但其发展过程却非同一般。

在这短短的八年间,形式方法得以经历了不无偏激的狂飙突进时期,也度过了普遍风靡的时髦阶段,当一个形式主义者,一时成为文学界高雅格调的起码而必需的标志。

现在这种时尚多半已在消退,极端倾向也已过去,无论内部,还是在反对派的阵营中。与此同时无疑出现了形式方法规程化的过程,形式方法正在成为一种教条,它不仅有导师和门徒,还有门徒和门徒的追随者。

我们以为,此刻是最好的时机,可以来认真地思考形式方法,进行最有成效的讨论。

首先一个问题是,何谓形式方法,它有哪些基本特征?

---

① 一位妒忌莫扎特天才而对莫扎特散播流言蜚语、制造阴谋的平庸的奥地利宫廷音乐家。——译者

显而易见,所有这样或那样同艺术形式问题相关的理论著作和历史研究,都不宜归结到形式方法这个概念上。否则,维谢洛夫斯基连同其巨大却未完成的历史诗学的殿堂,波捷布尼亚作为《语文理论札记》的作者(与当代形式主义者确有渊源关系),还有瓦尔策尔和圣·佩韦,甚至亚里士多德等,都可算作是形式主义者了。照这样漫无边际地解释,形式方法简直成了一片黑夜,所有的猫都无例外地是灰猫。

很显然,当我们把形式方法作为一种方法来理解时,我们指的是对文学构形问题所采取的某种专门的特别的方针,确切些说是研究文学创作的普遍原则和方式的某种体系,它为形式方法所特有。自然,形式主义是有这样一个体系的。

不能把这个体系仅仅归结为研究文学作品的形态。

如果形式方法局限于这一术语的准确含义上而关注纯粹的形态,即只描写文学创作的技术方面,那么几乎就没什么可争论的了。此类研究所需的材料齐备,尽在文学作品之中,一些基本的形态概念也都或多或少已有定论。研究者只需对各种形态单位做出系统的描述和归纳。这对于从事文学创作的研究,当然是不可或缺的。

可是形式主义者在研究实践中,绝不只限于这个同样可敬和谦逊的角色。在他们的著述中,形式方法不仅要扮演历史诗学的角色,还要扮演理论诗学的角色,在文学史的方法论上自诩为普遍的基本原则,觊觎艺术科学的立法者地位。形式主义具有了自以为是的极端教条主义的所有特点,于是演变成了一种"形式主义的世界观"。令人遗憾的是,形式主义基本原理的整个体系,正是建立在这样一个基点上,它在这里已经不是一种方法,而是文学方法论的一个原则。

这个体系就其最突出最明确的提法而论,可归纳如下:

必须研究的是"文学作品本身,而不是研究者所认为的作品反映的那个对象"[①]。而文学作品本身只是"纯粹的形式"[②]。"总的说,艺

[①] 艾亨鲍姆:《青年托尔斯泰》,第2页。——作者
[②] 什克洛夫斯基:《罗扎诺夫》,第4页。——作者

术里就没有内容"①。或者确切些说"文学作品的内容（这里也包括心灵）等于作品修辞手法的总和"②。因此，"……文学作品是由材料和形式组成的"③。词语是文艺创作的材料，形式则是由加工词语的各种手法构成的。由此引出了基本的方法论定律和最高的信条："如果文学科学想成为一门科学，那么它不得不承认'手法'是唯一的'主人公'。"④

这就是形式主义方法的理论基础。这里一眼就可以认出材料美学的基本观点，这种材料美学在现代欧洲艺术理论中得到了相当广泛的发展。德苏阿和他的杂志、乌季茨，特别是沃尔夫林（《艺术史的基本概念》）、A.希尔德勃兰特和他的《造型艺术中的形式问题》、Г.科内利乌斯等，教会了或者至少能够教会我们的形式主义者许多东西。

所有这些艺术理论家都在不同程度上有一个特点：肯定材料的首要地位，肯定作为材料组织方法的形式的首要意义。

从思想上说，形式主义方法正是这种倾向的最极端的表现之一。看来俄罗斯的特性就是如此，总要把事情推向极端，达到极限甚至超出极限以至变得荒谬……

形式主义方法在俄罗斯取得的积极成果，与欧洲材料美学的成就相似，这并不令人奇怪。因为是形式方法率先在俄罗斯认真地提出了方法论问题，把这个问题"奇异化"了。它在俄罗斯第一个开创了文学形式与技巧的系统研究，形式方法试图以客观的艺术理论，取代艺术感受，后者至今仍是我们评论界最好的理解方法。

这些成绩是不容置疑的，当然不应抹杀。但还有一点也是毫无疑问的，即这些成绩只能算是初步的，只是提出了同艺术理论有关的一些问题，只是为较为科学地解决这些问题进行了准备。当然这已经很

---

① 什克洛夫斯基：《斯特恩〈项狄传〉和小说理论》。——作者
② 什克洛夫斯基：《罗扎诺夫》，第3页。——作者
③ 什克洛夫斯基：《文学与电影》，第18页。——作者
④ 雅可布逊：《现代俄国诗歌》，第1篇，赫列勃尼科夫，第10页。——作者

不容易，但终究还远远不够，也还不是最主要的。而最主要的在于，真正科学的艺术理论，在文学创作领域则是理论诗学和历史诗学，据我们看来，并不能建立在形式主义方法的基础上，也不能用形式主义方法的理论来立论。更令人难以接受的是，有人竟想把这样的形式主义同诗学简单地等同起来。

实际上，这样做可有足够的依据吗？

让我们来分析一下形式方法的基本观点。

提出必须研究文学作品本身，而不是其间各样的反映，这一观点乍看起来似乎很令人信服，几乎无可争议。特别是在我们苏联，通过雄辩的对比，这个观点尤其有说服力。这里的文学理论及文学史领域由于开拓乏人而被形形色色凶悍的乌什库尼克①强占。多少年来，无论什么东西都可归之于文学史，从最深邃的哲学家，直到研究普希金是否吸烟，用什么工厂的烟草。

这些都是实情。然而同样是实情的，如果认真分析一下，形式主义者的观点即便不是简单的重复，也非常含混，显然没说清楚。"诗学是研究作为艺术的诗歌的科学。"②日尔蒙斯基说。那么什么是艺术，什么是诗歌，什么是作为艺术现象的文学作品？怎样才能科学地研究这一现象？这些都是诗学中基本的、核心的、关键的问题，应当从这里入手，而形式主义者至今未能系统地研究这些问题；现有的个别的解释，或者明显不足，或者根本是错误的。

如果不系统分析审美对象这一美学基本事实，就很容易否定艺术中的内容，把艺术解释为"纯粹的形式"，而将手法立为主角。正是而且唯有通过这种系统分析，才能揭示艺术内容的意义、形式的概念和材料的作用；也就是说这样才能得出一些基本的定义，从而为真正科学的理论诗学提供一个真正科学的基础。总之，我们认为，系统界定的诗学应该是文学创作的美学；这个美学当然不能理解为空洞的美的

---

① 这里是比喻。乌什库尼克为14至15世纪俄国掠夺性武装。——译者
② 《修辞学的任务》，载文集《艺术的研究方法和任务》，第125页。——作者

观念,而应是科学而系统的关于艺术接受对象的理论。这种艺术认识自然是有内容的,而不是纯形式的。

形式主义否定这一研究途径,把一种自足而又封闭的文学作品视为科学分析的唯一事实,如此一来它就成了幼稚现实主义的理论,其结果必然不加分析地滥用一些基本的诗学概念。在哲学领域里,这无疑相当于把哲学思维拖回到贝克莱和休谟的时代。

严格地说,带有幼稚现实主义倾向的形式方法,甚至还没有提高到美学的层次上来。它不掌握审美的现实。艺术事实本身对它来说是不存在的。它只知技巧的、语言学的现实,只知道"如牛叫一样单纯"的语言。

由此引发出在形式主义体系中随处可见的狭隘教条主义和简单化倾向。

"艺术里没有内容"……完全不对!同任何的文化价值一样,艺术是有内容的。艺术说到底是获得审美形态的认识内容或行为(广义的)内容。艺术创作也正是针对这一审美之外的现实。这个现实在艺术创作中得到审美改造,从而成为作品的"内容"。这个"内容"当然不可从完整的艺术客体中抽出去,尤其不能排挤掉。如此抽象出来的内容,将不再是艺术的事实,而要回到其初始的审美前的状态,即认识的、政治的、经济的、道德的、宗教的事实等等。过去的评论对每一部文学作品,处处都是如法炮制,天真地以为这样做还是属于艺术的范围。评论界的这种错误不应再重复了。但也不能走向另一个极端,把艺术的内容与内涵全消解在艺术的技巧中。"通常的规则是,形式为自己创造内容。"[1]什克洛夫斯基说。果真如此的话,"内容"并不是不存在的,尽管由形式创造,但终究是存在的。

换言之,在艺术中形式是有内容的,而不光是技巧,正如内容是有形的、具体的,而不是空洞抽象的。

---

[1] 什克洛夫斯基:《情节组成的手法与一般风格手法的联系》,载《诗学》,第123页。——作者

形式主义者在研究工作中，每一步都遇到内容的问题，这就毫不奇怪了。不仅艾亨鲍姆不得不考虑"托尔斯泰的心灵辩证法"①，就连通常对不感兴趣的问题保持缄默的什克洛夫斯基也不得不承认"拥有含义形式"②的作家，如陀思妥耶夫斯基和托尔斯泰。

雅可布逊认为"以表现为目标"是诗歌的唯一重要的因素。但我们知道，既要表现就不可能无对象、无内容，总是以某种形式来表现某种东西。科学的分析正应当揭示这两个方面——它们各自的特点和相互间的关系。于是就出现了艺术中形式与内容的相互关系问题。对此简单地不闻不问是不行的。形式主义方法选中形式和手法为目标，把这个目标孤立出来，势不可免地把问题简单化了。

在这方面，艾亨鲍姆论莱蒙托夫的一本书很能说明问题。作者分析莱蒙托夫创作所处的时代，指出它的基本特点应是"解决诗歌与散文的斗争……诗歌作品应当更有'内容'、更具纲领性，而诗律则不要过分引人注目：应当强调诗歌语言的激情和思想根据，以证明其存在的理由"③。

在形式主义者的论著中很难找到对内容的另一种更高的评价了，即便是带引号的评价。内容在这里，如果借用赫里斯季安辛提出的巧妙的术语，可称是整个文学时代的"主导"。值得注意的是，艾亨鲍姆把这一过程同新读者的要求联系在一起。他写道："诗歌作品应该为自己争取新的读者，而新的读者要求诗歌应富有内容。"④对于没有受到形式主义诱惑的读者来说，艺术，尤其是诗歌，首先（如果不说仅仅）意味着是内容。然而在这部书的后面作者把这一点又抛到了九霄云外，内容变得无影无踪，剩下的只有手法、体裁、技巧了。如此一来，这本书便失去了作者自己竭力构筑的根基。这本书的研究成了本末倒置。

---

① 艾亨鲍姆：《青年托尔斯泰》，第81页。——作者
② 什克洛夫斯基：《文学与电影》，第19页。——作者
③ 艾亨鲍姆：《莱蒙托夫》，第10页。——作者
④ 艾亨鲍姆：《莱蒙托夫》，第13页。——作者

形式主义者通常对于"手法"与"素材"的引证就是带有这种 сальто-мортале(翻跟头)的性质。

首先,材料不构成科学,它可以有不同方式的应用。大理石可以是地质学、化学和雕塑美学的研究对象;很多学科如物理学、语言发声学、音乐美学等,都研究声音,而研究的方法不同。从这个意义上说,仅仅指出诗歌的材料是词语,说"诗歌的事实就是简单得如同牛叫一般的词语"①,这些并不比牛叫更富有内容。这种空洞的不加揭示的论断中,潜伏着一种危险:把诗学引向语言学,偏重"语言事实"而忽略美学事实。这种情况果然发生在莫斯科语言学小组身上,包括雅可布逊本人和其他一些研究者。当然作为不同科学的诗学与语言学,有着原则的区别,两者的研究对象不同,处于互不相同的方面,属于科学思维的不同体系。所以雅可布逊也不得不更改其不确切的说法:"诗歌是发挥着美学功能的语言"。

这种说法就好得多,也准确得多,不过这里我们又遇到了美学,离开美学看来绝不可能论证任何的"美学功能"。然而形式主义的美学在哪里呢?

由于拒绝做这样的论证,形式主义者在这一方面也得出了错误的结论。

日尔蒙斯基在《诗学的任务》中说,诗人驾驭词语,而读者接受词语。

不完全是这样。只要留心一下自己的审美接受经验,你就会知道,读者要接受的并不是词汇本身,而是词汇中包含的对象表象,最终是词汇表述的对象本身。所以艺术家、诗人运用的不是词汇,正如不是形象直观的表象、不是感情体验一样;他们运用的是词汇的意义、内容、含义,说到底是事物本身(当然不是直接地),是价值本身,而它们的符号(在直接的意义上)正是词汇。

的确,在诗歌创作中,不仅是一些未来主义者的作品,如赫列勃尼

---

① 雅可布逊:《现代俄国诗歌》,第10页。——作者

科夫的《笑》，甚至在普希金的作品中，也存在专门着意于语言本身，着意于声音效果的情形。但这只是一些个别的情况，不是通例，不是原则。

另一方面，材料在审美加工前是一种自然的实际存在，对诗歌来说是一种语言的事实，进入艺术创作过程中则要变形而被降服，不再是技术意义上的素材。大理石和青铜经过雕塑家之手就不再是某种特定的石头或金属。形成音乐的声音就已不再是发音学上的声音。颜料作为画面上的一个要素也已不再是化学现象。而诗人的词语不同于语言学家的词语。罗曼·雅可布逊所说的"美学功能"，使得原来的材料发生了根本的变化。

在这个意义上不妨说，材料不进入审美客体，它只是手法、技巧的对象。这就是为什么将材料定为有重要美学意义的目标，最终会是完全落空。显然正是基于这一点，形式方法才提出最重要的是组织材料的手法。这就是大家都熟知的把手法推崇到首位。

但我们认为，这也无济于事。首先，文学作品的形式不可归结为修辞手段的总和。文学创作中的形式，不是几何的机械的概念，而是有目的、有目标的概念。形式不仅是实有物，更是预设物；而手法只是形式目的性的物质体现之一。每一修辞手法或所有修辞手法的总和，都是一部作品、一个学派、一种风格实现完整而统一的创作任务中的功能表现。

只有作这样的理解，形式才是一个不可分割的整体，才是美学的现实。否则形式就变成了互不相关的无审美含义的一些因素的机械凑合，从而失去了形式的本来面目。

形式主义者否定对艺术形式的这种理解，把整个的形式研究归结于记录分散零碎的布局结构。换言之，形式主义者只知道布局安排，却不知道艺术大厦如何建构，用砌砖问题偷换了建构问题。

什克洛夫斯基关于布局结构的论著，首先就是如此。他自以为了解《堂吉诃德》或其他什么别的作品是如何创作出来的，这至少是夸张之辞。弄清了这一点也就等于弄清了列夫·托尔斯泰在那封著名的信中讲到的"思想的连接"是什么意义。而什克洛夫斯基从来没有在任何论著中提出过这个复杂的、基本的艺术建构问题。实际上,现在应该区分开两个东西,一是组织材料(词语、物质、音、颜料)的布局,一是组织审美客体及其价值的建构。什克洛夫斯基并没有做这种区分,因而他有关布局的一切论著都只是简单地记述已有之物,用他本人的说法就是在斯特恩、托尔斯泰、塞万提斯、罗扎诺夫作品中"通常可见的"①东西。此类著述的理想和极致,便是手法的统计表、布局的简单罗列;这也正是当前俄罗斯省城里热心而有效做着的事情。

艾亨鲍姆在其《诗的旋律》中的做法同什克洛夫斯基如出一辙,尽管不那么露骨地浅陋,而是说得较为精巧和有趣。在这部论著中艾亨鲍姆提出"旋律机械地产生于节奏,是一个抽象的因素,不受词义和句法的制约"②。

日尔蒙斯基评论此书时,十分令人信服地揭露了这一说法的虚假性,论证了"只有修辞手段的整体,而首先是诗意及其情感语调,决定着诗的旋律"③。

然而手法的整体这一概念,是属于整个文学作品的艺术建构的。手法的体系并不是手法数量上的总和,体系与总和有质的区别。砌砖当然少不了用水泥,这个"水泥"在形式的概念里就是艺术任务的整体原则,它规范并决定着内容上、形式上的所有局部和细节。

否定这一点或对这一点认识不足,相反把手法抬高为主角会使研究走入歧途。什克洛夫斯基写道:"诗歌流派的工作,整个就是积累和展示对语言材料进行布局加工的新手法;而且更多是形象的布局而非形象的创造;形象是给定的。"④很遗憾,给定的不仅仅是形象,同样还有手法。无怪乎日尔蒙斯基认为在自由体诗方面马雅可夫斯基是布

---

① 斯特恩:《〈项狄传〉和小说理论》,第31页。——作者
② 艾亨鲍姆:《诗的旋律》,第95页。——作者
③ 日尔蒙斯基:《评〈诗的旋律〉》,载《思想》杂志,1922年第3期,第125页。——作者
④ 什克洛夫斯基:《艺术是手法》,载《诗学》,第102页。——作者

洛克的后继者；而雅可布逊认为赫列勃尼科夫只是对传统的节奏和修辞手法做了较为大胆的阐释。形式主义者认为理当如此，否则就不存在艺术流派，不存在诗歌历史，创作就变成了"纯粹"的"不断"的发明了。当然不会是、也不可能是这样。正因为如此，风格的本质不是由手法的存在和新颖决定的，而是由手法的特殊目的和独具匠心的运用决定的。无论是古典主义还是巴洛克，都使用圆柱建筑，但前者强调雄伟，后者用于装饰。伦勃朗和列宾都用浓墨重彩。无论是浪漫主义诗人还是古典作家，至少包括普希金在内，都具有"音乐性""旋律"，但他们对词的声音形式的使用却有不同。

需要能研究各种手法数量上和类型上的丰富多样，因此才有理由存在布局理论以及这方面的系统研究。否则日尔蒙斯基的《抒情诗的结构》和《节奏》、艾亨鲍姆的《诗的旋律》以至欧洲所有关于结构和修辞的丰富文献，其科学价值都要遭到否定。

由此看来，单凭"手法的新颖"是不能有任何积极建树的。"手法的新颖"在颇大程度上是虚假的……至于说手法的存在，对它的简单记述，就更不能成为建树的基础了。手法本身并没什么价值，手法的存在也不能说明什么问题。

然而在形式主义者的有些论著中，研究目的就为的找出手法，简单地实录，仅此而已。这样一来，我们熟知的崇尚手法一变而为一种明显的癖好：无论谁的作品，无论何时何地，只看其手法。什克洛夫斯基写的《罗扎诺夫》就是如此。在《落叶》中罗扎诺夫写道："在我的发根间蠕动着很多虮卵，虽看不见却令人讨厌，由此部分地决定了我的深刻。"[1]这惊人的自我剖析恐怕可与托尔斯泰的《自白》和果戈理书信相媲美，而对于什克洛夫斯基来说不过是"建筑材料"，他认为"罗扎诺夫惊惧的具体感受就是一种文学手法"[2]也就不足为奇了。

还有一个例子。雅可布逊在文中写道："一系列诗歌手法用于大

---

[1] 罗扎诺夫：《落叶》，第446页。——作者
[2] 什克洛夫斯基：《罗扎诺夫》，第19页，第21页。——作者

都市风格中,由此而来马雅可夫斯基和赫列勃尼科夫的大都市诗篇。"①倒过来说才是正确的,正是大都市主义产生了这些诗人的都市主义诗篇,并决定了它们特别的修辞风貌。至少下列事实可以证明这一点:马雅可夫斯基的手法是逐渐地在都市主义的材料上形成的。换言之,马雅可夫斯基的修辞风貌同任何一个艺术家一样,并不是独立自足的,而是受历史制约的现象。

历史主义在广义的、唯一正确的意义上,不是时间的接续性,而是生动的进化,是内在的有目的的继承性,这样的历史主义思想是同形式主义格格不入的。一般说形式主义的特点,是将历史事实与形式看成是静态的而非动态的。形式主义在这一方面的精神,也是"记录事实";而这一点列夫·托尔斯泰早就公正地拒绝称作"历史"。

这就是为什么我们认为形式主义永远不可能成为文学史和整个艺术史的根据。至少目前其代表人物在文学史领域为数不多的探索,反映出一般方法论上极为混乱和模糊的立场。如艾亨鲍姆论安娜·阿赫玛托娃一文的开头几十页,反复提及"内心实实在在的生活""紧张的情绪""活生生的人的形象"等;在《莱蒙托夫》一书中,同一作者又大讲诗人的"历史个性";而诗人1833年至1834年间写的长诗,他"倾向于不视作文学作品,而当作是心理学材料来研究"②。另一方面,这部书中突然出现了我们已熟知的一个读者,他有自己的兴趣和自己的要求。

就这样,心理学的、哲学的、社会学的、形而上学的概念,渐渐又回到了文学史的领域中来。这并不是作者的过错,因为就连形式主义者的文学史论著显然也离不开这些概念。只是我们怀疑,使用这些概念却又没有准确地论证,缺乏方法论上的系统化,是否能算作是一个优点。

不过,文学史的方法论问题,已然超出了形式主义的能力和极限

---

① 雅可布逊:《现代俄国诗歌》,第16页。——作者
② 艾亨鲍姆:《莱蒙托夫》,第103页。——作者

范围。因为要论证文学史问题，必须超越"材料"，也超越"手法"这两个概念。

在这方面蒂尼亚诺夫《论文学的事实》一文（载《列夫》1924年第2—6期）很能说明问题。作者对文学史方法论问题进行最概括、最原则的考察之后，不能不与早期形式主义极富战斗力的口号及主张拉开了相当距离。首先，作者认为"文学事实"处于复杂的进化中，受到历史的决定，从而反对静止地界定文学和文学体裁。随后他提出，应作为"主角"的不是手法本身，而是手法的功能及结构意义。总之，他摆到首位的是"结构原则"及其在历史现实中的更替；而这种历史现实又需要"某种特定条件"，于是他不能不承认文学因素与生活因素的相互作用。最后，他强调了语义系列的重要地位，而且最终不能不提到个人的个性，当然这时他没有陷入可憎的心理主义："有一些风格现象是与作者的特点相适宜的。"

作为开端，这已经不错了。当然，接下来要揭示总的规律，要探讨结构原则更替的原因时，在体裁问题之外还需研究个人风格的时候，要放弃文学现象自我制约的观点时，那时就得进一步向前走了。

而这些目前对形式主义者来说，是"力不从心"的。

不过还是有例外。近年来日尔蒙斯基与他所称的"形式主义世界观"[①]彻底决裂，倾向于较为准确系统地论证形式方法是一种方法、而不是研究对象（"艺术作为手法"并且仅是"手法"）。这样一来，作者为方法论引进了一些十分重要的因素。首先是审美客体的这个概念。他写道："在建立诗学时我们的任务是，从完全无可争议的材料出发，脱离开审美感受的本质问题来研究审美客体的结构。"随后，日尔蒙斯基提出了"题材"的概念，指出题材是诗学研究中"作品所述内容的部分"。最后，他引入了该作品艺术任务的统一体这一概念（在这个统一体中，各个手法"获得自己的位置和自己存在的理由"）以及风格、"风

[①] 日尔蒙斯基为瓦尔策尔的《诗歌中的形式问题》译本写的序文《关于形式方法问题》，第10页。——作者

格体系"等概念。

所有这些加在一起,对于克服"形式主义世界观"是一个重大的进步,在建立文学创作美学的科学方法论道路上也是重要的一步。

自然,我们对日尔蒙斯基的体系,并非一切都十分清楚。例如他说:"对这一印象(我们从艺术作品中获得的基本的艺术印象)进行科学的加工,我们便可得到形式美学一系列概念的体系(即'手法'体系)。这一体系的确立,正是诗学史研究的目的。"① 我们认为,对"基本的艺术印象"即审美客体进行科学加工,分析它、区分它,就能揭示特定的审美内容;而这内容是特定材料通过特定方法形成的,所谓一种修辞手法的体系正是服务于这一目的的。诗学史的目的在于研究审美客体所有这些功能及其相互关系,而不仅是"形式美学的概念"。另一方面,我们觉得日尔蒙斯基的题材概念似乎过窄。对于他来说,题材最终只是修辞学的一部分。可是与此同时,作者自己就强调并明确指出了"现代小说的一些典范之作(司汤达、托尔斯泰),那里的语言在艺术方面只是中性的介质,或是同实际言语的用词相似的称谓体系;它把我们带入从语言中抽象出来的题材"②。当然,在这里所有这些只是细节问题、局部问题。最重要的、实质的问题,在于作者试图克服"形式主义世界观",这种尝试是必需的、不可避免的。所以我们认为这种尝试不是偶然现象,也不仅仅是这位学者学术生涯的事实。

问题当然不在于不能把音乐拿来像尸体那样解剖,不能用代数来检验和谐。这种方法用得是地方,如把艺术品作为物质实体而进行精确的研究,便不仅可能,而且必需。所以也不应该反对把形式方法视作一种形态方法。

只不过形式主义希图有更大的价值和作用是没有道理的;"形式主义世界观"本身也是毫无根据的。萨里耶利主义走向极端和绝对化,便杀害了莫扎特,这无疑是犯罪。

---

① 《勃留索夫与普希金遗产》,第6页。——作者
② 日尔蒙斯基:《诗学的任务》,第144页。——作者

爱伦·坡说:"如果能清晰地看出一部艺术品中齿轮同轮子的机制,这本身就一定会是某种享受。但我们体会到的却不是艺术家构想的效果,事实上的确经常有这种情况:对艺术进行分析性思考,就像在斯米尔纳神殿上的照魔镜里,最美丽的东西在镜子里也要被扭曲。"①总而言之,形式方法一旦成为形式主义,成为"形式主义世界观",它就要超出自己熟悉的领域,明显地夸大自己的学术权限,再次印证昆体良②的论断:做过了头比只做该做的更容易。

当然,这个"做过头"有十分明显的历史原因。毫无疑问,形式主义本身一方面是针对旧俄国艺术理论中占统治地位的内容美学的激烈反应,另一方面又是实验精神、对语言学问题的浓厚兴趣、改造旧的艺术心理和艺术程式等的极端表现;而这几种倾向对我们这个关键的转折时代是很有代表性的。

形式主义作为特定时期诸种倾向的产物,作为受历史制约的现象,只是"历史中的一种情绪","只是手法"而已……

П.Н.梅德维杰夫
1924 年 10 月

当我有幸读到艾亨鲍姆带有方法论性质的新作《围绕"形式主义者"的问题》(载《书刊与革命》1924 年第 5 期)时,这篇文章已经完稿了。

遗憾的是,艾亨鲍姆的这篇新作实质上并无任何新的内容。

文中说,"当然不存在什么'形式方法'",这实际上是正确的。这就是为什么在狭义的方法论范围内我们主张不提形式方法,而提形态方法的原因。

然而如果说没有形式方法,亦即没有作为原则的形式主义,那么

---

① 《艺术的机制》,《文集》第 11 卷,第 196 页。——作者
② 昆体良(约35—约96),古罗马演说艺术理论家。——编者

"形式主义世界观"是存在的。"这是歪打正着,"艾亨鲍姆写道,"问题不是说研究文学的方法,而是说建立文学科学的原则,也就是指文学的内容、基本的研究对象、构成文学这一专门学科的各种手法……认定文学科学的基本课题是文学作品的特殊形式,认定构成文学作品形式的所有要素都是结构要素而具有形式的功能,这当然是一种原则,而不是方法。"

这样就再次肯定了"形式主义"是文学科学(诗学)的构建原则。而对这一"形式主义",我们在上文中尽可能地进行了评价。

还要提及一点,艾亨鲍姆不无得意地声称:"我们自己是有许多方法的。"请看,我们可非同小可,别小瞧了人!

这种得意未免有些不宜。方法应该从研究客体的本质中引出。只有这样,方法才不会是外在强加的、偶然拼凑的。如果"文学科学"有它"基本的研究对象",那么对于这种研究来说,未必需要"很多方法"。在这里研究任务的实质决定了方法论一元化的立场。而对想要构建作为独立学科的文学理论和文学史的人来说,这样的立场尤其是必不可少的。

1924 年 11 月

柳若梅　译

评托马舍夫斯基著《文学理论(诗学)》

鲍·维·托马舍夫斯基的这本书,比起独立而完整的诗学论著要差些,比起语文理论的教科书又要强些。

如果仅仅视它为教科书,那就不得不承认,在我们现有的教科书中它是最好的一本,无论是指材料的丰富性,还是对材料的科学加工和系统化。诚然,托马舍夫斯基的这本著作也有很大的缺陷(下文将要谈到这一点),然而毕竟远远超过了那些陈旧的语文理论,也超过了较新一些的沙雷金和奥夫相尼科-库里科夫斯基编写的教程。简而言之,这样认真的、明了的、充实的教科书,无论是以往还是当今都尚属罕见。

但是,作者似乎并不满足于一个语文教师的有限角色,也并不把这本书只看作是教科书。至少此书的标题促使我们这样想。

但如果把《文学理论》当作一本研究理论诗学和历史诗学的专著来看待,那么书中就有许多问题都值得商榷。

首先是有关方法论的问题。

作者是站在"形式"的立场上。他开宗明义地写道:"诗学的任务是研究文学作品的结构方式。"(第3页)这样来界定诗学及其任务,至少是有争议的,无论如何是很片面的。依照我们的观点,诗学应该是一门话语创作的美学,因而研究文学作品的结构手法只不过是它的任务之一,诚然,这是一项相当重要的任务。另一方面,不了解这些手法的艺术功能,就无从对它们加以研究和分类,而这种艺术功能在形式主义诗学的范围内是观察不到的。这也就难怪"形式主义者"们常常会脱离开自己的理论。托马舍夫斯基也是这样,当他开始谈论"艺术趣味"(第5页),手法的"艺术功能"(第6页)和"主题"(第134—136页)时,他就脱离开了形式主义。

绝不能将趣味这一概念归入形式主义的范畴,任何的趣味都是富有内涵的。功能性也绝不是手法本身所固有的,手法产生的"效果"是由它在这部艺术作品中的功能决定的。而这个功能也超出了形式主义的边界。主题同样不能完全归到形式主义的范围之内,无怪乎托马舍夫斯基转论主题时,想到了"历史条件"(第135页);综述题材时,区分了不同的主题情节,而这"情节"又是艺术作品中思想内容的要素,而不是狭义上的形式要素。

所有这一切使人们产生了这样一种印象:本书作者在方法论上试图采取的立场是动摇而不稳固的。他的形式主义观似乎显得驳杂而模糊。

我们认为,本书在某些章节中对某些问题的阐释也并非十全十美,无可指责。

第一章——修辞学的基础——写得相当准确全面。只是不妨详细讲讲风格的概念本身和散文的节奏(第60页)。作者就这些问题所发表的意见,是远远不够的。

第二章——比较诗律——则写得更好,更为全面。只不过这里好像可以删去一些东西,譬如与西方诗歌样式所做的某些类比。作者对诗的选音(инструментовка)重视不够(第132页),不知何故总是回避使用一些通用的术语,如 дольники(三音节诗格的变体),如 вольный、свободный стих(自由诗和自由体)。此外,不应该把韵脚问题放到音节诗格律这一部分里来谈(第86页),而且与第一百一十页上又有重复。

不过,第三章——主题——写得很不成功。这一章论述得太简略,而且缺乏连贯性。历史诗学部分的篇幅大大超过了理论诗学的部分。主题手法的艺术功能几乎完全没有揭示。用"某种统一体"来界定主题,是很不够的(第136页)。究竟是怎样的统一体呢?

对体裁的界定(第162页)含糊不清。体裁的特征仅仅就是各种手法的组合吗?

总的来看,托马舍夫斯基对主题的理解是很狭窄的,只把它看作是布局结构的一部分。

书中还有一些局部的不足之处,试举例如下:在语义辞格中词语的基本意义并没有完全被破坏,否则就无从理解其派生意义了;可是作者忽视了它们之间的对比关系(第28页)。规范的诗学不仅是现在,就是在艺术发生危机的时代是有害无益的、不可思议的(第7页)。在艺术语言中,尽管"着眼于表达"具有典型性,但交际的功能依然没有消失,这一点作者强调得不够(第9页)。如果称为意义上的主语和谓语,而不叫作心理上的主语和谓语,会显然更好,更为恰当(第43页)。复杂建构的诸因素,在第一四一页开始讨论,但却有头无尾。有关语调不受句子意义制约的问题大有争议,因此不宜说得如此绝对(第184页)。

当然不应该忘记,托马舍夫斯基的这本论著,是我们国内首次尝试对文学理论加以科学系统的阐述。还必须指出的是,本书的不足在很大程度上被它的那些显著优点所抵消。

因此,尽管托马舍夫斯基的这本著作不完全名实相符,但作为初步尝试,值得我们给予充分的注意。

王加兴　译

评奈菲尔德著
《陀思妥耶夫斯基(精神分析概述)》

精神分析是一种极为诱人的假说,西格蒙德·弗洛伊德则是一位非常独特的学者。

但当他的学生和追随者们——不管是真正的还是假冒的——试图用"精神分析的神钥匙"开启艺术创作的神秘大门时,却产生了某种相当奇怪又颇为费解的结果。

恐怕大家对卡希娜-叶芙列伊诺娃在题为《一位天才的地下室》的小册子里所做的"女红"还记忆犹新。这本小册子给陀思妥耶夫斯基的创作生涯笼罩了一层性的迷雾,在很大程度上是臆想出来的。或许也还记得 И.叶尔马科夫教授就普希金和果戈理的创作心理问题所发出的精神分析的谵语。这些"学术著作"的水准,都没有超出那些中等水平的极其平庸的滑稽作品。

与这种作品比较,约兰德·奈菲尔德也相差无几。他的概述虽然是由弗洛伊德亲自审订的,却并未因此而有太大的改进。

每一位研究者都应该熟悉其研究的材料。精神分析法认定艺术创作就是作家个性在心理生理上,首先是在性潜能上的表现;对精神分析法来说,创作总是自传性的。由此可见,研究陀思妥耶夫斯基的精神分析学家,无论是对这位作家的创作,还是对他的生活,都应该有准确而广泛的了解,应该熟悉艺术家的创作和生活历程。

奈菲尔德对陀思妥耶夫斯基却缺乏这种了解。他只有一种泛泛的、极为肤浅的了解，总的看来是不严肃的。无怪乎他完全信赖柳博芙·陀思妥耶夫斯卡娅①的回忆录，可这本书显然写得很不负责，在许多方面都显得荒唐而离奇。

假如这一切都并非如此，那么奈菲尔德就不会说彼特拉舍夫斯基小组"密谋推翻沙皇"（第18页），就不会断言孩提时的陀思妥耶夫斯基在切尔马什尼亚时曾一度沉湎于乱伦的幻想之中（第20页），就不会让他在第一位妻子去世之后纵饮无度，寻欢作乐（第13页），还让他在晚些时候创办了一家什么报纸（第49页），就不会弄错陀思妥耶夫斯基的思想发展历程（第29页）以及和阿·苏斯洛娃发生的那桩艳事（第60—61页）等，不一而足。

再者，假如作者了解陀思妥耶夫斯基的生平很细微而且深入，那么他就不会以十分简单化的方式来处理某些问题，也不会对另一些问题做出令人难以置信的荒谬解释。比如说，他就不会把陀思妥耶夫斯基第一次婚姻的全部不幸，解释为后者在性生活方面不能满足妻子玛丽娅·德米特莉耶芙娜的要求（第57页）；另一方面也不会断言，陀思妥耶夫斯基出于对父亲的憎恨才加入了彼特拉舍夫斯基小组（第29页）；不会认为，陀思妥耶夫斯基迫不得已在国外颠沛流离时还有那些令人生厌的乱伦现象（第49页）。

这就意味着他对陀思妥耶夫斯基的生活经历不甚了解，也正因此对作家其人缺乏理解；这种了解本来可以成为真正的精神分析研究的唯一坚实基础，在这里却遭到了破坏。

作者一旦丧失了这一基础，除了妄加臆测，做些可疑的类比，做些毫无道理的概括外，也就别无选择了。

奈菲尔德就是这么做的。

他抱着赫列斯塔科夫式的轻浮态度，将作家生平的种种事实及其意义，与文学作品中的事实及其意义混为一谈（第25页及其后）；他能

---

① 柳博芙·陀思妥耶夫斯卡娅是陀思妥耶夫斯基的女儿。——译者

评奈菲尔德著《陀思妥耶夫斯基(精神分析概述)》

把陀思妥耶夫斯基与其任何一部作品中的任何一位主人公等同起来，如同《地下室手记》的主人公(第25页)，同戈利亚特金(第28页)，同卡拉马佐夫所有兄弟，乃至斯梅尔佳科夫(第33页)，还有《死屋手记》的叙述人(第41页)。我们无处去找类比的理由。对于这位心情愉快的作者来说，无须什么理由，就已经"一清二楚"了。而即或有什么理由的话，也像乌克兰笑话说的："菜园里有接骨木，基辅城里有大叔。"例如在奈菲尔德看来，卡拉马佐夫家所有四兄弟，包括斯梅尔佳科夫在内，还有那位可敬的父亲费多尔·巴甫洛维奇，全都是"陀思妥耶夫斯基本人性格的裂变"(第33页)；而且作者把老卡拉马佐夫划进来所提出的理由是："老卡拉马佐夫用的是作家的名字，而按照俄国人的习惯，孩子们都得沿用父名，因此老卡拉马佐夫在明确的意识中指的是陀思妥耶夫斯基的父亲，可在无意识中却是指作家本人。"(第36页)还有另外一个论据，说的是："……作家是对自己不道德的性欲行为进行揭发，因此在费多尔·巴甫洛维奇身上暴露了自我。"(第37页)我们真是得到了一把"神钥匙"。现在，我毫不怀疑，连斯基就是普希金：他们俩都是淡黄头发；果戈理就是波留希金：他们俩都喜欢穿长袍。我绝不是在开玩笑，也不是在讽刺挖苦；奈菲尔德就曾断言，《罪与罚》中的女高利贷者不是别人，正是作家的父亲，因为无论是前者还是后者都很吝啬(第79页)。

有了这种极为奇妙的逻辑，就无怪乎奈菲尔德忽而把作家的母亲(第37页)，忽而又把作家的第一位妻子(第60页)看作是《被欺凌与被侮辱的》中娜塔莎这一人物的原型了；也无怪乎说陀思妥耶夫斯基儿时所以害怕动物，是惧怕父亲的缘故(第20页)，所以害怕死亡则是暗地盼着父亲早死的缘故(没过多久父亲果真死去)(第23页)。

我们这位绝顶聪明的作者对庸俗的神秘论也不陌生。为什么《卡拉马佐夫兄弟》最终没有写完呢？奈菲尔德做出了权威性的解释："作家的死亡倒不是造成小说没有写完的最终原因，恰恰是永恒的因素不允许有一个和谐的结局。"(第86页)当然喽，死亡乃区区小事，何足挂齿。"永恒的因素"可就不同了。

奈菲尔德这本概述的"精华",它的目的和宗旨全在于此。作者之所以需要一系列的事实,需要概念与思想的整个辩证关系,仅仅是为了证明陀思妥耶夫斯基全部创作的基础,就是乱伦性质的"俄狄浦斯情结"。奈菲尔德写道:"永生的俄狄浦斯附在这个人的身上,并创作了这些作品;此人永远也无法战胜自身的情结——俄狄浦斯"(第12页)。

整个这本书就是要来宣告这一精神分析法的异端邪说大获全胜。

我们不准备在此对这一异端邪说做实质性的探讨,只是想指出,它无助于我们深入了解陀思妥耶夫斯基的生活和创作,它说明不了任何问题。

真是徒劳无益!关于陀思妥耶夫斯基的文献中,只多了一本滑稽可笑的小册子。

王加兴　译

评什克洛夫斯基著《散文理论》

封面上的标题是:散文理论。扉页上则为:关于散文理论。这是怎么回事:到底要不要"关于"二字？要知道这可不一样,两者之间有着很大的差异。

不过,我们也不要过分挑剔。其实,"关于"一个词语起不了实质性的作用,因为在鲍·什克洛夫斯基的书中不存在任何散文理论。有的只是一组旧文,里面以纯然形式主义的阐释研讨了某些修辞学的问题。这些问题还是形式主义处于"美好的青春期"时,即于 1918 年和 1919 年,甚至不是 1921 年被提出来的。啊,美妙的童年时光！

的确,这些文章问世没有多久,却已经黯然失色,陈腐不堪了！它们那些故作惊人之笔的提法,那副无所畏惧的架势,咄咄逼人的辩论口气——这一切现在只会招致人们的讪笑。根本就没有必要争论。再说,形式主义者们现在已主动放弃了他们当时在激烈的论战中所坚持的许多观点,仅从这一点来看,也不值得再论争了。

对他们来说,岁月没有白白流逝。他们一边学习,一边成长起来,走向成熟。可什克洛夫斯基却一直故步自封,裹足不前。形式主义超越了它的倡导者。"永葆青春"的姿态最后只是显得滑稽可笑。

什克洛夫斯基书中仅有的那点有价值的东西,人们在很大程度上主要从维谢洛夫斯基的著作中就已经了解了。这一非常精彩的材料,在什克洛夫斯基书里得到了广泛而又独到的利用。

试举一例。在谈到诗歌创作的独特范围时,维谢洛夫斯基说道:"每个新的诗歌时代不是在利用那些亘古不变的形象吗? 不是只局限于这些形象的范围之内而仅仅重新组合旧的形象,给这些形象添加一些新的生活感受吗(这种对生活的新理解,实际上就是诗歌比过去的进步之处)? 至少,语言发展史向我们提供了类似的情形。"(《维谢洛夫斯基文集》第1卷,第16页)他在另一处论述"典型情节"时写道:"我不想……说,诗歌创作活动仅仅表现为典型情节的不断重复或重新组合。"(《维谢洛夫斯基文集》第2卷,第1册,第12页)

什克洛夫斯基在与波捷布尼亚学派论辩时写道:"你对时代了解得越透彻,你就会越加确信,你原以为是由某位诗人创造出来的形象,却是从别的诗人那里借用过来的,而且几乎是不加改动。种种诗歌流派的全部创作活动,只不过是积累和提示如何组织和加工语言材料的新手法,与其说是创造形象,不如说是配置形象。"(第8页)

换句话说,维谢洛夫斯基的疑问到了什克洛夫斯基那里就成了绝对的肯定;他当然是把思想内容的因素排除在外的,因为这在形式主义被视为异端。维谢洛夫斯基不愿说出来的话,什克洛夫斯基却十分乐意地、用一种极为随便的口气说了出来。他的独到之处,归根到底,也就表现在这里。

如此说来,什克洛夫斯基的新意听起来竟非常耳熟——尽管做了"奇异化的"处理。

书里的前言倒是很新鲜。

前言一开始就写道:"不言而喻,语言处于社会关系的影响之下。"这话出于本书作者之口,倒是让人感到有些突然。不过,这一点丝毫没有引起什克洛夫斯基的不安,他对此并无多大兴趣。

原来,问题在于:"词是物。词是按照自己的语言规则变化的,而规则受言语生理学等的制约。"由此就产生了——pro domo sua:"在文学理论中我从事的是其(语言)内部规律的研究。如以工厂生产来类比的话,则我关心的不是世界棉布市场的形势,不是托拉斯的政策,而只是棉纱的标号及其纺织方法。"

这一比喻完全暴露了什克洛夫斯基的全部论据,也使他的方法论立场昭然若揭。

问题恰恰在于:织布的方法是与总体技术水平和市场形势紧密相关的,前者取决于后者。如果不了解、不考虑后者,那就不可能发现和理解任何的"内部规律"。

至于棉纱的标号,那就不同了。只要懂得四则运算就够了——足以应付裕如。

然而,这难道是科学吗?

王加兴　译

缺乏社会学的社会学观点
——评萨库林方法论著作

> 方法论,归根结底是一种世界观……
>
> 帕·尼·萨库林

帕·尼·萨库林打算撰写由十五本书组成的大部头的《文学科学》。这门科学一方面应该对文学理论领域所取得的成果进行总结,另一方面则应该揭示出文学史作为一门科学的发展前景。

在这部宏大的著作中,萨库林一开始就原则地也一针见血地指出:"文学史是一门弱的学科。它要成为一门严格意义上的科学,在许多方面还有待改进。然而,它能够也应该成为一门科学。"

阻碍文学史成为一门科学的主要原因,是对其方法论的前提研究得不够,这一点恐怕不会有什么争议。

当今围绕这些问题正展开紧张而激烈的辩论,其积极意义就在于:文学史的研究对象、方法及其界限在辩论中逐渐明朗,也就形成了科学地自我界定的过程。

是应该对诸如"wer nichts ordentliches kann, macht Methodologie"之类说法的庸俗轻浮的讽刺意味做出恰如其分的评价了。卡尔萨温同志内心不无同感地把它译为:"谁如果做不了任何有意义的事情,那他就要去研究方法论。"(《东方、西方和俄罗斯思想》,第3页)

我们并不这样认为。套用一句李凯尔特的话,我们想说:"方法论已成为严谨治学的条件,如果有人不想从方法论上来论证他的思想,那我们就不想听他的见解。"(《自然科学中概念形成的界限》,第16页)

显然,萨库林最近出版的属于他那"文学科学"系列的两部著作——《文艺学中的社会学方法》和《文学史的综合体系》,正应该服务于这项宗旨,即:文学史在方法论上的自我界定。

一个决心系统而科学地提出并解决所有这些问题的研究者,会面临艰难而复杂的处境,这一点我们完全能够理解。

对素材必要的研究还远远没有完结。俄罗斯学术思想在这方面的传统,几乎仅限于维谢洛夫斯基(他的历史诗学中的某些片段),以及马克思主义艺术理论的奠基者普列汉诺夫。

当今的方法论争论,还没有产生并形成公认的真理。这一切似乎都表明,在文学史的方法论领域建立"综合体系"是不可能的,还为时过早。

不仅如此,方法——任何一门学科的任何一种方法,都不能看作是实际操作的具体方法的总和。这一点就使事情变得更为复杂。方法论不是具体的操作方法。

萨库林说得对:"方法乃是建立在某些原则之上的科学研究手法的总和。这些原则是由对研究对象本质的理解中引出的,因之也是由对研究课题的理解中引出的。"(《文艺学中的社会学方法》,第25页)

归根到底,这也就是说:方法论是一种世界观。(同上,第25页)因此,方法论专家不仅应该成为一名本专业的实践者,本行当的里手,还应当是一个具有多方面理论思维的人,思想系统化的专家和辩证论者。

萨库林主要是在研究符·费·奥多耶夫斯基的著作[①]中,显示出自己是一位文学史工作的优秀实践者。那么他现在又是怎样来完成复杂的理论工作的呢?

---

① 指写于1913年的《俄国唯心主义史纲》一书。——译者

"方法论归根结底是一种世界观"。萨库林是"科学现实主义"的拥护者,他认为,对文学史的方法论而言,只有马克思主义,只有历史(辩证)唯物主义才能成为这种世界观的基石。

他写道:"现在,这种社会学学说比任何其他学说都更符合科学现实主义的要求;其涵盖面之广,完全可以成为我们方法论体系的可靠支柱。我正是从这里为社会学方法找到了'基本原则'。"(同上,第37页)接着,作者不止一次地要求严肃而科学地运用马克思主义,以解决"我们这门科学的一些特殊问题"。作者完全正当地猛烈抨击了将马克思主义庸俗化的那些人,他们"把机器上的传递带直接套到思想家的脖颈上,他的头部的每次转动都受制于飞轮的转动"(同上,第109页)。与此相适应,他对马克思主义文献有广泛的涉猎,总是旁征博引地利用马克思主义者的言论。

但是,援引别人的论述是一回事,运用它则是另一回事;"基本原则"是一码事,对它们加以具体运用则是另一码事。

萨库林常常毫无必要地显示自己的博学。前面提到的两本书里,便有许多并不需要的、无关宏旨的东西。作者津津乐道一些表述含糊的新见解,诸如"创作活动本质上乃是诗人自我表露的过程""作家的个性不应为文学史家所忽略"(同上,第131和133页)。以这种方式表达出来的诸如此类的见解都是毫无意义的,它们不应该出现在严肃的方法论著述中。

与此同时,将辩证唯物主义的基本原则用于文学史的方法论,检验起来我们觉得远不是无可指摘的。

当然,问题并不在于作者主张采用"精确的社会学术语"而把职业作家群体称为"作家阶层"(同上,第33页)。问题不在于这些细枝末节,而在于:马克思主义首先不仅是"社会学理论",而且是严格确定的一元论世界观。

显然,以马克思主义基本原则为依据的文学史方法论,首先应该是严格意义上的一元论。

然而，萨库林的方法论体系所缺少的，正是一元论，是完整的统一。

他研究文学，采用两种方法："内在性研究"采用的是形式的方法；只是"因果性的"、历史的研究才采用社会学的方法。

萨库林本人写道："文学形式的要素（声音、词语、形象、节奏、布局、体裁），文学的主题，总的艺术风格——这一切首先要从内部加以研究，借助于理论诗学根据心理学、美学和语言学所提出的那些方法，也包括被当今所谓形式方法所采用的那些方法。就其实质而言，这是我们的书中最有价值的部分……因此，我们所面临的是：作为艺术有机体的作品，作为一整套有活力的形式特征的体裁，作为创作个性的作家，以及作为艺术风格统一体的流派。"（同上，第27页）

依照萨库林的观点，这一切都没有超出"内在性研究的范围"；对这种研究来说，社会学方法是无能为力的。

只有在"内在性研究"完成之后，当我们转而研究文学的因果制约性，文学的"社会性因果关系"时，社会学的方法才能发挥作用。在这一点上，也只有在这一"因果的关系链上，社会学方法才独占鳌头"（同上，第31页）。

这种论断不能不引起一些异议。

即使站在萨库林的立场上，自然也会提出这样的问题：对文学的"内在性"研究和"因果性"研究这两者是怎样相统一、相联系的？

很难设想萨库林会真的以为：可以内在地利用各种方法而不须将各种不同的方法有机地统一起来，服务于一个统一的目的。实际上，如果缺少了这一点，就不可能有任何严肃的研究，就不可能有任何一门科学。

然而，对这一基本问题，作者恰恰没有给予任何肯定的回答。在他的研究中，一直就存在这两种，甚或更多的方法，各自都是封闭的、独立的、自律的因素。它们在本质上并没有得到统一。关于有系统的结合，这一点甚至没有作为任务提出来。它们之间的联系至多也只是机械性的。

这就使我们有理由得出下一个结论：萨库林的方法论体系是二元论的，甚或是多元论的。我们这位作者不止一次倡导的一元论，在他的论著中充其量只不过是一种美好的愿望。

在萨库林所描绘的文学发展的历史画面中，也充满这种二元论的色彩。

在历史生活的完整过程中，他区分出两种类型的发展：一是进化发展，或曰"自然"发展，是由发展主体的特定属性和性能所决定的；另一个是因果性发展，是由外部原因所引起的。

萨库林力图"把因果关系纳入规律的范围"，便想方设法将进化发展提到首要的地位上。

但不妨也把进化这个概念——"自然"发展的概念同样纳入规律的范围。

进化在自然界中意味着什么呢？它只意味着发展的能力，只能意味着该主体可以在某种范围内得以发展的事实。说得简单一些，在萨库林看来进化只是指柳树可以在相应的自然条件中生长，并且它永远也不会结出香蕉来，仅此而已。至于这棵树或这个人究竟怎样成长，这取决于周围的条件，亦即对发展主体而言是外部的条件。

这同样也该适用于文学，适用于作家、体裁和流派。文学作为语言艺术，可以使语言创作的活力得以发挥，这便是萨库林的进化论。

然而，这种语言活力用在什么目标上，怎样发挥，哪些作家会脱颖而出，哪些体裁会固定下来，又会形成哪些流派——这一切都取决于、都受制于多种历史原因的复杂作用。

这也就是萨库林称之为因果关系的东西。换言之，进化性和因果关系不是历史生活中各自独立的单独"因素"。其次，进化性完全受因果关系的制约。再次，在生动的历史过程中，不可能将这两者准确地区分开来。

萨库林正是这样做的，始终将二者彼此隔绝开来，因而尽管他一再表示反对,却还是在所描绘的文学发展的历史图景中肯定了形而上学的二元论。

这样一来,他也就破坏了他自己的社会学方法的基础。

当然,对他下面这样一个论断,只能以讽刺的态度来接受了,这就是:在他的体系中,似乎"社会学观点渗透到了文学史家的工作之中,对我们这门科学的整体建树产生着最为积极的影响"(同上,第32页)。

在文学的"内在性"研究中,哪里有这种社会学的观点呢?如果文学的发展是本能的,是自发的,"自然的",那还可能有什么样的社会学观点呢?

缺乏社会学观点就无法进行任何文学研究,即使是"内在性"研究,这一点在我们看来是显而易见的。

当然,当我初次阅读某一篇艺术文本,或者统计某首诗里的元音数量,或者考察构筑短篇小说的技术手法的时候,我是处于社会学观点之外的。但这并不是研究,更不是科学。

然而,一旦对这些手法的艺术功能问题产生兴趣,尤其是一旦转向主题、体裁和风格这些问题,必定即刻就会超出"内在性"研究的范围,而进入社会学的公海。

从根本上说这是不可避免的,因为对任何文学事实都起着制约作用的目的论和历史,本身便是社会性的范畴。

萨库林应该懂得,这一切并不是由成见、也不是由教条主义造成的。否则的话,人们就要指责他的某些论著存在这种问题了,至少是关于涅克拉索夫和萨尔蒂科夫的著述。

因此,萨库林的基本错误恰恰在于,社会学观点根本没有"渗透到"他的方法论中。

而在方法论中,真正牢固地依托于辩证唯物主义的一元论,只有在这种情况下才能够实现,也只有在这种情况下才应当实现。

应当更为宽泛地理解社会学方法的使用范围。应当把艺术作品的"内在性"研究也纳入其中，为此可以采用包括所谓形式方法（形态方法）在内的其他方法所提供的一切有益的、有价值的东西，并将它们与社会学方法结合起来。

这里并没有令人生厌的、肤浅的折中主义，因为社会学方法就其本质来说，乃是一种综合性的方法。

可以这样来建构文学史的方法论，这一点似乎萨库林是清楚明了的。不管怎么说，在与"列夫"的理论家们争辩时，他是这样写的："一旦'科学的诗学'超出了'诗歌语言研究会'所划定的范围，一旦诗歌进入历史学家的领域，那么就必须把主题和表现主题的手法本身同'诗人所服务的那一社会群体'联系起来加以研究。"（同上，第18页）

甚至不是说"可以"，而是"必须"。不是途径之一，而是唯一的途径。但萨库林本人却没有走这条路。

他因为不善于或者不愿意去攀登一元方法论的高峰，就纯粹教条主义地把文学史家的领地分割为各自独立的一块块园地，而后把它们交给了各种不同方法论的拥有者。"内在性"这块园地给了形式主义者，"因果性"给了马克思主义社会学者，"法则论"给了神秘的综合家。

因此，他自己的方法论体系不仅是多元论的，而且还是折中主义的。换句话说，萨库林的思想和原则并不构成一个规律性的完整的体系。

或许，最明显不过的证据，是萨库林在其《文学史的综合体系》的末尾所提出的那些"法则论性质的总结"。

确实，他预先就做了如下的声明："探寻法则论性质的总结，对我们来说是一种新事，我们还没有足够地深入到我们研究对象的特殊本质之中。"（第77页）但这并没有改变问题的实质。"法则论性质的总结"无论是多么的新颖，它应该包括文学的哲学领域，亦即文学发展的普遍规律。

我们这位作者指出了哪些规律呢？

对立和突变的规律、历史惯性的规律、保持创造力的规律、对应的规律、内在统一的规律。

萨库林预感到,这种概括"可能会引起争议,而且也不充分"。

问题不在于它们是否有争议,问题是它们根本就不是文学发展的规律。我们真想看看以这些"规律"为基础写出的文学史是什么样子。

萨库林把社会学、心理学和自然科学中某些远非基本的结论,简单地搬进了文学领域,根本没有把它们联系起来,也没有揭示出它们的因果关系和功能制约,便宣称这盘杂烩就是文学发展的规律。发现这样的"规律"是再容易不过了。但是要知道,莫里哀笔下的一位主人公就爱这么做:嘴里说着大白话,心里却想自己说出的是诗句。

用不着我们去"愤怒地阅读",去揣测萨库林的美好愿望何以会如此落空。

但我们应该指出这样的事实:萨库林并没有一个方法论的体系;他的理论与马克思主义的基本原则相距甚远;在他的社会学观点中是没有社会学的。

1926 年 1 月

王加兴 译

文艺学中的形式方法

第一编　马克思主义文艺学的对象和任务

第一章　意识形态科学及其当前的任务

**确定特点的问题是
意识形态科学当前的基本问题**

文艺学是意识形态科学这一广泛学科的一个分支，它在理解自己的对象的统一原则和对这一对象进行研究的统一方法的基础上，包括人的意识形态创作的所有领域。

这一意识形态科学的原理，从总的确定意识形态上层建筑及其在社会生活统一体中的功能、它们同经济基础的关系，包括它们之间的相互关系等的意义上说，是由马克思主义深刻而坚实地奠定的。但是，详尽地研究意识形态创作的每一个领域，即科学、艺术、道德、宗教等的特点和质的独特性方面，则至今还处在初创的阶段。

在上层建筑及其对基础的关系的一般理论同对每一特殊意识形态现象的具体研究之间，好像存在着某种脱节现象、某种模糊的和不稳定的领域，每一位研究者通过它时都要担风险，常常干脆对一切困难和模糊的事物闭起眼睛，一跃而过。结果，或者是所研究的现象（例如，文艺作品）的特殊性得不到阐明，或者是借口按特殊性的要求进行"内在的"分析（但这种分析与社会学没有任何共同之处），人为地使经济基础适应于它。

缺乏的正是关于每一意识形态创作领域的材料、形式和目的的特殊性的详尽的社会学学说。

须知，其中的每一个领域都有自己的语言，有这一语言本身的形式和方法，有意识形态折射同一存在方面的特殊规律性。消灭所有这些差别，忽视意识形态语言的本质上的众多性，远不是马克思主义的本色。

当然，艺术、科学、道德、宗教的特殊性，不应当排挤它们作为共同基础之上的、充满统一的社会经济规律性的上层建筑的意识形态的一致性。但是这种特殊性不应当为了强调这一规律性的共同公式而被抹杀。

应当在马克思主义本身的基础上制定适合于所研究的意识形态创作特殊性的统一的社会学方法的标准，以便这个方法真正能够贯彻于意识形态结构的一切细节和精微之处。

不过，为了这一点，意识形态系列的特殊性和质的独特性本身首先应当是清楚的和确定的。

马克思主义当然不能到唯心主义的"文化哲学"或实证主义者的各种"学科"（艺术学、科学学、宗教学）那里去借用这些定义，因为这样势必人为地使基础适应这些借用的定义，其实这些定义本身应当是从基础引出来的。

所有这类出自西欧学术界的定义分明都不是社会学的：它们或者作自然主义的理解（主要在生物学基础上），或者实证主义地把精力分散在肤浅地理解的经验中，隐没在毫无意义的细节的荒漠中，再就是唯心主义地脱离任何经验，闭锁在"纯意义""价值""先验形态"等独立自在的王国里，因而完全无法表示具体的、永远是物质的、永远是历史的意识形态现象。

西欧学术界研究过的大量实际材料,马克思主义当然可以而且应该加以利用(自然是有批判地利用)。但是,原则、方法,部分地也包括这些工作的具体方法,马克思主义是不能接受的(像古文字学、对文本的语文学上的处理和分析手段等这样一些粗浅的工作法除外)。

唯心主义"文化哲学"和人文实证主义的危机

现在在西欧学术界和哲学界本身可以看到一种既对意识形态上脱离实际的情况,也对毫无意义的无力进行任何综合的实证主义和自然主义的强烈不满情绪。出现了一种把广泛的世界观综合(过去曾经是唯心主义"文化哲学"的财产)的任务同具体研究意识形态现象生动的变异性、多样性、特殊性以及物质具现的任务(与唯心主义相反,过去是实证主义在部分的人文科学中提出的)结合起来的深刻愿望,而且这种愿望正在变得日益强烈。

上世纪末就在这种愿望的基础上,开始形成西欧艺术学的形式主义(菲德勒、希尔德勃兰特、迈埃尔-格雷费),它既敌视前一世纪的实证主义,同样地也敌视唯心主义的哲学美学及其不好的共同性和对具体艺术现象的脱离。

艺术学同时在两条战线上——同实证主义和同唯心主义美学的主张——展开的这一斗争,曾得到19世纪末20世纪初最有威望的艺术学代表们——阿洛伊斯·里格尔和奥古斯特·施马佐夫——的支持[①]。当前,这种在历史艺术学的具体基础上进行文学综合的倾向最鲜明地表现在韦尔夫林和沃林格的著作里。

---

① 不能把当代西欧艺术学的这些奠基人归为形式主义流派,尽管他们曾经受过希尔德勃兰特的深刻影响。他们是没有任何成见和倾向性的最好意义上的鉴别家。——作者

在哲学领域里,类似的运动是福斯勒学派(Idealistische Neuphilologie①),它企图利用唯心主义哲学去解决语言学和语言史的具体问题。

这种情况也发生在文学史中,在这里表现出同样一种倾向:掌握文学现象的具体的特殊的现实性和历史真实性,同时又不失掉共同的原则及与其世界观的一致性的联系。只要举出贡多尔夫、埃马廷格、赫弗莱和瓦尔策尔的名字就够了。这种意向的哲学基础在某种程度上乃是现象学(胡塞尔、舍勒尔、莫里茨·盖格尔),特别是直觉主义者的生命哲学(柏格森、西梅尔)。

随处可以看到,在一般的文化哲学(它在新康德哲学体系中得到详细研究)发生危机的同时,哲学的激情又渗入人文科学本身,这些人文科学学科直到最近都是实证主义的栖留所。

对于这种"自下而上的哲学"来说,很有特征意义的是出现了这样一些书,如德绍尔的《美学与普通艺术学》、乌蒂茨的《普通艺术学的根据》和哈曼的《美学》。

这些著作的面貌与通常系统的美学截然不同:它们一心想从具体问题和艺术学本身对其特殊性的需要出发,而不是从哲学体系的共同需要出发。不过,同时它又不是一般类型的实证主义著作。

这一切使得西方现代哲学和科学的探索,显然有别于前一个时期对哲学的"不惜任何代价的系统性"的追求。这种追求在新康德主义中表现得特别明显。

在那里,占统治地位的意向是使原则和独立自在的方法系统化;在这里,则是用统一的意义把具有不可重复性和个别性的具体事物和生动的历史事件贯穿起来。在那里,是在关于世界的抽象思维中自圆其说;在这里,则是理解带有其全部变异性和多样性的生活和历史的具体感受。

---

① 德语:唯心主义新语文学。——译者

"对系统的要求"显然地改成了对掌握物质地表现出来的事物和事件的具体世界的要求,不过,不是在实证主义的基础上,也不丧失其生动的和可认识的统一性。

哲学世界观同历史研究的具体性和客观性的综合问题

当代欧洲的学术思想正尖锐地经受着唯心主义和实证主义同时发生的危机,但是,有没有积极地解决这种危机的基础呢?

我们认为,只有辩证唯物主义可能成为这个基础。把广泛的综合及一般世界观的观点同掌握意识形态现象的物质多样性和历史的形成统一起来的任务,在任何其他哲学基础上都是无法解决的,甚至是相矛盾的。要么是实证主义的平庸的经验主义,要么是唯心主义的抽象的与世隔绝,对于资产阶级世界观本身来说——teritium non datur(没有第三条路)。靠闪烁其词和考虑不周过日子的半神秘主义的"生命哲学",只能提供似是而非的解决办法。

所渴望的把哲学世界观同艺术、科学、道德、宗教等特殊现象的历史研究的全部具体性加以综合,只有辩证唯物主义可能做到。对于这一点,辩证唯物主义具有坚实的基础。

不过,必须从宣传和无数次地重复这些原理转到在其基础上对于艺术学、科学学等具体问题的认真研究上来,必须填补在意识形态上层建筑的一般学说与对特殊问题的具体研究之间的空缺。要一劳永逸地克服那种幼稚的担忧,例如,害怕艺术的质的独特性会突然变成非社会学的东西,好像社会学体系内就不可能有深刻的质的区别似的。

至于鉴别工作有时躲避社会学,这当然是毋庸置疑的。不过,从这里得出的结论是,马克思主义本身更有必要从事这种鉴别,不轻视从这里引出的一切特殊问题以及与其相应的作为统一的社会学方法的分支的专门方法论观点。

意识形态世界的具体性和物质性

意识形态创作的全部产品——艺术作品、科学著作、宗教象征和仪式等——都是物质的事物，是人周围的实际现实的各个部分。诚然，这是特殊种类的事物，它们有固有的意义、含义和内在价值。不过所有这些意义和价值都只有在物质的事物和行为中才能表现出来。离开某种经过加工的材料，它们是不容易得到真正实现的。

世界观、信仰乃至模糊的思想情绪都不是内在地、不是在人们的头脑里，也不是在他们的"心灵"里产生的。它们之所以成为意识形态的现实，只有在言论、行为、衣着、风度中，在人和物的组织中才能得到实现，总而言之，在某种一定的符号材料中才能实现。通过这种材料，它们成为人的周围现实的一个实际的部分。

所有意识形态意义（不管它们如何"理想"和"纯粹"）同具体材料及其组织的这种联系，比原先认为的要有机得多、重要得多和深刻得多。哲学和人文科学都过于喜欢对意识形态现象作纯意义的分析，解释其抽象的意义，而对事物中同它们直接的实际现实有联系的各种问题以及它们在社会交往过程中的真正的实现，却估计不足。

迄今为止科学所关心的只是创造和理解意识形态价值的生理学的、特别是心理学的过程，而忽略下面一点，即个体的孤立的人是不能创造意识形态的，意识形态创作以及对它的理解只有在社会交往中才能实现。参加意识形态创作的一切个人的行为，只是一些不可分割的交往因素，是它的非独立成分，所以，离开说明这些行为的作为整体的社会过程，就不能对它们进行研究。

资产阶级科学把从具体材料中抽象出来的意识形态含义同创造者或接受者的个人意识对立起来。物质世界范围内的复杂的社会关系被偷换成单个人的意识同与其相对立的含义的关系。

"含义"(смысл)和"意识"(сознание),这就是一切资产阶级理论和文化哲学的两个基本术语。唯心主义哲学还在个体意识与含义之间塞进一种"先验意识"或"一般意识"(Bewusztsein überhaupt),这种意识的职责是:维护抽象含义的统一和纯洁性,不使它在物质现实的生动形成中分散和变得模糊起来。

在对待意识形态创作的这种态度的基础上,形成了一定的思维和研究习惯。要克服这种习惯是不容易的。养成了一种对具体的意识形态现实、对事物和社会行为现实、对渗入这个现实的复杂物质关系的顽冥不化和闭目塞听的习惯。我们最乐意把意识形态创作想象为某种内心进行认识、理解、洞察的事情,看不到这种创作实际上完全是在外部展开的——要用眼睛、耳朵和双手;看不到它不是在我们内心,而是在我们之间。

意识形态科学当前两个方面的问题

马克思主义关于意识形态的科学应当作为根据的第一个原则,是整个意识形态创作的物质具现性和彻底的客观现实性原则。一切在于外在的客观世界,一切都可应用统一的、在自己基础上是客观的认识和研究的方法。

每一个意识形态产品及其中的一切"合乎理想的有意义的东西",都不是在心灵里,不是在内心世界里,不是在与环境隔绝的思想和纯含义的世界里,而是在客观地可以理解的意识形态的材料中——在语言、声音、手势中,在质量、线条、色调、活体等的组合之中。每一个意识形态产品(意识形态要素——идеологема)都是人周围的物质社会现实的一部分,是物化了的意识形态视野(идеологический кругозор)的因素。不管词的意义是什么,它首先在物质上是存在的,即作为说出来的、写出来的、刊登出来的、交头接耳地小声说的和通过内心言语考虑过的东西,也就是说,它永远是人的社会环境的客观存在的一部分。

但是,意识形态现象的这种物质存在,并不是物理的或一般纯自然的存在;与这种现象相对立的也全然不是生理上或生物上的个体。

不管词的意义是什么,它都在具有某种广度的社会环境中的个体之间建立联系,这联系客观地表现在人们的联合反应之中,即表现在通过语言、手势、事情、组织等做出的反应之中。

不了解社会的联系,亦即不了解人们对特定符号的反应的联合和相互协调,就不存在意义。交流,这是意识形态现象首次在其中获得自己的特殊存在、自己的意识形态意义、自己的符号性的环境。所有意识形态的事物都是社会交流的客体,而不是个人利用直观、感受、享乐主义的享受的对象。因此,主观心理学丧失了处理对象意义的方法。生理学和生物学也是如此。

鉴于这一切,对于马克思主义意识形态科学来说,出现了两个方面的基本问题:

(1)作为有意义的材料而组织起来的意识形态材料的特点和形式的问题;

(2)实现这种意义的社会交流的特点和形式问题。

只有对这两个方面所有的问题做认真的研究,才可能对马克思主义关于意识形态意义中的存在的反映和折射的学说带来必需的完善性和准确性。

有组织的意识形态材料的问题

在第一个方面的问题里,首先出现的是有组织的意识形态材料的共同特点问题,亦即关于意识形态事物不同于以下事物的特点问题:①不同于物理的、一般的自然界的物体;②不同于生产工具;③不同于消费品。

自然主义的实证论和机械的唯物论对第一种区别估计不足,或者甚至干脆忽视这种区别,即忽视意识形态事物同自然界物体的区别,力图在所有的地方都发现首先是一般自然界的机械的规律性。显然,对于彻底的自然主义来说,不仅关闭了通向像科学和文学这些比较细腻的意识形态构成物的通路,而且关闭了通向所有意识形态创作的极其重要的问题的通路。可以指出,这种自然主义的最彻底的表现,是新语法学家的语言学中的"语音规律"(Lautgesetze)的理论,或者是关于文化是人的机体对纯自然环境的适应的实用主义学说。

有时善于钻马克思主义空子的功利主义的实证主义则忽视第二种区别,根据与生产工具(在某种程度上也是消费品)的相似来思考意识形态事物。

但是,生产工具是没有任何符号意义的,它们不表现也不反映任何东西,它们只有外在的目的,和它们的实物体的适合于这一目的的技术组织。

功利主义的实证主义在19世纪后半期的艺术学中(特别是在古典考古学的领域)为自己构筑了坚固的巢穴,在这里,它主要依靠了戈特弗里德·桑珀的威望①。戈特弗里德·桑珀给文艺作品下了一个具有特征意义的定义:"根据使用目的、原料和技术制成的一件机械产品。"("ein mechanisches produkt aus gebrauchszweck, rohstoff und technik.")

这对生产工具来说是非常好的和详尽无遗的定义,但对任何意识形态产品来说就不是这样了。

围绕对文艺作品的这种理解,从相应的生产技术(纺织的、陶器的等)中形成了说明这些或那些艺术形式和风格的起源的各种各样的理论。

桑珀的所有这些理论和公式都遭到了阿洛伊斯·里格尔②和奥古

---

① 参见戈特弗里德·桑珀未完成的著作《技术与构造的艺术风格》。——作者
② 参见阿洛伊斯·里格尔的《风格问题,装饰艺术史大纲》(1893)。——作者

斯特·施马佐夫①的毁灭性批评。

阿洛伊斯·里格尔将自己下面一个公式(这个公式已成了整个当代西方艺术学的基本公式)同桑珀的上述公式对立起来:"艺术产品是一定的目标明确的艺术意志的结果,它是在同使用目的、原料和技术的斗争过程中得到实现的。"("ein kunstwerk ist das resultat eines bestimmten und zweckbeurissten kunstwollens, das sich im kampfe mit gebrauchszweck rohstoff und technik durchsetzt.")

"艺术意志"("Kunstwollen")的概念和"材料强度"的概念(功利目的——如果它存在的话——和加工技术亦属此列)乃是现在西欧形式主义艺术学的基本概念。技术不起任何创作的作用,"才能"(kënnen)对"艺术意志"不起任何决定性的影响。艺术史中的一切运动和发展只能由"艺术意志"的改变来说明,而完全不是由艺术"才能"的增大和加深来说明。例如沃林格在其《概念与移情》(*Abstraktion und einfühlung*)一书中,对古代的雕塑形式(双手不离开躯体、两脚靠拢等),不是以缺乏相应的才能(在这种情况下确实是荒谬的),而是以一定的艺术意志来加以解释:追求无机的紧凑性和身体的完整性,重无机形式而轻有机形式。

功利主义的实证主义及其对意识形态事物(将它与生产工具相类比)的理解,可以认为已在当代欧洲艺术学中得到完全克服。意识形态事物和意识形态方面有组织的材料的特点为大家所理解和承认。

"艺术意志"的概念本身马克思主义当然是不能接受的。把这种"艺术意志"同技能对立起来的做法也是不能接受的。虽然把艺术史理解为不断完善的技能史毋庸置辩地是荒谬的,但是,当代艺术学著作反对实证主义的两种变体(自然主义,尤其是功利主义)的整个批判方面,却应该完全地接受。

作为认识、反映和折射存在的意识形态事物同生产工具的区别,

---

① 参见奥古斯特·施马佐夫的《艺术科学基本概念》(1905),特别是导论《戈特弗里德·桑珀——阿洛伊斯·里格尔》。——作者

应当被理解并受到彻底的肯定。意识形态材料的组织的特殊形式应当被认识并得到研究,这种形式绝对不同于任何生产技术,也不能归结为生产技术。

最后,把意识形态的事物理解为类似消费品的理论流传很广。不过谁也没有决心彻底弄清这种类似。在这里我们看不到功利主义的实证主义的彻底性。而且这种像对待消费品那样去对待意识形态产品的态度以隐蔽的方式广为传播,现在已开始渗透到颓废的资产阶级批评家的几乎所有理论中。

这里涉及的首先是意识形态的所有享乐主义理论,尤其是艺术的享乐主义理论。把艺术作品理解为个人享受和感受的对象,实质上正表现出这种倾向——使意识形态现象完全等同于个人消费品。

其实,艺术作品与所有意识形态产品一样,是交流的客体。重要的不是作品引起的个体的主观心理状态本身,而是作品所建立的那些社会联系和许多人的相互影响。所有在封闭的心理生理机体中实现的东西,在不越出它的范围时,在意识形态方面等于零。在这里,一切主观心理的和生理的过程,都仅仅是社会过程的非独立成分。

个人的机体本身要摄取养料;要有衣服给这个个人的机体御寒。在一些人需要消费品的地方,由于问题涉及的是消费过程本身,他们仍然是孤立的个人。要参与意识形态产品的接受,首先必须有特殊的社会联系。在这里,过程本身是内在地社会的,形成着众多的意识形态接受者进行交流的特殊的社会形式。

诗人的听众、长篇小说的读者、音乐厅里的听众,所有这些人都是特殊类型的集团,社会学上独特的和极其重要的团体。在这些独特的社会交流形式之外,就没有长诗或颂歌,没有长篇小说,没有交响乐。一定的交流形式对于艺术作品本身来说,具有决定意义的重要性。

把文艺作品看作个人消费品的学说,不论采取如何委婉和理想的形式(艺术的享受、由于认识真理而得到的精神上的满足、怡然自得、艺术上的心醉神迷等),马克思主义是完全不能接受的,因为这种理论与意识形态现象的特殊的社会性质是不符合的。不论这些理论所提供的公式是多么高深和精致,它们最终总是建立在粗俗的享乐主义基础上的。我们下面将会看到,这种对艺术形式理解中的享乐主义偏向,附带地说一句,也是我们的形式方法所无法避免的。

意义和材料　它们的相互关系问题

第一个问题解决之后,也就是说确定了具有意识形态意义的事物不同于自然界物体、生产工具和消费品的特点之后,应当进一步确定具体的意识形态世界本身的内部特点。必须确定多种意识形态——科学、艺术等——之间的精确而具体的区别。但是,这种区别应当不是像唯心主义的"文化哲学"那样从其抽象意义的观点出发,而是一方面从其具体物质现实的形式的观点出发,另一方面也从其在具体交流形式中实现了的社会意义的观点出发得到的。

具体的物质现实和社会意义应当永远是确定特点的主要标准。

我们首先在意识形态事物中观察到意义同其物质实体联系的不同类型。这种联系或多或少可能是深刻的和有机的,例如在艺术中,意义完全不能脱离体现它的物体的一切细节。

文艺作品毫无例外地都具有意义。物体—符号的创造本身,在这里具有头等重要的意义。技术上辅助的、因而也是可替代的成分在这里被缩小到最低程度。在这里,获得艺术意义的,是具有独一无二特点的事物的唯一的现实性本身。

在科学中,这种对于体现它的材料的关系有些不同。即使是在这里(像在所有意识形态现象中一样),也是没有而且不可能有离开材料的意义。不过,这一材料本身基本上具有一种假定的可替代的性质。科学的意义容易从一种材料转移到另一材料上,容易复现和重复。科学著作的材料组织中单个的独特的特点在大多数情况下是非本质的。在科学著作中,有大量补充的、只有技术意义的、因而也是完全可以代替的和常常是无关重要的成分。

不过，除了对材料、对材料的某些方面和特点的这种关系外，在不同的意识形态中，其意义本身也是不同的，亦即作品的功能本身在社会生活的统一体中是不同的。因而实现意义的社会联系（即所有由意识形态意义引发并形成的那些影响和相互影响的总和）也是不同的。只有在这里，意识形态对它们所反映的存在的不同关系和特殊的、每一种意识形态所固有的对这一存在的折射规律才会变得可以理解。

意识形态交流的形式和类型问题

关于意义的真正实现的问题把我们引向我们已指出的意识形态科学当前课题的第二个范围。

意识形态交流的形式和类型迄今几乎完全没有得到研究。在这里，特别有害的是在唯心主义基础上养成的思维上的不良习惯及其把意识形态生活想象为与思维对立的孤立意识的顽固倾向。

但是，把意识形态交流简单化地想象为许多人聚集在一个地方的形式（例如在音乐厅或艺术展览会上）也同样有害。这种直接的交流不过是意识形态交流的许多种类中的一种，而在现在可能还不是最主要的一种。直接交流的形式只对某些艺术种类来说是基本的。

把对科学形式本身来说是基本的学术交流想象为科学会议或学术会议，也是荒唐的。具有认识意义的交流形式是非常复杂、细腻的，而且它深深地扎根于经济基础之中。须知对人来说，基本的东西是对自然界有组织的集体的反应，它决定着认识自然的形式本身——从简单的日常生活中对它的认识到科学地把握它的复杂方法。人们的相互照应决定着认识反应的每一个行为，这种相互照应越是复杂、越有区别、越有组织，认识也就越重要、越深刻。

艺术交流的形式也同样复杂、细腻。这些形式是非常丰富多样和分门别类的——从室内抒情诗的亲密听众到悲剧家和小说家的广大的"读者群众"。

在西欧艺术学中我们只知道一本在判定艺术作品的结构时给艺术交流形式以应有的注意的著作。这是贝克尔论述从贝多芬到马勒的交响乐形式史的著作。这位作者把交响乐的听众(作为某种有组织的集体)变成确定交响乐体裁本身的结构因素①。

意识形态环境的概念和意义

当然,我们所列举的基本问题并没有概括马克思主义意识形态科学当前迫切问题的所有方面。还剩下一个十分重要的问题——我们称之为意识形态环境(идеологическая среда)问题。

社会的人处于意识形态现象、不同类型和范畴的物体—符号——实现形式极为多样和不同的词语,有声的、书面的及其他的科学见解,宗教象征和信仰,艺术作品及其他——的环境之中。这一切的总和组成人的意识形态环境,一种从各个方面严实地包围着人的环境。就是在这种环境里生存和发展着人的意识。人的意识与存在的接触不是直接的,而是通过围绕着人的意识形态世界的介质进行的。

意识形态环境是某一集体已实现的、物质化的、表现于外的社会意识。它为经济存在所决定,同时又决定集体每个成员的个体意识。只有个体意识本身才能成为意识,它在给它提供的意识形态环境的形式中:在语言中、约定的手势中、艺术形象中、神话中等,得到实现。

意识形态环境是意识的环境。只有通过它并且借助于它,人的意识才能通过努力认识和把握社会经济的和自然界的存在。

意识形态环境总是处于生动的辩证的形成中,其中永远存在矛盾,矛盾被克服了又会重新产生。对于每一个特定的集体来说,在其历史发展的每一个特定的时代里,这种环境都是独特的、完整的、具体

---

① 参见保尔·贝克尔的《从贝多芬到马勒的交响乐》(有俄译单行本)。也可参见 B. H.沃洛希诺夫的文章《生活话语与艺术话语》(《星》,1926 年第 6 期)。——编者

的整体,在生动的直接的综合中联结着科学、艺术、道德以及其他意识形态。

作为生产者的现实的人在自己的工作中直接根据生产的社会经济环境和自然环境来确定方向。但是他的意识的每一个行为及其非劳动行为的一切具体形式(姿态、客套、交际暗号等)则直接地以意识形态环境为依据。意识形态环境决定这些具体形式,具体形式本身又决定意识形态环境,只是间接地反映和折射着社会经济的和自然的存在。

我们认为,具体的意识形态环境的概念对马克思主义具有重大的意义。除一般理论意义和方法论意义外,这个概念还具有巨大的实践的重要性。须知,除纯意识形态创造外,一系列最重要的社会行为的直接目的,就在于具体地和整个地改善这一环境。社会教育政策、文化宣传鼓动工作,这一切都是有组织地影响意识形态环境的形式,这些形式必须以认识它的规律和它的具体形式为前提。

就是在这里,在对意识形态环境的理解中,唯心主义的文化哲学也起了可悲的作用:在具体的和具有物质表现的意识形态视野中,这一哲学使人习惯于用抽象意义的超空间和超时间的经常联系来偷换所有意识形态构成物之间的活生生的联系。

对于实证主义人文科学来说,统一的意识形态环境是根本不存在的。它被肢解为一些单个的没有任何联系的事实的平常的经验,而且单个的事实越是变得孤立和没有意义,它就好像越可靠和越正面,只要回忆一下实证主义语言学和新语法学派的语言史或实证主义的古典考古学,就足以证明这一点。徒劳地和错误地把意识形态创造归结为自然规律,就不能不忽视意识形态世界的社会统一性和规律性。

自然主义和实用主义如同忽视社会经济环境一样,忽视意识形态环境及其独特性,它们强迫人的机体直接地适应自然生物学的环境。

马克思主义者常常对意识形态环境的具体一致性、独特性和重要性估计不足,过于匆忙地和直接地从个别的意识形态现象转到生产的社会经济环境条件上去。这里忽略了下面一点：个别的现象仅仅是具体意识形态环境的非独立部分，而且差不多就是由这一部分直接决定的。认为某些从意识形态世界截取出来的作品在其孤立情况下直接决定于经济因素，就像认为在一首诗的范围内韵脚与韵脚的配置、诗节与诗节的配置是由于经济的因果关系直接起作用一样幼稚。

马克思主义关于意识形态科学的当前的问题的范围就是这样。这里我们只勾勒了提出和解决这些问题的基本路线。对我们来说，重要的是要去着手解决这一科学的一个分支的具体任务——文艺学的任务。

只有仔细深入地研究我们粗略地提出的所有问题，才能给统一的马克思主义的社会学方法做出必要的分析，并使借助于这一方法科学地掌握意识形态现象的独特结构的一切细节成为可能。

第二章 当前文艺学的首要任务

意识形态环境在文学作品"内容"中的反映

文学科学在其一切部门（理论诗学、历史诗学、文学史）中的统一性，建立在对意识形态上层建筑及其对基础以及对文学本身的特点（也是社会的特点）的理解的马克思主义原则的统一性上。

文艺学是意识形态科学的分支之一。我们在前一章里研究过的意识形态科学当前的首要任务，也扩大到文艺学上，也是文艺学当前的首要任务。不过，在这里，对上述任务的正确提出和研究由于一种特殊情况而变得复杂起来。

在文学的各种特点中，有一个极其重要的、在科学研究文学现象的历史中起了并且继续起着决定性作用的特点。正是这一特点使历史学家和理论家离开了文学及对文学的直接研究，妨碍他们正确地提出文艺学的问题。

这个特点涉及文学对其他意识形态的关系，涉及整个意识形态环境的独特的地位。

文学是作为一个独立的部分进入周围的意识形态现实的，它以有一定组织的文学作品的形式，带着一种特别的、唯有它才具有的结构，在现实中占据着特殊的地位。这种结构，像所有的意识形态结构一样，折射着正在形成的社会经济生活，而且是按自己的方式加以折射的。但同时，文学在自己的"内容"中也反映和折射着其他意识形态领域（伦理、认识、多种政治学说、宗教等）的反映和折射，也就是说，文学在自己的"内容"中反映着它自己也是其中一部分的整个意识形态的视野。

文学通常并不是从认识系统和时代精神的系统中，不是从固定的意识形态系统中获得文学的这些伦理的、认识的和别的内容的（只有古典主义在某种程度上才是这样做的），而是直接地从认识时代精神及其他意识形态的活生生的形成过程本身取得它们的。正因为这样，文学才经常地预见到哲学的和伦理学的意识形态要素，虽然采取的是一种不发达的、未经论证的、直观的形式。文学善于深入到形成和构成它们的社会实验室本身中去。艺术家对正在产生和形成的意识形态问题有锐敏的听觉。

In statu nascendi（在初生状态），艺术家有时比更为细心的"科学家"、哲学家或实践家还更好地谛听到它们。一种思想的形成，一种道德意志和情感的形成，它们的迷误，它们的尚未定型的对现实的摸索，它们在所谓"社会心理"内部无声的骚动——正在形成的意识形态的这股尚未分散的湍流，都反映和折射在文学作品的内容里。

人，他的生活和命运，他的"内心世界"，总是通过文学在意识形态视野中表现出来。在这里，一切都是在意识形态的数量和价值世界中得到实现。意识形态环境是一种氛围。在这种氛围里，生活只有作为文学描写的对象时才能得以实现。

生活，作为一定的行为、事件或感受的总和，只有通过意识形态环境的棱镜的折射,只有赋予它具体的意识形态的内容,才能成为情节(сюжет)、本事(фабула)、主题(тема)、母题(мотив)。还没有经过意识形态折射的所谓原生现实,是不可能进到文学的内容中去的。

不论我们选取什么样的情节或母题,我们总是要揭示其组成的结构、纯意识形态的因素。如果我们不去思考它们,如果我们直接地把一个人摆到他的生产活动的物质环境中,即想象他处于纯粹的、意识形态上绝对没有折射过的现实之中,那么,情节或母题就会不剩下任何东西。不是这种或那种具体情节,例如《俄狄浦斯王》或《安提戈涅》的情节,而是任何情节本身都是在意识形态上经过折射的生活的一种公式。这种公式是由意识形态的冲突,经过意识形态折射了的物质力量确定的。善、恶、真理、犯罪、责任、死亡、爱情、功勋等,没有这些或类似这些东西的意识形态因素,就没有情节,没有母题。

所有这些因素当然是极其不同的,这取决于它们是出自封建主还是大资产者、出自农民还是无产者的意识形态视野。它们所构成的情节的异同,也取决于这一点。但是,已成了文学描写的客体的世界的意识形态折射性以及认识上的、伦理的、政治的、宗教的折射性,乃是情节进入文学作品结构、进入作品内容的必需的和必定的先决条件。

不仅情节,而且抒情母题,这种或那种问题及一般有意义的内容因素都听命于这一基本规律:在这一规律中艺术地形成经过意识形态折射的现实。

俄国文学批评和文学史的三个主要的方法论错误

总之,文学在自己的内容里反映着意识形态视野,亦即异己的非艺术的(伦理的、认识的等)意识形态构成物。不过,文学本身在反映这些异己的符号的同时,也创造新的形式、新的意识形态交流符号。这些符号,即文学作品逐渐成为人们周围的社会现实的实际的一部分。在反映某种在它们之外的东西的同时,文学作品也成为意识形态环境中有自身价值的特殊的现象。它们的用处不能仅仅归结为反映其他意识形态要素的辅助的技术作用。它们有自己独立的意识形态作用和自己折射社会经济存在的类型。

因此,谈到存在于文学中的反映时,应当严格地区分以下两种反映:

(1)文学内容中的意识形态环境的反映;

(2)所有意识形态的一般的反映——作为独立的上层建筑之一的文学本身对基础的反映。

现实中的这种双重反映,双重文学定向,使研究文学现象的方法论和具体方法变得非常复杂而困难。

俄国批评和文学史(贝平、文格罗夫等)在研究意识形态环境在内容中的反映时,犯了三个致命的方法论错误:

(1)把文学仅仅局限于这样的反映,也就是贬低文学,认为它只起其他意识形态的简单的附庸和传播者的作用,几乎完全忽视了文学作品的有自身意义的效用及它们的意识形态的独立性和独特性。

(2)把对意识形态视野的反映看作是对现实存在本身和生活本身的直接反映。没有考虑到,内容所反映的也只是本身作为对现实存在的折射反映的意识形态视野。揭示艺术家所描写的世界,还不意味着深入到真正的生活现实中。

(3)把艺术家反映在内容中的意识形态因素教条化并使之最后定型,使生动的、正在形成的问题变成现成的原理、论断和决定——哲学的、伦理的、政治的、宗教的。没有理解和考虑一个极其重要的因素:文学在其内容的基础上只反映正在形成的意识形态,只反映意识形态视野形成的生动过程。

对于现成的确定了的原理,艺术家是无事可做的:这些东西不可避免地成为作品中的异物、平庸乏味的东西和偏向。这些东西应当在科学、道德的体系中,在政党的纲领中占有自己正常的地位。在艺术作品中,这种现成的、教条式的原理在最好的情况下也只能占有一些次要的富有教训意义的格言地位;它们永远不能构成内容的核心本身。

这就是几乎所有的文学批评家和文学史家或多或少地所犯的三种主要的方法论错误。它们所造成的后果是:把独立的、独特的意识形态——文学——归结为其他意识形态,使之完全溶化于其中。文学分析的结果,从艺术作品中榨出的是一种不好的哲学,轻佻的社会政治宣言,模棱两可的道德,风行一阵的宗教学说。这样榨取之后剩下的东西,亦即文学作品中最主要的东西——它的艺术结构则干脆被作为其他意识形态的简单支架而忽略了。

但是,这些被榨出来的意识形态的东西本身,与作品的真正内容是极不相符的。在艺术视野的实际形成和具体统一中提供的东西,却被整理、隔离并发展到了极坏的、永远是恶劣的教条主义的理论的地步。

文学批评与"内容"

来自批评家,特别是当代批评家方面的这种反应是完全可以理解的。像读者一样,批评家(他就是读者的代表)本身常被吸引到艺术家为他揭示的、正在形成中的意识形态的这一洪流中来。如果一部作品真正是深刻的和具有现实意义的,那么批评家与读者都可以认出自己、自己的问题、自己个人的意识形态的形成("探索"),认出自己个人的永远是生动的、总是很复杂的意识形态视野的矛盾和冲突。

须知,在任何时代和任何社会集团的意识形态视野里,都不是一个,而是几个相互矛盾的真理,不是一条,而是几条分开的意识形态途径。当一个人选择一种毋庸争辩的真理,走上一条无可争议的道路时,他就写论文,加入某一个流派,参加某一个政党。不过,就是在论文、政党和信念的范围内,他也不能"安于小成":意识形态形成的洪流在这里又将在他面前提出两条道路、两种真理等。意识形态视野是不断地形成的,只要一个人不长久地待在像一潭死水的地方的话。这就是活生生的生活的辩证法。

在这里,这个形成过程愈是紧张、激烈和困难,它在真正的文学作品中的反映愈是深刻和愈有重要意义,那么,批评家和读者对这一过程的反应就愈具意识形态性质,愈加关心和愈有兴趣。这既是必然的,也是很好的。

但是,如果批评家强迫艺术家接受一个论点,作为"最后的意见"的论点,而不是作为思想形成的论点,那就不好了。如果他忘记了在文学中没有哲理,只有空洞的议论,没有知识,只有认识,那就不好了。如果他把内容的非艺术意识形态成分本身教条化,那就不好了。其次,如果批评家仅仅为了这种被反映的非艺术的意识形态见解的形成,而没有注意到和重视以艺术作品为代表的艺术的真正的形成,没有注意到作者的纯艺术观点的独立性、不容争议性和确定性,那也是不好的。

因为,实际上艺术家只是作为艺术家在艺术选择和意识形态材料的形成过程中确立自己的地位。他的这种艺术地位的确定,其社会性和思想性并不比在任何其他方面——认识的、道德的和政治的方面——的地位的确立要少。

健康的严肃的文学批评对这些都不应当忽视。

文学史在"内容"方面的任务

但是对于从事学术工作的文学史家和文学理论家来说,这一切还是不够的。

批评家既可以停留在由内容所反映的意识形态视野的范围里,也可以停留在真正的、艺术的意识形态视野范围里。而文学史家却应当去揭示意识形态形成的内幕。

在反映的和真正的意识形态视野(对它们要做严格的区分,因为对它们进行研究时的研究方法是不同的)的形成之外,文学史家应当揭示社会的阶级斗争。他应当通过意识形态视野,掌握该社会集团和真正的社会经济存在。

对于马克思主义文学史家来说,最为重要的是存在文学本身的形式中的反映,亦即用艺术作品的特殊语言表达出来的社会生活。对其他意识形态语言的研究,他宁肯根据它们的更为直接的文献,而不是根据它们在艺术作品结构中的第二次折射。

对马克思主义者来说,绝不能把那些直接从某种意识形态在文学中的第二次反映得出的结论应用于相应时代的社会现象。quasi-社会学家(准社会学家)过去和现在就是这样做的,他们准备把艺术作品的任何结构成分,例如主人公或者情节,直接投影到现实生活中去。对于真正的社会学家来说,长篇小说的主人公和情节事件,正是作为艺术结构的成分,即通过本身的艺术语言,比它们在生活中的幼稚的直接投影能说明更多的东西。

文学作品中意识形态视野的反映和艺术结构

我们稍为详细地研究一下所反映的意识形态视野与艺术结构在文学作品统一体中的相互关系。

长篇小说的主人公,例如取自小说结构之外的屠格涅夫的巴扎罗夫,绝对不是社会的典型(就这个词的严格意义上说),而只是这个社会典型的意识形态的折射。根据科学的社会经济史对他的界定,巴扎罗夫在他的实际存在中根本不是一个平民知识分子。巴扎罗夫是平民知识分子在一定社会集团(在屠格涅夫笔下是自由派贵族社会集团)的社会意识中的意识形态的折射。平民知识分子的这种意识形态要素,基本上是伦理学兼心理学的,在某种程度上也是哲学的。

平民知识分子的这种意识形态要素是屠格涅夫所隶属的那个自由派贵族社会集团的统一的意识形态视野不可分割的组成部分。巴扎罗夫的形象就是这个意识形态视野的间接的证明。但是,这个形象对于50、60年代的社会经济史来说,亦即作为实际地研究历史上的平民知识分子的材料来说,却完全是一种无直接关系的,而且几乎是不适用的证明。

如果在长篇小说的艺术结构之外来谈论巴扎罗夫,情况就是这样。但是要知道,事实上直接地给我们提供的巴扎罗夫全然不是一个伦理哲学的意识形态要素,而是艺术作品的一个结构成分。对于社会学者来说,他的基本事实就在这里。

巴扎罗夫首先是屠格涅夫长篇小说的"主人公",也就是说,是在其具体实现中的某种体裁的成分。在这里,平民知识分子的这种贵族意识形态要素具有一定的艺术功能:首先在情节上,然后在主题上(在这个词的广泛意义上),在题材问题上,以及在整个作品的结构上。在这里,这个形象的构造完全是另一个样子,而且,比方说,与古典悲剧的主人公形象相比,具有另一种功能。

诚然,我们的平民知识分子的意识形态要素在进入长篇小说并逐渐地成为艺术整体的非独立的结构成分时,绝不会不再是伦理哲学的意识形态要素。相反,它给长篇小说的结构带来自己全部非艺术的意识形态意义,自己全部的严肃性,自己全部的意识形态的责任感。意识形态要素失去了自己的直接意义,失去了自己的意识形态的尖锐性,就不能进入艺术的结构,因为它不能为后者带来诗学结构所需要的东西,成为其构成因素的东西,即自己的具有充分意义的意识形态尖锐性。

但是,在不失去自己的直接意义的同时,进入文学作品的意识形态要素便开始同艺术意识形态的特点发生新的化合,而不是机械的结合。它的伦理哲学的激情逐渐地变成诗学激情的组成部分,而伦理哲学的责任感则为作者对自己整个艺术言论的艺术责任感的总和所融汇。这种言论当然像伦理哲学的、政治的和一切其他意识形态的言论一样,是社会性言论。

为了谨慎地、更加准确地把非艺术的意识形态要素从艺术结构中划分出来,需要有特殊的方法和具体的研究方法。在大多数情况下,这项工作一般说是无谓的和徒劳无益的。

长篇小说的纯艺术意图贯穿在巴扎罗夫的道德哲学的意识形态要素之中。很难把它同情节分开。须知,情节以其特殊的规律性,以其情节的逻辑性,与小说所反映的、他作为平民知识分子的生活的非艺术意识形态观念相比,在更大程度上决定着巴扎罗夫的生活和命运。

在屠格涅夫的具有抒情特色的作品中,把意识形态要素同作为整体的主题统一体、同两代人的主题问题分开来,也是不容易的。

一般地说,主人公是非常复杂的文学构成物,他出现在作品最重要的结构线索的交点上。正因为如此,把作为作品基础的非艺术意识形态要素从缠绕着它的纯艺术结构中分离开来是非常困难的。这里有非常多的方法论问题和难点;我们有意对这些问题做某些简化,不充分地展开来谈。

让我们使用一种粗略的自然科学的类比。氧正是作为氧,就是说以其全部化学特性才成为水的成分。不过,需要有一定的化学方法和掌握一定的实验方法,即掌握在一般化学方法论基础上进行具体分析的技术,才能把它从水中分解出来。

在我们的例子中,情况也是这样:伦理哲学方面的意识形态要素在艺术整体中的无条件的存在,还远远不能保证区分它的做法的正确性和方法论上的纯正性。它是同艺术意识形态要素化合的。

其次,为了把区分出来的意识形态要素归入相应社会集团意识形态视野的统一体中去,需要有特殊的研究法。须知,从作品中区分出来的这一意识形态要素(在作品中它是非独立的成分)现在则逐渐地成为一般意识形态视野的非独立成分。

虽然如此，还必须最严格地考虑到，意识形态要素本身和环抱着它的意识形态视野是在形成的过程中出现的。平民知识分子的意识形态要素在巴扎罗夫的形象中全然不是确切意义上的伦理哲学主张，而是这种主张的充满矛盾的形成，这一点不能忘记。

不过，我们要重复一句：马克思主义的文学史家和文学理论家的主要任务终究不在于把这种非艺术的意识形态要素区分出来，而在于对艺术意识形态要素本身，亦即对文艺作品本身做出社会学的规定。

如果需要的话，当然可以从水中提取氧气。但是氧气并不等于作为整体的水。水出现在生活中，生活中需要的正是作为整体的水。同样，长篇小说出现在社会生活中，并且正是作为艺术的整体的长篇小说在生活中发生作用。文学理论家和文学史家的基本任务也就是研究长篇小说本身，而不是研究包含于其中的意识形态要素，即从意识形态要素在这一小说中的艺术功能的观点出发去进行研究。

作为整体的长篇小说的艺术结构以及其每一个组成部分的艺术功能本身，同包含在它们之中的道德的、哲学的或政治的意识形态要素相比较，其意识形态性质和社会学性质并不少些。但是，对于文学研究者来说，长篇小说的艺术的意识形态性质比起在其中反映出来的有二次折射出来的非艺术的意识形态要素来，要更直接，更具有第一性。

进入文学作品的非艺术的意识形态要素同艺术结构化合，形成该作品主题的统一。

这种主题的统一乃是特殊的、唯有文学才具有的了解现实的方法。这种方法能提供可能性去掌握其他意识形态所不能把握的那些现实的方面。所有这一切都应当在特殊的研究方法的基础上去做专门的研究。

文学的"内容"是美学和诗学的问题

我们所分析的艺术结构的特点，它的丰富内容，亦即其他意识形态在其形成过程中的有机的加入,乃是差不多所有美学家和诗学家(倾向于艺术创作的颓废思潮的美学家除外)研究的共同对象。

在最新的美学书刊中,这一特点在格尔曼·柯亨的美学中得到详细的原则上的论证和分析,不过是用他的哲学体系的唯心主义语言进行的。

柯亨把"审美的东西"理解为其他意识形态的一种上层建筑,认识和行为的现实的上层建筑。这样,现实便作为已被认识和已做了道德评价的东西进入到艺术之中。但是,这种认识的和道德评价的现实对于柯亨来说,也同对于最彻底的唯心主义者一样,是"最后的现实"。柯亨并不了解决定认识和道德评价的实际存在。丧失了具体性和物质性并且综合成为抽象的系统的统一体的意识形态视野,对于柯亨来说乃是最后的现实。

完全可以理解,在这种唯心主义的前提下,柯亨的美学不可能掌握文学作品的全部具体的丰富性以及它同其他意识形态现象的具体联系。这些具体联系被他偷换成哲学体系的三个部分,即逻辑学、伦理学和美学之间的有系统的联系。同样完全可以理解的是,柯亨对作品具体结构中非艺术的意识形态要素具有的那些艺术功能——认识和道德评价——没有加以研究和分析。

也就是这个把非美学价值加入艺术作品的思想,以比较不那么明晰、不那么符合原则的形式在约纳斯·柯恩[①]和布罗德尔·克里斯蒂安森[②]的唯心主义美学中常常见到。这些思想在李普斯和福尔克特的移情心理美学(Einfühlungsästetik)中表现得更不明晰。这里涉及的已经不是关于把意识形态加入文学作品的具体结构的问题,而是关于艺术家和旁观者心理中认识的和道德的行为、感觉、情绪等与审美的行为之间的不同结合。一切都溶化在感受的海洋里,在这个海洋里这些作者企图摸索出某种稳定的联系和规律性,但毫无结果。在这种不牢

---

① 约纳斯·柯恩:《普通美学》,国家出版社,1921年。——作者
② 布罗德尔·克里斯蒂安森:《艺术哲学》,彼得堡,1911年。——作者

靠的主观心理基础上要提出具体艺术学问题,当然是不可能的。

对我们这些问题的比较具体的提法,可以在马克斯·德绍尔和埃米尔·乌蒂茨等艺术学方法论专家那里见到(埃米尔·乌蒂茨的提法是建立在现象学方法基础上的)。但是,在这里我们也找不到那种能达到符合马克思主义意识形态科学要求的程度的方法论的明晰性和具体性。

哈曼的美学理论给这个问题带来了很大的混乱①。这个美学家和艺术学家在无物体艺术,更确切地说,是流派和造型艺术中的表现主义的影响下,尤其是在其后期的著作中,过分看重了艺术作品的"物性"和"结构的完竣性"("конструктивная сделанность")。在其早期著作中他过高估价了大体上是正确的、却纯粹是消极的和形式空洞的审美隔离和孤立的原则(принцип эстетического отрешения и изоляции)②。

隔离和孤立的问题

关于隔离和孤立的原则,鉴于它的一般美学意义,我们在这里稍为详细地谈一谈。因为可能有人以为,艺术作品及其内容的隔离和孤立与我们所分析的诗学结构的特点是相矛盾的。

实际情况当然并非如此。在正确地理解这个原则的情况下,这里

---

① 利哈尔德·哈曼:《美学》,莫斯科,1913年。——作者
② 在近几年的俄国书刊中,我们所研究的文学特点,在同形式主义者的争论中屡屡提及,不过是在错误的基础上提及的,而且在方法论上也不够明晰。斯米尔诺夫在自己有意义的著作《文学科学的主要任务》(《文学思想》,1923年第2期)中特别强调了这一点。他把艺术作品判定为认识、伦理、美学因素的不可分割的统一和相互渗透。但是,这位作者的直觉主义的不可知论使他不可能接近美学结构的具体问题。按这位作者的意见,一切科学方法都只能把研究者引到美学结构的"最神圣的东西"的门槛边,要进入其深处,科学方法是不行的;只有直觉才能达到。文学的这种特点在阿斯克尔多夫(《文学思想》,1923年第3期)和塞泽曼(《思想》,1922年第1期)的著作中论述得很清楚,尽管在后者的著作中谈得极其简要,但是在这里我们也看不到真正的方法论分析。——作者

不会出现任何矛盾。在艺术中究竟隔离什么和孤立什么呢？这种隔离又是从何产生的呢？

显然，被隔离的并不是抽象的自然品质，而正是意识形态的意义，是社会现实和历史的某些现象。隔离并不是由它们的意识形态意义产生的。相反，这种意义正好包含在艺术的被隔离的存在之中。现象正是作为善与恶、渺小与伟大的东西等蕴含于其中的。

我们已经知道，在意识形态的评价之外，把这种评价抽象化，不论是情节、主题和母题都无法实现。实际上，所发生的并不是与现象的意识形态价值的隔离，而是与现象的现实以及与这种现象的现实有联系的一切——可能的情欲，个人要求的目标，对所描写的东西的恐惧等——的隔离。现象带着其全部价值系数加入艺术的被隔离存在之中，不是作为空洞的毫无意义的自然体，而是作为社会的意义。

但是，与现实相隔离、孤立于其实用联系的这种组成作品内容的社会意义，从另一个角度看，在另一种社会范畴里，再次参与现实及其联系，正是作为艺术作品的成分（这种作品是特殊的社会现实），其现实性及作用并不比其他社会现象小。

再回到我们的例子上来。我们看到，屠格涅夫的长篇小说的现实性，以及它作为现实的因素卷入60年代社会生活的密切程度和不间断程度，比之实际生活着的平民知识分子（平民知识分子的贵族意识形态要素就更不用说了）并不差些。只不过它是作为长篇小说的现实，有别于实际的平民知识分子活动家的现实而已。

这样，蕴含于长篇小说或其他作品内容中的、在一个方面脱离了现实的社会意义、因其对社会现实的新参与，在另一种社会范畴里，在另一种社会情况下而得到补偿。不能为了长篇小说内容因素的被反映和被隔离的现实而脱离它的这一社会现实。

长篇小说的现实，它同实际现实的接触，它对社会生活的参与，完全不能仅仅归结为它在自己的内容里反映现实。不，它正是作为长篇小说参与社会生活并在其中起积极作用的，而且本身有时在社会现实中占有十分重要的地位,这种地位往往并不比反映在它内容中的社会现象小。

由于有另一种只反映在文学中的现实而害怕文学脱离内在现实的心理,不应当像俄国形式主义所做的那样,导致否定文学作品后一种现实的存在,或者像欧洲形式主义那样,导致对其中的结构作用估计不足。这不仅从艺术之外的(相对地外在的)一般方法论的和社会学的意义的观点来看是非常有害的,而且从艺术本身的观点看也是非常有害的。须知,对其最重要的和最本质的结构成分之一估计不足,其结果便是歪曲其整个结构。

在我们提出的所有问题中,正确的一般哲学观点和必要的方法论的明确性,只有在马克思主义基础上才能提供。只有在这里,特殊的文学现实才可能同意识形态视野(亦即其他意识形态要素)在其内容中的反映协调一致,在社会生活统一性中协调一致,这种统一性是以完全渗透于整个意识形态创作的社会经济规律性为基础的。

在这里,在马克思主义的基础上,在全部意识形态现象(其中包括具有所有纯艺术细节和细微差别的诗学结构)具有普遍的社会学性的前提下,同样地既排除了把作品偶像化,把它变成毫无意义的东西,把艺术接受变为对它的纯享乐主义的"感受"(就像在我国的形式主义中那样)的危险,也排除了把文学变成其他意识形态的简单附庸的另一方面的危险,把艺术作品同其艺术特性割裂的危险。

文学史的对象、任务和方法

意识形态视野除反映于艺术作品内容之中外,还对整个作品起决定性的影响。

文学作品在最直接的意义上是文学环境的一个部分,是该时代和在该社会集团中起社会能动作用的文学作品的总和。从严格的历史观点看,单个的文学作品是文学环境的不独立的、因而实际上是它的不可分割的成分。在这一环境中它占有一定的地位,并直接由环境的影响所决定。认为在文学环境里占有地位的作品能够不受其直接的决定性的影响,能够摆脱这一环境的有机的统一性和规律性,那是荒谬的。

不过文学环境本身也只是某一时代和某一社会整体的一般意识形态环境的不独立的因而实际上是它的不可分割的成分。文学就其整体以及每一个成分来说,在意识形态环境里占据一定的地位。确定了在其中的活动的方向,并由这个环境的直接影响所决定。意识形态环境本身就其整体和每一成分来说,也同样是社会经济环境的不独立的成分,由这个环境所决定,并从头至尾贯穿着统一的社会经济的规律性。

因此,我们得到的是相互关系和相互影响的一种复杂的系统。它的每一个成分都是在几种特殊的但又是相互渗透的整体中确立的。

在文学的统一体之外无法了解作品。但是这个统一体的整体及其每一个成分(从而也是该作品)如果脱离意识形态生活的统一体也无法了解。而对后一个统一体本身,不论是其整体还是每一个成分,不能在统一的社会经济规律性之外去进行研究。

因此,为了揭示和确定某一作品的文学面貌,就不能不同时揭示其一般意识形态的面貌,因为一方离开另一方就不存在,而在揭示这后一种面貌时,我们不能不揭示其社会经济的性质。

只有遵守所有这些条件才可能有对艺术作品的真正具体的历史研究。理解意识形态现象不能忽略这个统一链条中的任何一个环节,不能只停留在一个环节上,而不向下一个环节过渡。把文学作品完全直接地作为意识形态环境的成分进行研究,假设它是文学的唯一样本,而不直接是特殊的文学世界的一个成分,这是完全不容许的。不了解作品在文学中的地位及其对文学的直接依从性,就不能了解作品在意识形态环境中的地位。

更不能容许的是,一下子跳过两个环节,企图直接在社会经济环境中去了解作品,把它假设为意识形态创作的唯一的东西,而不是去确定它在社会经济环境中首先是与整个文学和整个意识形态视野在一起的,是它们的不可分割的成分。

所有这些决定着文学史的极其复杂的任务和方法。

文学史在不断形成的文学环境的统一体中研究文学作品的具体生活;在包围着它的意识形态环境的形成中研究这种文学环境;最后,在渗透于其中的社会经济环境的形成中研究这种意识形态环境。因此,文学史家的工作应当在同其他意识形态的历史、同社会经济的历史的不断的相互影响中进行。

马克思主义文学史家不必害怕折中主义和用文化史替换文学史的做法。这样的折中主义和这样的替换,只有在实证主义的基础上才是可怕的,因为在实证主义那里,统一性总是用混淆和各式各样的偷换的代价去换取的。历史唯物主义的具体的统一性不害怕这种鉴别和区分,同时任何时候也不会因此而丧失具体的原则和方法的一致性。

害怕折中主义和替换的原因在于天真地相信:任何一个领域的特点和独特性都只能通过绝对的隔离、通过对在它之外存在的一切东西视而不见的途径才能保存。事实上,任何意识形态领域和任何个别的意识形态现象正是在同其他意识形态现象的生动的相互影响中获得自己的真正的独特性和特点的。

在同其他领域的生动的相互影响中,在社会经济生活的具体统一性中研究文学,不仅不丧失其独特性,相反,这种独特性只有在这种相互影响的过程中才能彻底而全面地得到揭示和确定。

同时,文学史家一刻也不应忘记,文学作品与意识形态环境具有双重联系:以自己的内容反映这一环境而建立的联系,以及作为一个具有艺术特点的整体和作为这一环境的一个独特部分而与它直接发生的联系。

至于文学作品首先而且直接由文学本身来决定这一点,当然不能也不应当使马克思主义文学史家感到不安。马克思主义完全容许其他意识形态对文学的决定性的影响。不但如此,它还容许意识形态对基础本身的反作用,因而更不用说,它能够而且应该容许文学对文学的影响了。

不过,这种文学对文学的影响依然是社会学的影响。文学像任何其他意识形态一样,自始至终都是社会的。单个的文学作品不是单独地、脱离文学整体地、"自己承担责任地"反映基础的。基础也不是离开其他文学,好像"把作品召到一旁"并"秘密地"决定文学作品的。不,基础所影响的正是整个文学和整个意识形态环境,而对个别的作品,正是把它作为文学的作品,亦即作为这个整体的组成部分,在它同整个文学情况的不间断的联系中发生影响的。

社会经济的规律性会以文学本身的语言说话,就像它会用一切意识形态语言说话一样。只有坏的理论家和文学史家才会带来混乱和出现漏洞,因为他们这样想:社会学因素应当必定是"异己的因素";如果涉及的是文学问题,那它就应当必定是"文学外的因素";如果涉及的是科学,那它就应当必定是"科学外的因素"等。

事实上,社会经济的规律性从外面和里面都对社会生活和意识形态生活的一切成分起作用。要成为社会现象,科学不必不再是科学,为此它应当成为坏的科学。不过,甚至在这个时候,作为坏的科学,它也仍不失其为社会现象。

但是,文学史家所真正应当避免的,是把文学的环境变为绝对封闭的、独立自在的世界。关于封闭的和彼此独立的文化系列的学说是完全不能容忍的。系列的独特性,更确切地说,环境的独特性,正如我们看到的,只有通过这个系列的整体以及它的每一成分同社会生活统一体中所存其他系列的相互影响才能得到说明。

再重复一下,每一种文学现象(如同任何意识形态现象一样)同时既是从外部也是从内部被决定的。从内部是由文学本身所决定;从外部是由社会生活的其他领域所决定。不过,文学作品被从内部决定的同时,也被从外部决定,因为决定它的文学本身整个地是由外部决定的。而从被外部决定的同时,它也被从内部决定,因为外在的因素正是把它作为具有独特性和同整个文学情况发生联系(而不是在联系之外)的文学作品来决定的。这样,内在的东西原来是外在的,反之亦然。

这一辩证法并不那么复杂。只是依靠粗俗的机械论的残余,那种真正笨拙地、静止消极地和不可逆转地区别意识形态现象发展的"内在因素和外在因素"的做法才得以保存下来,这种做法在马克思主义关于文学和其他意识形态的著作中是经常可以碰到的。同时,"内在因素"还往往受到怀疑,从社会学观点上看,似乎它是不大可靠的因素。

任何影响文学的外在因素都会在文学中产生纯文学的影响,而且这种影响逐渐地变成文学的下一步发展的决定性的内在因素。而这一内在因素本身逐渐变成其他意识形态范围的外在因素,这些意识形态范围将用自己的内部语言对它做出反应;这一反应本身又将变成文学的外在因素。

当然,各种因素的这种辩证的表演是在统一的社会学规律性的界限内完成的。在意识形态创作中任何东西都不能超越这个规律性的界限:它统治着每一个角落,控制着意识形态理论的每一个隐秘的和内在的细节。在这个不断辩证地相互影响的过程中,一切都保持着自己的特点。艺术不会不再是艺术,科学也不会不再是科学。而且社会学的规律性在这里也不会失去其一致性及其决定一切的力量。

只有在这种辩证地理解不同意识形态现象的独特性和相互影响的基础上,才有可能建立真正的科学的文学史。

社会学诗学的对象、任务和方法

但是,文学史还并没有解决文艺学的全部任务。而且文学史本身也要求有一门揭示作为 sui generis(特有的)社会结构的诗学结构的特点的学科,也就是说,科学的文学史必须以社会学的诗学为前提。

什么是文学作品？它的结构怎样？这一结构的成分怎样？结构成分的艺术功能又怎样？什么是体裁、风格、情节、主题、母题、人物、韵律、节奏、旋律构造等？所有这些问题,包括意识形态视野在作品内容中的反映以及这一反映在艺术结构总体中的功能问题,这一切都是社会学诗学的广泛的研究领域。

在这一领域里,又应当首先完成我们在本书第一章里所研究过的全部课题,用文学材料使之具体化。

文学史大体上已要求社会学诗学对所提出的问题做出解答。它应当从关于意识形态结构实质的一定知识出发,因为它研究的是这些结构的具体历史。

但是,与此同时,社会学诗学本身为了不致成为教条,也应当了解文学史。在这两门学科之间应当有不间断的相互作用。诗学为文学史鉴定所研究的材料指出主导方向和提供其形式和类型的基本定义；文学史则给诗学定义做出修正,使它们变得更灵活、更生动,并完全符合于历史材料的丰富多样性。

从这个意义上可以说明作为理论社会学诗学与文学史之间的中间环节的特殊历史诗学的必要性。

不过,理论诗学和历史诗学的划分,与其说具有方法论性质,不如说具有技术性质。理论诗学也应当是历史诗学。

社会学诗学的每一个定义都应当是与所决定的形式的整个演化完全符合的定义。例如,由社会学诗学所提供的长篇小说的定义,应当是不断变化的和辩证的。这个定义应当像对待这一体裁的不断变化的变体的系列那样对待长篇小说,应当完全符合于这个正在形成的系列。长篇小说的定义如不能涵盖其历史形成中一切有过的形式,绝不是长篇小说的科学定义,而是某种文学流派的艺术宣言而已,也就是说,它表达这一流派对长篇小说的评价和观点。

为了不变成某个文学流派的纲领(这是大多数诗学的实际命运),或者在较好的情况下,不变成整个当代文学的纲领,社会学诗学应该有明确的历史方向。辩证的方法为它提供了建立不断变化的定义(即与一定体裁、形式等发展的正在形成的系列完全相符的定义)的不可代替的武器。只有在辩证法的基础上才可以做到既避免定义中的规范主义和教条主义的宣言性,也避免实证主义的零散性;在后一种情况下,事实虽然多样,但它们没有任何联系,只是人为地联合在一起的。

历史诗学的作用被归结为:在一系列研究某一体裁,甚至某一结构成分的专著,例如维谢洛夫斯基的《修饰语简史》中,为社会学诗学的概括性和综合性的定义准备了历史远景。

结果出现了这样的情况:马克思主义的方法在文学史中已经被采用,而马克思主义的社会学诗学却没有,至今也没有。更有甚者,人们甚至没有想到过它。

在这种情况下,马克思主义历史学家只好从非社会学诗学那里去借用说明文学现象特点的定义。当然,这些定义或是自然主义的,或是实证主义的,或是唯心主义的,无论如何显然都不是社会学的。这些用来确定特点的定义当然是顽强抵制马克思主义方法的,须知,这些定义在马克思主义的研究中是一种"异物"。

也是在这个基础上,产生了一种向在说明文学现象时"内在的"属于文学的东西宣战的可悲倾向,把马克思主义方法归结为仅仅是不断地寻求彼此独立地决定文学现象的、完全是外在的因素。

人们不是从内部去揭示文学现象的社会学性质,而是企图从外部突破这些现象,无论如何想要证明唯一的和完全的非文学因素(哪怕是属于其他意识形态的)对文学现象的决定性的影响。似乎只有解释为非艺术的艺术,才成为社会的因素,而按其本性来说却不是这样的因素!似乎艺术只是违反自己的本性和规律性,不乐意地去适应社会的现实。

发生了这样的事:一些马克思主义者在借用别的诗学理论的同时,也沾染了不好的自然主义和实证主义的一些流毒,接受了把艺术现象视为某些自然界的非社会的现象,或者视为某些脱离社会现实的独立自在的思想本质的错误概念——好像思想可以在社会交往之外产生似的。

所有非马克思主义的鉴别家都一直强调并提出艺术结构的内部的("内在的")非社会性。以此为口实,他们要求限制社会学方法。

如果艺术结构本身确实是内在地非社会性的,那么,马克思主义的社会学方法就应当是有限度的。如果艺术结构是与例如化学结构(这种结构本身当然是非社会性的)相似的,那么,文学也具有其非社会的规律性,对这种非社会规律性,任何社会学方法都是无法研究的,就像社会学方法无法研究化学规律性一样。那时,文学史就会出现一种可悲的局面:文学的内在性质就会同强加给它的、与这种性质格格不入的社会要求进行不断地斗争。这种历史的基本主题就将不是阶级之间的斗争,而是各个阶级同文学的斗争。

这方面最有代表性的是萨库林的观点。他把社会学方法无法研究的文学"内在的"实质及它的内在的、"按性质"也是非社会学的进化同外在社会学因素对它的影响对立起来。他也把社会学的方法限定在研究非文学因素对文学的因果影响的界限内。

"如果具体地想象一下文学史家的工作的全过程,"萨库林教授说道,"那么,这一工作自然地是从对个别作品和个别作家的内在研究开始的……诗学形式的成分(音响、语言、形象、韵律、结构、体裁)、诗学主题、整个艺术风格——对这一切要预先做内在的研究,借助于理论诗学制定的那些方法(根据心理学、美学和语言学),其中包括所谓的形式主义方法使用的那些方法。实质上,这是我们的工作的最重要部分。没有这项工作,就很难想象自己在研究中能继续前进……

"如果认为文学中存在社会现象,我们便不可避免地要提出其因果的制约性问题。对我们来说,这就是社会学的因果关系。只有到这时,文学史家才得到以社会学家的姿态出现的权利,并提出自己的'为什么'的问题,为的是把文学事实列入该时代社会生活的一般过程中去,为的是在这之后确定它们在整个历史运动中的地位。社会学的方法就在这里发生作用,这种方法运用于文学,就渐渐地成为历史社会学方法。"①

这种观点是很典型的。它不是萨库林教授个人的主观臆测的结果;不是的,它是对实际存在的 usus(习惯)做的中肯而又明确的表述,这种习惯今天统治着"马克思主义的"文艺学界;它是一种对由于事物的作用而形成的方法论二元论的表述。那些同萨库林教授争论,不接受他的公开的、明确的表述的人,事实上在自己的实际工作中也听命于这种占统治地位的习惯;他们把马克思主义的方法归结为非文学因素对文学的影响的研究。所有与文学本身及其特点有关的东西——定义、文学现象的结构特点的描述、体裁、风格以及它们的成分所用的术语——他们都是从理论诗学那里借来的,这种理论诗学制定了文艺学的所有这些基本概念,正如我们的作者完全正确地肯定的那样,它所依据的是心理学(当然是主观的和主观主义的)、美学(唯心主义的)、语言学(主要是实证主义的和部分唯心主义的),而绝不是马克思主义的社会学方法。萨库林教授在下面一点上也是完全正确的:缺少所有这些理论诗学的基本概念,就不能想象有任何对文学的历史研究。

可见,萨库林教授正确地表达了"社会学"研究的占统治地位的习惯。但是,当他认为建立社会学的诗学是不可能的时候,他却是大错特错了。当他企图把这个不好的习惯解释为不可避免的和方法论上合理的事实时,当他企图把社会学方法的实际的局限性曲解为对它做必要的和合理的限制时,也是错误的。

社会学诗学的任务首先是确定特点、进行描述和分析的任务。突出文学作品本身,说明其结构,确定其可能的形式和变体,确定它的成

---

① 萨库林:《文艺学中的社会学方法》,第26—28页。——作者

分及这些成分的功能,这就是社会学诗学的基本任务。它当然不能去建立诗学形式发展的任何规律。在寻求文学形式的发展规律之前,首先需要知道这些形式是什么。规律本身只有在进行巨大的文学史研究工作之后才能发现。因此,寻找和表述文学发展的规律,既必须以社会学诗学,也必须以文学史为前提。

因此,我们不能同意弗里契在他的论文《社会学诗学问题》中提出的对社会学诗学的理解。

弗里契教授把诗学理解为关于诗学形式发展的以法律知识为基础的法规科学。

他写道:"如果说昔日的教条式的诗学曾经规定诗人们在自己的创作中所必须遵循的一定的规则,如果说19世纪的历史诗学曾经具有揭示诗学形式的历史起源的使命,那么,社会学诗学给自己提出的目标则是揭示存在于这些形式的活动中的规律性。"①

试问:谁来揭示和描述这些形式?谁来确定它们的特点和它们同其他意识形态形式的区别?

稍靠后一点,弗里契教授接着说:"社会学诗学这个最主要的诗学问题(风格问题)方面的首要任务,在于确定一定的诗学风格与一定的经济风格的合理的协调一致。"②

但是要知道,在确定诗学风格与非诗学风格的合理的协调一致之前,必须弄清楚诗学风格的性质本身(社会的),它同非诗学风格的区别。为了确定它与其他意识形态的特殊语言的协调一致,就必须研究诗歌的特殊语言本身。

弗里契教授比较了诗歌的古典风格同社会生活的其他领域的风格后,得出下面的结论:"因此,古典文学风格仅仅是自己的、自己领域内的纯理性主义力量的表现,这些力量同时曾经在哲学和科学领域

---

① 《共产主义学院学报》第17卷,1926年,第169页。——作者
② 《共产主义学院学报》第17卷,1926年,第171页。——作者

里,在经济和政治建设的领域里起过作用。"①

这里所说的"自己的"和"自己的领域"正是首先必须在社会学诗学中加以确定的东西。意识形态的科学同样应当事先确定哲学思想的"自己的领域"和科学思想的"自己的领域"。弗里契教授在建立自己的规律时,认为这一切都已经是众所周知的了。

接下去他在自己的文章中运用了"惊险小说""家庭心理小说""家庭日常生活小说""哥特式小说"等概念。他确定这些小说体裁种类同相应的社会经济的和意识形态的(非文学的)现象的联系。但对体裁种类本身及它们的成分既没有提供定义也没有做出分析,因为他认为这些都是众所周知的。接着他详细地谈到"像诗歌技巧的风格这样的形式主义技术问题",并寻求同"自由韵律"的非文学的协调一致,认为诗歌技巧的概念、韵律的概念、自由韵律的概念,换言之,认为诗韵学、节律学、旋律学的整个领域都已经众所周知并已经研究清楚了。

总而言之,我们的作者老是以非社会学诗学的确定特点,进行说明和分析的工作为依据,为其借用的概念寻找非文学的一致和等价物。

我们丝毫不反对弗里契教授所提出的问题和任务本身的重要性,不过这并不是社会学诗学的问题和任务。把他在自己的文章中所指出的研究领域称之为"文学发展的社会学"更为正确些。希望为其发展规律做出定义的文学社会学的这一领域,既要以社会学诗学为前提,也要以文学史为前提,除此之外,还要以意识形态科学的全部鉴别工作为前提(科学学、宗教学等)。无论如何这样的学科是文艺学学科系列中的最后一个,它要求不论对诗学还是对文学史都有极为详尽的研究。否则它就只能限于进行简单的半艺术的类比。

社会学诗学乃是文艺学学科的系列中的第一门学科。如果它在自己的进一步的发展和深化中也依从于文学史的话,那么,很可能对

---

① 《共产主义学院学报》第17卷,1926年,第172页。——作者

文学史来说它就是奠基性的。它为文学史区分和确定材料,指出研究这种材料的基本方向。

目前我们还没有社会学的诗学,哪怕是有一个基本的最简单的轮廓也好。迄今还不可能在马克思主义社会学方法一元论基础上对文学史进行卓有成效的研究。

不过还有一个对建立社会学诗学有切身的利害关系的领域。这就是文学批评。

现在,在文学批评中意识形态的(非文学的)与文学的要求和处理方法之间还是完全脱节的。文学批评甚至迄今还弄不清楚内容的概念。文学批评虽然在大多数情况下能为文学提出正确的公正的社会要求,提出必需的迫切的社会任务,但是经常完全无力把这些要求和任务表达出来,也就是说,它不会用文学本身的语言来表达它们。它提出的是直接的、未说明特点的任务。因此,有时会得出这样一种印象:要求艺术家不是作为艺术家,而是直接地作为政治家、哲学家、社会学家等去完成社会任务,总而言之,要求艺术家从事"非本行"的工作。

诗人要实现为他提出的社会任务,就应当把这一任务翻译成诗歌本身的语言,把它表述为通过诗歌本身的力量解决的纯诗学问题。这任务应根据诗歌艺术现有的手段和可能性的情况来确定和理解,应当与以前的文学现象互相关联,一句话,它和它的各个成分应当用诗歌本身的现实的语言加以表达。它应当作为诗学的任务出现。

内行的健康的批评,应当用艺术家本人的语言把"社会订货"作为诗学订货向他提出。在具有高度艺术修养的条件下,社会本身、读者大众本身自然地和轻易地实现把自己的社会要求和需要翻译成诗歌技巧的内在语言。诚然,这后者只有在诗人和其听众之间的充分的阶级同一性与和谐的比较稀有的条件下才有可能。但是,批评家却是在任何情况下都应当是他们之间的内行的译员,它们之间的 medium(媒介)。

在形式主义者及所有其他赞成文学的非社会本性的人看来,把社会任务译成诗歌艺术语言的这种翻译是没有的和不可能有的。在这

73

些鉴别家看来,社会生活和诗学创作是内在地彼此不相容的和没有共同语言的两个世界。在它们之间只可能有外在的机械的相互影响,这种影响不会给诗歌带来新的社会的可能性,在最好的情况下也只是使诗歌本身现有的内在可能性具有现实意义罢了。

我们认为,社会的任务可以而且通常都深入到艺术的内部,就像深入到自己最如意的环境中一样。艺术的语言只是统一的社会语言的一种特殊语言,所以可从这一特殊语言翻译为其他意识形态的特殊语言而毫不走样。

诚然,艺术家和统治阶级彼此不能理解的时代是有的。订货人由于其本性不能把自己的社会订货翻译成艺术语言,并向艺术要求非艺术。艺术家不懂得生活的社会任务,奉献给社会生活的是形式主义的实验,或者是小学生的习作。不过,这种情况只是在尖锐的深刻的社会解体的时代才有。

必须学会把诗歌语言理解为从头到尾的社会语言。社会学诗学应当实现这一点。文学批评的两个基本功能——提出社会订货和对所完成的订货做出评价——要求尽善尽美地掌握这种语言。

文艺学中的"形式方法"问题

批评界清理研究场地这一工作应当做在积极研究社会学诗学的最困难和最重要的任务之前。

现在在苏联,诗学问题可以说是被所谓的"形式方法"或"形态学方法"垄断了。形式主义者在其存在的短短的历史时期里,居然掌握了理论诗学问题的非常广阔的领域。我们这里所涉及的问题几乎没有一个不是他们这样或那样地在自己的工作中触及过的。马克思主义者不能忽视形式主义者的这一工作,不能不对它进行最细致的批判分析。

马克思主义尤其不能避开形式方法,因为形式主义者正是作为鉴别家出现的,他们在俄国文学科学中确定几乎是第一个扮演了这个角色。他们能够赋予确定文学科学的特点主题以很大的尖锐性和原则性,因而使他们在萎靡不振的折中主义和经院派文艺学的无原则性的背景上显得特别突出。

我们已经看到,确定特点也是马克思主义关于意识形态科学、特别是文艺学当前首要的任务。

但是,我们的形式主义者的区分特点的倾向与马克思主义的倾向是完全对立的。他们把区分特点设想为对某一意识形态领域的隔离,与意识形态和社会生活的一切别的力量和能量的隔绝。他们把特点、独特性设想为对一切别的事物的保守的和敌视的力量,也就是说,他们不是辩证地理解独特性的,因而不能把独特性与社会历史生活的具体统一体中的生动的相互影响结合起来。

不过,有一点使马克思主义同形式主义者的交锋变得特别有原则意义,因而也大有效益,这就是形式主义者一贯地、始终不渝地坚持艺术结构本身的非社会性。他们建立的诗学是作为一种彻底的非社会学的诗学。

如果他们是对的,如果文学现象的结构确实是非社会性的,那么,文艺学中的社会学方法的作用是极其有限的,所涉及的的确不是发展的因素,而仅仅是对文学发展的干扰,是历史塞在文学进步车轮里的一些棍子。

如果他们是错误的,那么他们设计得如此彻底和完善的理论就应当是原则上的非社会学诗学的出色的 reductio ad absurdum(荒谬证法)。而这种荒谬性应当首先在文学本身、诗歌本身中暴露出来。

须知,如果文学是社会现象,那么,轻视并否定其社会本性的形式主义方法首先是与文学本身不相符的,它恰恰是给文学的独特性和特点提供错误的解释和定义。

因此,马克思主义对形式方法的批评不可能也不应当是"从旁的批评"。

再重复一遍,马克思主义文艺学与形式方法相遇,并在它们当前共同的最迫切的问题——确定特点问题上发生了冲突。所以,对形式主义的批评应当而且可能是"内在的"(在这个词的最好的意义上)批评。对形式主义者的每一个论据都应当在形式主义本身的基础上,在文学事实的特点的基础上加以检验和批驳。对象本身、具有独特性的文学本身应该废止并取消形式主义者所下的与它及它的独特性不相符的定义。

对形式方法的批评我们就是这样考虑的。

第二编　关于形式方法的历史

第一章　西欧艺术学中的形式流派

西欧的和俄国的形式主义

从更广泛的历史前景来看,俄国的形式方法只是艺术学中全欧形式流派的一个分支。

诚然,不能说我国的形式主义者直接依从于其西欧的先驱者。看来,这里没有直接的遗传关系。一般地说,我国的形式主义者没有依赖任何人和援引任何人,而是靠自己本身。

特别是在发展的第一个时期,形式主义者的学术视野是极其狭窄的,运动带有封闭的小团体性质。形式主义者的术语本身没有多少广泛的科学目标,而且带有同样的小团体的行话色调。形式主义的进一步的发展是在科学封闭的条件下发生的,因而也不可能促进它同西欧艺术学和文艺学思想的其他思潮和流派的广泛而明晰的相互参照。

应该说,直到现在也还没有真正地判定形式主义的所有术语和定义在广泛的科学联系中的地位。从形式主义方面说,直到现在还没有做出任何一种严肃而广泛的尝试,去说明自己的历史地位,去确定自己哪怕是对当代西欧艺术学和文艺学的基本现象的态度①。

我国形式主义的这种土生土长的性质掩盖了它与全欧形式主义

---

① 这方面第一次和唯一的一次尝试仍旧是艾亨鲍姆的文章《"形式方法"的理论》(1928),收在其论文集《文学》中。不过,对我们所指的任务——对形式方法的广泛理解——它当然没有能够完成,而且也不企求能够完成。它只限于对形式主义的历史做简短的叙述。其中只有半页是论述西欧形式流派的。——作者

和从事鉴别工作的流派之间的实际存在的关系。

我国形式主义是在同样的氛围里形成的,是艺术本身以及整个意识形态视野内发生的、决定西欧形式主义发展的那些变动的表现。

诚然,正如我们将要讲到的那样,我国的形式主义在其理论的一系列极其重要的方面仍然与西欧形式主义有着明显的区别。

我们的任务不在于对西欧形式方法做出多少详细的历史概述和批评分析。对我们来说,重要的只是勾勒出产生该流派的各种问题的轮廓,指出它的最基本的发展路线。对西欧形式主义的这种说明应当只是为了提供一个背景,在这个背景上更明晰地表现出俄国形式主义的特点。

西欧形式主义发展的历史前提

西方艺术学中的形式流派是在造型艺术、部分地是在音乐(汉斯立克)的基础上产生的。只是到最近,它才渗入到文艺学中,虽然在这里它还没有得到充分的表现。

艺术学中的形式流派也和所有其他艺术理论思想的流派一样,是由艺术发展本身准备好了的。它首先是那些已经提到艺术家们本身的工作日程上和艺术行家及鉴赏家们意识中的倾向和问题的表现。

在这个时期的艺术中,前一个时期占统治地位的自然主义倾向已经走到了尽头,已无进一步发展的可能。在这条已走过的老路(它已成了模仿者的财产)的背景下,艺术的结构任务特别强烈地表现和显示出来了。

这些结构任务,由于对前一个时期左右一切的表现和表达任务产生反作用,有时候以一种敌视反映任何内容的形式出现。艺术的无对象性学说和这种无对象创作的尝试本身,也是这种反作用的形成物。

不论这些倾向采取了何种多少有些激进的形式,艺术本身的发展在任何情况下都对艺术作品的结构因素的认识有所促进。研究者的理论思想也不可能不转向这一方面。这里就展现出了一系列新的尚未得到研究的问题和任务。

在现代欧洲艺术内部发生这些变化的同时，不论是行家和鉴赏家的直观视野，还是艺术研究者的科学视野都得到拓展。在欧洲艺术意识面前展示出了东方艺术新形式的整个世界。

具体艺术世界的这种异常的拓展，不能不暴露出那些在欧洲的、主要是现实主义艺术的基础上制定的概念和定义的极其狭隘的片面性质。在掌握这些"异邦艺术"的新的不同种类的形式的过程中，艺术的结构任务也就愈来愈明确了。须知，困难不在于掌握新的内容，而在于表现的原则和方法本身。新的不是所看到的东西，而是看的形式本身。

其次，很明显，这里的问题完全不在于艺术才能的另一种水平，不在于技巧完善的另一种程度，过去人们对于古代艺术就是极其幼稚地这样设想的。不，在"异邦艺术"中，问题不在于理解艺术表达手段本身的新原则和使这些手段服从于自己的新的艺术任务，而在于要懂得新艺术学用"艺术意志"这一术语所表示的那种东西。

"异邦艺术"向鉴赏家和艺术学家揭示了一系列其他的和新的"艺术意志"。同时，带有各种特点和差别的"艺术意志"首先表现在艺术作品——物件本身的设计方法中，亦即在艺术现实本身中。

在这些异邦的"艺术意志"的背景上，欧洲的"现实主义意志"及其对所表现的现实的关系只是作为艺术作品构造的可能的方法之一出现的，而它的现实主义的主要成分（按其原来样子非艺术现实的反映）只是可能的主要结构成分之一。

在"异邦艺术"的烛照下，通向对像哥特式这种熟悉现象做新的理解的途径也被揭示了出来。例如沃林格在自己的 *Formprobleme der Gotik*（《哥特式的形式问题》）一书中完全按新的方式揭示出"哥特式的意志"的独特性。由于这个缘故，对艺术古风的观点也做了修改。

这就是由欧洲艺术本身的发展所造成的形式主义流派的前提，这些前提在使欧洲艺术意识接受"异邦艺术"形式的过程中得到了加强和深化。

西欧形式主义的一般意识形态视野

我们知道,在一般意识形态视野中,这个时期发生了唯心主义和实证主义的危机。与这伴随而来的是对世界观的所有具体表现的兴趣的增大和敏感性的加强,这种世界观表现在不同色彩中、空间形式中、无内容的音响中,一句话,不是在关于世界的思维形式中,而是在对世界及其事物的具体视觉和听觉形式中。

欧洲形式主义流派既是在同唯心主义也是在同实证主义的斗争中产生和形成的。它在两个敌对阵营之间的这种历史地位具有重大的历史意义,并决定了它的整个精神面貌。

两个对手都是不可轻视的。不论是唯心主义还是实证主义都具有成熟的、方法论上清晰的、详尽而细致的学说。两个对手都有经验和传统。这里不可能有轻率的、未经思想武装和考虑不周的言论,不可能有任何粗暴的攻击和有意的忽略。任何失掉了本阶级属性的革新家的高谈阔论的激进主义,对艺术学研究思想来说不仅没有进行指导的可能性,而且甚至没有施加重要影响的任何可能性。一方面是唯心主义的"文化哲学"及其最复杂的方法论和最细小的含义上的微差,另一方面是实证主义及其训练的严格性和一丝不苟的科学谨慎性——所有这些使各种轻率的概括和仓促的结论不容易有市场。

这一切不能不对欧洲形式主义的发展产生极为有益的影响,有助于它保持高度的科学水平,使得它不同某些艺术流派发生仓促的过于密切的联系。诚然,在欧洲的形式主义中也曾经有艺术纲领的某些成分,不过这是不可避免的,而且没有一个艺术理论思想流派能够回避它。

不过,欧洲形式主义对不同艺术派别的各种走马灯似的纲领、宣言和声明,还是基本上保持了应有的距离的。

欧洲形式主义的主线

艺术家汉斯·冯·马雷(卒于1887年)的团体曾经是欧洲形式主义的摇篮①。从这里产生了这个流派的主要的理论家:艺术学家康拉德·菲德勒和雕塑家阿道夫·希尔德勃兰特②。在他们以及他们的第一批奠基著作中具有的那些个人艺术信仰的成分(这种成分在希尔德勃兰特身上特点强烈),在这个流派后来的发展中,很容易地同那些原来具有历史重要性的东西分开了,同解决它们时的问题的新范围、新方向分开了。它们的学说的这种客观内核继续地在施马佐夫、沃林格、迈埃尔-格雷费、韦尔夫林以及豪森施泰恩的著作中得到有效的发展,完全不受所有这些研究者不同的艺术趣味和偏爱所左右。

我们尽力把欧洲形式主义的这种主要的非常重要的内核区分出来,尽可能丢掉它在某些艺术学家著作中所具有的个性化了的外壳。

在这一内核里我们区分出它的下列成分:(1)艺术的结构任务;(2)表现手段和技巧;(3)形式在意识形态方面的深化;(4)视度问题;(5)"无名艺术史"。

下面我们对其中的每一种成分做简要的批评性的定向分析。

艺术的结构任务

艺术作品乃是自我封闭的整体,它的每一个成分都不是在同任何作品以外存在的东西(同自然界现实、思想)的相互关系中,而只是在

---

① 见尤利乌斯·迈埃尔-格雷费的《汉斯·冯·马雷,他的生平和创作》第3卷,1909—1910年;亦可见科恩的文章《逻各斯》杂志,1911—1912年第2—3期。——作者

② 菲德勒的著作收在其两卷集《艺术论文集》(第2版,慕尼黑,1913年)中,最早发表于1890年。希尔德勃兰特著有《造型艺术中的形式问题》,1893年,俄译本,莫斯科,1914年。——作者

整体本身的自身具有意义的结构中获得自己的意义。这意味着,艺术作品的每一个成分首先在作为封闭的独立自在的结构的作品中具有结构的意义。如果它再现、反映、表现或模仿什么的话,那么这些"外在的"("трансгредиентные")功能都服从于基本的结构任务——建造严整的和自我封闭的作品。

艺术学家的基本任务也在于首先揭示作品的这个结构的统一体和其中的每一成分的纯结构功能。

下面就是阿道夫·希尔德勃兰特在其著作的第三版前言里对这一任务所下的定义:

"我们在过去时代的艺术活动中发现,艺术作品的结构设计总是处在首位,模仿的方面只是慢慢地发展的。这是事物本质自身所具有的,因为一般的艺术感和本能要求(要求把我们零碎的感受集合成为我们想象中的某种整体),像音乐一样,创造并支配直接来自本身的各种关系;而对自然界的艺术观察只是渐渐地带来愈来愈丰富的材料。

"对我们的时代(作为科学的时代)来说具有特征意义的是,现在实践的艺术活动不会越出模仿的东西的范围。结构感或者是完全缺乏,或者就是满足于纯外表的多少有些好看的程序。我写此书的意图是要把艺术作品的结构体系提到注意的中心,并说明形式从这方面提出的一些问题,这些问题是作为必然的、实际上以我们与自然界的关系为依据的要求提出来的。"①

希尔德勃兰特称之为"结构设计"的东西,也就是作品的结构统一体。"结构设计"这一术语本身没有保存下来,因为它是同与事无关的联想相联系的。

这种对造型艺术作品的结构的"结构设计"的观点表现在哪里呢?

作品是一个封闭的空间实体。它是现实空间的一部分,并且正是在其中作为某种统一体组织起来的。应当以作为自身有意义的结构整体的作品的实际组织为出发点。作品结构所包含的具体内容的种

---

① 希尔德勃兰特:《造型艺术中的形式问题》,1914年,第4页。——作者

类、方法和功能,就是由作品的现实地位,然后由它的各个部分的组织以及每一部分和整个组成的实体在现实空间中所具有的功能决定的。无论空间整体的这一或那一成分获得什么样的模仿的、表现的或别的意义,它在作品的已组成的现实体中的地位,亦即在现实空间范围内的结构意义,应当首先得到确定。

例如,画面终究是一个平面,不论艺术家对它如何解释,艺术地加工的正是这个平面。画的幻想的或者理想的空间都是要弄清楚对这个平面的关系,在其中作为平面的结构成分确定下来,并且只有借助于平面才能加入到实际的空间里去。在把带有充满它的全部实物意义(模仿的、再现的、表现的意义)的理想空间仅仅看作平面组织的成分时,也应以这个平面及平面的现实组织为出发点。以画的幻想的三维空间为出发点(就像以独立自在的和独立的整体为出发点一样),离开平面或者只是作为幻想空间的技术基础来评价这个平面,将是极其荒谬的。

从被表现的东西出发,避开被表现的物体的原先的实际组织,是完全不能容许的。艺术的特殊性正在于:被表现的东西无论怎样有意义和怎样重要,表现的物体本身永远不会成为仅仅是形象的技术上辅助的和相对的体现者。作品首先是现实的自身有价值的一部分,这个部分认识现实,不只是通过所反映的内容,而且也是作为特定的唯一的事物,作为一定的艺术对象直接地进行认识的。

表现手段和技巧

宣布结构功能重于模仿和再现的功能(不过并没有否定,甚至也没有限制后两者),必然导致对表现或表达以及艺术技巧的手段做新的理解和重新评价。

在幼稚地把造型艺术理解为反映或再现自然的艺术时,表现的手段就只具有技术的(在令人反感的意义上)和纯辅助的性质。它们服从于被表现的对象,并按照符合于这一对象的观点进行评价。这样,对艺术的手段就只在它们对待自然界或历史现实的非艺术价值的关系中进行评价,把它们看作再现的手段。

在这种观点中结构功能的主要作用便发生根本的变化。表现对象本身——自然或历史现象——现在就要从表现手段的观点进行评价,也就是说,从其在作品封闭的统一体中的结构作用的观点,从其结构的合理性的观点进行评价。

表现的手段、"手法"不是为了价值本身而去表现任何非艺术的价值,而是首先构筑作为自我封闭整体的艺术作品,而被表现的现象则被它们变成这一构成物的结构因素。

在关于表现手段的各种观点里,这一变化特别清楚地表现在康拉德·菲德勒的著作中,而且早在这一新流派发展的最初阶段就表现出来[1]。

任何一种自然现象,只要被作为自然现象,亦即作为自然本身的统一体来接受时,对它的认识就还不是艺术的、形象的认识;为了要使它成为艺术的形象的认识,应当把自然现象也列为平面的条件和创造者的技术潜能。只有在同艺术表现手段建立这种相互关系时,认识本身才逐渐地变成形象的认识。来自看得见的和感觉得到的世界的体系的对象,当它确实不依赖于其表现可能性与手段而存在时,就应当变成表现手段的体系,变成面、线、创造线的能手等的体系。从这一表现体系的观点出发,作为这一体系的可能的结构因素而理解的对象,首次成为艺术理解的对象。

对表现手段做这样的理解,就再也不可能谈论作为某种低级东西和辅助手段的实现的技术同作为某种高级的东西和最高目标的创作构思之间的对立了。

作为艺术的艺术构思本身,可以说,从一开始就是用技术术语表示的。这一构思的对象本身——它的内容——非从实现它的表现手段的体系中来理解不可。从这种观点出发,简直没有必要在技术与创

---

[1] 菲德勒:《论艺术活动的起源》,载《艺术论文集》第 1 卷,第 266 页。——作者

作之间划出一条界线。一切都应当具有结构的意义。不能获得这种意义的东西,则与艺术完全无关。

形式在意识形态方面的深化

我们所叙述的西方艺术学中形式流派的基本原理并不为否定艺术中的内容提供任何根据。不论我们对内容做何理解,也就是说,不论我们相对地把什么样的艺术结构成分归入这一概念,从形式论的基本原理出发只能得出一个结论:内容一定在作品封闭的统一体中具有结构功能,它也具有其他所有相对地联合成为形式的概念的成分所具有的功能。

从这里绝不应该得出所谓艺术在原则上是无对象的,或无对象艺术具有更多的纯艺术性的结论。结构主义的理论以及各种把无物体性看作艺术最高理想的学说,都不过是某些(有时也是不明确的)艺术流派的纲领性宣言罢了。

在这些宣言后面隐藏着的仅仅是下面一种真实现象:与先前的现实主义相比,当代艺术中的艺术结构占优势的思想被转移到作品的别的因素中。这种占优势的思想的转移是在结构内部完成的,并且丝毫不改变其实质。

现实主义艺术与结构主义艺术一样,都是有结构的。

西方艺术学的形式流派广于任何的艺术纲领,如果说它也有某些艺术偏爱的话(不同的作者都有不同的偏爱),那么,就基本构思来说,它对所有艺术都是公正的。它确定任何艺术及艺术中任何流派的本质的艺术特殊性。

欧洲的形式主义流派最不愿意低估毫无例外地蕴含于艺术结构中的一切成分的含义的重要性。

同那使艺术失去意义的实证主义及自然主义的斗争,对欧洲形式方法来说具有巨大的意义。如果说,形式主义提出作品是一个结构上封闭的统一体的思想主要是为了反对艺术理解中的唯心主义和所有一般的抽象的思想性,那么,它在反对实证主义时,极其坚决地强调了艺术结构的每一成分的深刻而饱满的意义。

欧洲形式主义者不害怕任何含义上的重要性和对艺术结构理解中的丰富的内容性。他们并不担心含义能冲破结构的封闭性和破坏它的物质的完整性。他们懂得,失去了深刻的世界观意义的艺术结构,会不可避免地只起辅助作用或为享乐主义感官的自取快乐服务,或为实利目的服务。

同时,艺术作品就将失去自己在意识形态世界、文化世界的特殊地位,而滑到或者是生产工具,或者是消费品的地位。

失掉了自己的根基的作品就应在别人的土壤上得到确立,或者变成无意义的多余的东西。

艺术结构的世界观意义的这一思想,菲德勒在下面一段话中表达得非常好:

"我们不应当为艺术寻找与认识的严肃任务相反的任务;我们更应当不偏不倚地注视艺术家本人在做些什么,为的是要明白,艺术家掌握的是他一个人才能掌握的这个方面,并获得任何人的思维都难于达到的对于现实的这种认识。"①

可见,欧洲的形式方法不仅不否定作为作品的相对地可以区分的结构因素的内容,相反,尽量赋予形式本身以深刻的世界的意义。它把对形式的这种理解同对它的简单化的现实主义的观点对立起来,后者把形式看作是丧失了自身的意识形态意义的内容的装饰和观赏的附属品。

在这样理解时,作品的形式和内容都被归为一类,不过有两个方面:(1)作为作品的封闭的统一体中的同样的结构成分;(2)作为同样是意识形态的、世界观上被认识了的现象。这就把形式和内容的原则性的对立完全取消了。

我们看到,在这一点上俄国形式主义与西欧形式主义的区别特别

---

① 菲德勒:《艺术论文集》,第301页。值得注意的是,我国的形式主义者正好是从艺术的形式与"严肃的认识任务"的对比开始的。——作者

明显。俄国形式主义是以下面一个错误的假设做出发点的：作品的任何成分的结构意义都是用丧失意识形态的含义为代价而获得的。

欧洲形式主义任何时候都不认为任何成分在成为作品的结构成分时应当丧失和削弱自己的含义的意义。按照他们的意见，结构意义本身就具有纯粹含义的性质。艺术结构乃是含义的体系——不过是看不见的含义的体系。

视度问题

视度问题在欧洲形式主义中占有很重要的地位。

作品不是为思想，不是为感情和情绪，而是为视力而存在。对视度的概念本身要作深刻的分析。对形式的认识，对"形式品格"（"Gestaltqualitat"）的认识成了不仅是艺术学，而且是美学和心理学的最重要的问题之一。

这里，主要的倾向在于肯定意义和含义与感性认知品格的不可分割性。

一种过时的幼稚的观念认为，品格在外部世界里，而意义和含义却在内心，在它们之间建立的是一种机械的联想关系。这种观念已经完全被抛弃了。所以，视度问题在欧洲形式主义中正是作为被认识了的视度问题、作为意义的感性认知问题，或作为为含义所加重的感性品格问题而被总结出来的。

在这里，决定性的因素是同歪曲这个问题的实证主义之间的斗争：实证主义把感性品格归结为物理学和生理学的因素，把作为抽象生理器官的视力同作为抽象物理因素的现象对立了起来。

我们将看到，在这一点上俄国形式主义也与西欧形式主义不同。俄国形式主义像实证主义一样，回避问题，把诗歌语音学里的"声音"的概念特别地简化了。

按照欧洲形式主义的学说，艺术的主要任务正在于获得看得见、听得到、摸得着的品格，这有别于科学及其从数量上把握现实的倾向。

在艺术中眼睛和整个机体在可见形式世界中的具体定向,同所发生的事情的抽象规律中的思想认识定向是相对立的。

"无名艺术史"

现在我们把话题转到"无名艺术史"的思想上来。在这个口号下隐藏着一种建立艺术的客观历史和文艺作品历史的完全合理的要求。

必须揭示艺术形式和风格更替的特殊规律性。这一更替有其内在的合理性。它不应当去图解在它之外发生的什么东西;它应当认识它本身的意义。因此,艺术史家应当研究的不是包含在结构中的各种成分的非艺术意义的变化,而是结构本身、艺术构造的原则本身的变化,也就是"艺术意志"本身的变化。在沃尔夫林看来,古典主义作品和巴洛克艺术就是这样相互更替的。在沃林格看来,自然主义、移情原则和风格、抽象的原则也是这样相互更替的。

这两种形式的相互更替并不按照完全对立或相互否定的原则,它是在意识形态世界各种条件的全部总和的影响下发生的。在这种形式的更替里特别明显地表现出欧洲形式主义学说中艺术结构的意识形态的深度。

只要简略地谈谈沃林格的两个装饰原则的理论就足够证明这一点。

根据这位作者的意见,建立在对被装饰的对象有深刻体会的原则上的自然主义风格的基础,是对世界的积极的态度,是对世界及在这个世界中占统治地位的、支配整个世界和整个人类的统一的规律的深刻信任。人不害怕世界,不怕世界上的运动、形成和发展。因此,有机的形式最充分地表达出它对作为生动的、永远变化的和接近于它的因素的世界实质的理解。

建立在抽象原则基础上的几何学的风格,按照沃林格的看法,表现出对世界的纯粹的否定态度。

如果世界是可怕的,如果世界使人觉得是敌对的,是丧失了本身的任何规律性的混沌,这时,人类就只有一种战胜它的手段——把它束缚在铁的几何学的规律性的静止的体系里。如果世界在其具体丰富性中,在其运动和发展中被认为是虚幻的和微不足道的(例如东方世界观通常有此特点),那么几何学的抽象就将是绝对事物的唯一可以理解的和可能的形式。人力图使每一种事物都接近这一抽象,就像接近理想一样。借助于抽象他想把事物从形成的混乱中拯救出来,把它提升到静止的和最明显的几何学规律性的绝对安谧状态[①]。

按照沃林格的意见,哥特式的特征,是一种把抽象的几何学的风格同只有自然主义才特具的运动的独特结合。哥特式是无机形式的无尽的运动。

可见,人的基本的处世态度决定他的"艺术意志",从而也决定作品—物体的结构原则本身。

沃林格说道:"希腊建筑师对待自己的材料——石头,几乎怀有一种肉体的贪欲,因此使物质本身有可能得到表现。相反,哥特式的建筑师对待石头的态度则带有一种纯粹是表现力的精神追求,带有一种不依赖于石头而形成的结构的目的;石头对他来说只有外在的和非独立的手段的实施的意义。抽象的结构体系(在其中石头具有的只是实践的意义,而不是艺术的意义)乃是一种结果。"[②]

按照沃尔夫林的意见,古典作品和巴洛克的更替也与具体处世态度的更替相联系。诚然,他像沃林格一样,并没有赋予自己的观点以世界观的完整性。

可见,在西欧形式主义中,"无名艺术史"绝不会导致对艺术的意识形态实质的否定,不会导致与一般意识形态视野的完全隔离——尽管西方形式主义者对这种视野的理解也是唯心主义的,或者是从时髦的"生命哲学"的观点出发的。

这就是西欧形式流派的基本情况。我们看到,肯定艺术中结构任

[①] 见沃林格的《抽象与移情》一书。——作者
[②] 沃林格:《哥特式的形式问题》,第69页。——作者

务的首要作用不会造成对艺术作品意识形态意义的降低。发生的只是意识形态重心从独立于作品的描写和表现的对象向其艺术结构本身的转移。

因此,我们觉得,艾亨鲍姆在《"形式方法"的理论》一文中拿俄国形式主义的精神来解释西方形式方法的特点是不对的。

他写道:"人们屡次从各个不同方面指责形式方法的代表们的基本原理模糊不清和不能令人满意,指责其对美学、心理学、哲学、社会学等的共同问题漠不关心等等。这些指责尽管有其质的区别,但在下面一点上是同样正确的:他们正确了解形式主义者的有代表性的、当然也不是偶然的脱离,即既脱离'形而上美学',也脱离一切现成的或自认为是现成的共同理论。这种脱离(特别是对美学的脱离)对现代整个艺术科学是一种具有或多或少的典型性的现象。这一科学把一系列共同的问题搁在一边(诸如美和艺术目的等问题),集中注意了艺术学(Kunstwissenschaft)的具体问题。在一般美学前提联系之外,重新提出了对艺术'形式'及其演变的理解问题,由此又提出一系列具体的理论的和历史的问题。出现了有代表性的口号,如韦尔夫林的'无名艺术史'(Kunstgeschichte ohne Namen)之类;出现了具体分析风格和手法的有代表性的经验,如 K.福尔的'画的比较研究经验'之类。在德国,正是最富有经验和传统的造型艺术的理论和历史占据了艺术学中心地位,并开始对一般艺术理论以及某些学科(例如也包括文学研究)产生影响。"①

艾亨鲍姆没有考虑到欧洲形式主义在唯心主义的"自下而上的美学"与实证主义和自然主义的"自上而下的美学"之间所处的特殊地位。欧洲形式主义者对后者的斗争并不少于对前者的斗争。因此,我国形式主义者对西欧形式主义者所进行的指责是完全错误的。后者对一般意识形态问题绝不是漠不关心的,这一点并不妨碍它同时也力求做到研究艺术结构时的高度具体性。

---

① 艾亨鲍姆:《文学》,第118页。——作者

诗学中的形式流派

现在欧洲形式艺术学对文艺学发生着巨大的影响。奥斯卡尔·瓦尔策尔特别热烈地赞成把艺术学方法移植到关于文学科学中来。

他在自己的一系列著作①中发挥了这个思想,在 Gehaltund gestalt im kunswerk des dichters(《诗人艺术品中的内容和形象》,1923 年)中叙述了对诗学的有系统的观点。他的著作的主导思想是:使结构任务同意识形态思想的全部丰富性结合起来。

西维尔斯和萨兰学派则从另一方面,从研究诗歌作品的具体音响结构问题方面提出这些结构问题②。

这一学派对俄国的形式主义者起了颇大的影响。不过俄国形式主义者大大地缩小了研究诗歌音响的任务。西维尔斯任何地方都没有使音响离开言语含义上的变动的丰富性和复杂性③。因此在他的著作中对表情语调及其含义上和情感上最复杂的微差的研究占重大的地位。

但是,严格意义上的形式方法在德国文学科学中却没有成为占统治地位的流派。

现在,用来完成文艺学任务的"生命哲学"及其不同流派起着最大的影响。这里,具体生活感受在其不可分解的个性中的统一占据着外在作品(作品—物体)的结构统一的位置④。按照在德国占统治地位的理论,正是在这里达到了理想的含义同物质的具体性的结合。

---

① 有关他的资料可以在日尔蒙斯基对瓦尔策尔的《诗歌中的形式问题》一书的注释里找到。——作者
② 关于这个问题参见艾亨鲍姆的《诗的旋律》及上面对瓦尔策尔的著作的注释。——作者
③ 日尔蒙斯基在《评〈诗的旋律〉》(《思想》,1922 年第 3 期,或论文集《文学理论问题》,1928 年)一文中对艾亨鲍姆采用西维尔斯的观点做了中肯的批评。——作者
④ 参见对这个观点有代表性的埃米尔·埃马廷格的《富有诗意的艺术品——形成判断的基本概念》一书(1921)。——作者

还应当指出,在当代德国诗学中(诚然,主要不是在歌德的传统中,而是在洪堡的传统中)"内在形式"概念具有重大意义。按其构想,"内在形式"应当解决同样的基本任务:把物质的具体性同理想含义的充分性以及与个人生活感受的变异性有机地结合起来①。

文艺学中形式方法的真正故乡当然是法国。在法国,广泛理解中的形式方法有着悠久的传统,它发端于18世纪,亦即从古典诗学开始。在近代,不论是布吕内蒂耶尔还是朗松和蒂博德,没有一个法国的文学史家和理论家回避对艺术作品作形式的分析。

法国文艺学思想对我国的形式主义的影响,特别是法国语文学和文体学家②的影响是相当大的。不过,它没有决定形式主义诗学的基础。

西欧形式主义的基本特点就是这样。它提出的课题,乃至解决这些课题的基本倾向,我们认为大体上是可以接受的。不能接受的只是借以提供具体解决方法的哲学基础。在前一编里我们曾试图指出有效研究的真正基础。在我们这本著作的后面几个批评章节里,我们试图对解决问题的方法做出具体说明。

第二章　俄国的形式方法

俄国形式方法最初的表现

形式方法在俄国的历史已有十四年了。

1914年问世的什克洛夫斯基的小册子《词语的复活》是这个流派的第一个历史文献。接着在1916年和1917年相继出现了两本诗语理论方面的文集,最后是1918年出版了论文集《诗学》。这三本论文

---

① 对这个流派来说,具有典型意义的是赫弗莱的著作《诗的本质》(1923)。——作者
② 特别是日内瓦学派的巴伊和塞舍。——作者

集(其中后一本部分地重复了前两本的内容)决定了整个流派以后的命运。

阅读过什克洛夫斯基的小册子后会形成这样一种印象:这是某一文学学派的宣言,而完全不是文艺学科学中新流派的开端。

下面就是这本小册子的纲要,它是作者写在小册子的卷首扉页上的。

"词语是形象和形象的硬化。修饰语是革新词语的手段。修饰语的历史是诗学风格的历史。旧的语言艺术家和作品的命运也和词语本身的命运一样:它们经历了从诗歌到散文的道路。物的死亡。未来主义的任务——使物复活起来——是使人重新感受到世界。未来主义者的诗歌方法同一般语言思维方法的联系。古代诗歌的半懂不懂的语言。未来主义的语言。"

上述纲要是俄国形式方法赖以形成的那种精神氛围的极其有趣的历史文献。

这也是维谢洛夫斯基的观点(《修饰语的历史》)同未来主义的宣言,在某种程度上也是同知识分子关于"艺术和文化危机"的谈话的一种独特结合①。同时,这里已经可以看到未来的形式方法的基本原理的萌芽了。

在诗语研究会的文集中这一原理有一些变化。

在这里,除文学宣言(什克洛夫斯基的《无意义语言与诗歌》)外,还有纯学术的、枯燥的、鉴别家的研究著作(波里万诺夫的《关于日语的音响手势》,尼罗普的翻译等)。吵吵嚷嚷的未来主义的宣言同有条理的科学著作相混合,就构成这些文集的特殊氛围。

形式主义最初的和主要的时期就是由这些表现决定的。当时它

---

① 下面这段话表达了《世界末日论》的内容:"现在旧艺术已经死亡,新艺术又还没有诞生;物也已经死亡——我们失去了对世界的感觉;我们像丧失了对弓和弦的触摸感的提琴手,已经不再是日常生活中的艺术家;我们不爱我们的房子和我们的衣裳,并容易地与我们不能感触的生活告别。只有新形式的创造能够把对世界的感受归还给人,使物复活,消除悲观主义。"(第12页)——作者

的捍卫者和赞扬者是以整齐的方阵和密集的队形出现的。

在这第一个时期,形式主义是什么样子的呢?它的历史根基又是什么呢?

形式方法在俄国产生和发展的历史环境

我国形式方法产生和形成的历史环境与西方有些不同。

我国并不存在有学派和严整方法的、已经形成并巩固起来的唯心主义。它的位置被思想政论和宗教哲学批评占据了。这种自由的俄国思维当然不能起到像唯心主义对西方形式主义所起的那种能抑制和演化对手的良好作用。因此,要抛弃我国自以为是的理论家的那些与形式主义无关的美学学说和批评经验,是极为容易的事情。

实证主义的情况也并不好些。在我国,丧失了科学根据和热情的枯燥乏味的和萎靡不振的折中主义占领了实证主义的地盘。西欧人文科学中的实证主义所完成的那些有积极意义的任务——约束思想,严格训练思想,使之懂得经验过的具体的事实的分量——在我国并没有完成。这些任务在形式主义出现时仍然是当前的要务。

在我国,实证主义只推出了一个重要的独树一帜的人物——维谢洛夫斯基。

他的在许多方面尚未完成的著作至今还没有得到人们的足够的理解,总的说来,还没有起到我们认为应起的作用。形式主义者几乎没有与他进行论战。他们更多的是向他学习。但他们并没有成为他的事业的继承人。

因此,在美学和文学科学中,我国的形式主义者没有真正有力的反对者,而同这种反对者的斗争本来是能够对新的科学流派起有益的教育作用的。

艾亨鲍姆本人在自己的《"形式方法"的理论》一文中十分正确地描写了这种情况。

他写道:"在形式主义者出现时,'经院派'的科学完全轻视理论问题,没精打采地使用美学、心理学和历史学的过时的'公理',如此严重地丧失了对研究对象本身的感觉,以致它自身的存在也成了幻影。几乎没有必要同'经院派'科学进行斗争:没有必要去申述人所共知而且无人反对的事——我们没有看到碉堡,而是看到了穿堂院。波捷布尼亚和维谢洛夫斯基的理论遗产传到学生们的手中,仍然是死的东西,是不敢触及的无价之宝,因为不敢触及它,也就降低了它的意义。威信和影响逐渐地从'经院派'的科学,可以说转到杂志的科学——象征主义批评家和理论家的著作上。的确,在1907年到1912年,维亚切·伊万诺夫、勃留索夫、别雷、梅列日科夫斯基、楚科夫斯基等人的书籍和文章的影响,比大学教授们的科学著作和学位论文的影响要大得多。"①

在这种情况下,我国形式主义者不可能自觉而明确地提出方法论问题。他们很含糊地和笼统地理解和确定自己的对手及自己本身的方法论立场。

他们根本没有同实证主义进行过斗争。同折中主义做过一般的斗争,但不是同实证主义本身进行斗争。因此他们本身也不可避免地产生了实证主义和自然主义的偏向。

在西方,实证主义学派的出现要比形式主义足足早半个世纪。而我国的形式主义则好像需要加快发展以便迎头赶上去②。

---

① 艾亨鲍姆:《文学》,第119页。——作者
② 他们自己也不否认实证主义是形式主义所固有的,艾亨鲍姆写道:"同时,重要的是把主观审美原则(象征主义者在自己的理论著作中曾受到这种原则的鼓舞)同对事实的客观的科学态度的宣传相对照。从这里就产生了形式主义者的有代表性的科学实证主义的新激情:拒绝哲学的前提,拒绝心理的和审美的解释等等。脱离哲学美学,脱离艺术的思想理论是受事物状况本身驱使的。"(艾亨鲍姆:《文学》,第120页。)

不过,关于这形式主义的实证主义同远不是实证的倾向相结合的问题,可由艾亨鲍姆在紧接着上面引文的一段话来证实:"象征主义理论家中间的分歧(1910—1911)以及阿克梅派的出现,为坚决的反抗准备了基础。一切妥协都应当排除。历史要求我们有真正革命的激情——绝对的论题,无情的讽刺,断然拒绝任何妥协主义。"(同上)这与实证主义很少有相似之处。——作者

形式主义小组最初形成于文格罗夫教授的普希金研究班。

不过,这个研究班未必就是形式主义的历史基础。它的作用主要在于,从人员上团结了研究文学科学具体问题的未来的形式主义者。研究班领导者本人的好意的折中主义对这一点是起了促进作用的。

至于谈到波捷布尼亚的传统,那么,它只有在被利用来作为出发点的过程中才对形式主义有某些影响。例如,在批评洪堡和波捷布尼亚的形象理论的基础上,形式主义者学会了与这一理论有联系的并且成了他们的基本点的那种把诗歌语言同其他语言体系加以对比的方法。

彼列特茨院士有关俄国文学史方法论的著作和讲义,在形式方法发展的过程中可能起了某些作用[①]。不过它们只能通过激发对文艺学方法论问题本身的兴趣来施加影响。这些著作本身乃是经院派折中主义的典范,自身并不包含任何积极的和有效的新观点[②]。

这就是俄国形式方法得以在其中明确方向并在方法论上认识自己的全部学术背景。

形式方法以未来主义为目标

然而,在形式主义发展的第一个时期真正滋养过它的环境,却是当代的诗歌,是当代诗歌中所发生的那些变化,以及与这些变化相伴而来的各种见解的理论斗争。这些以艺术纲领、宣言、宣言性文章的形式表现出来的理论见解并不是科学的一部分,而是文学本身的一部分,它们直接地服务于各种战斗着的学派和流派的艺术利益。

文学创作的最激进的流派和与理论思想的这种创作相联系的最

---

① 日尔蒙斯基在自己的《诗学的任务》一文中,指出了彼列特茨院士的著作在这方面的重要意义,该文见《艺术研究的任务与方法》,第126页。——作者
② 产生过某些影响的可能还有赫尔辛福斯的教授H.曼德尔什坦姆,确切地说,是他的《论黑格尔风格的性质·俄国文学语言史中的一章》(赫尔辛福斯,1902年)一书。——作者

激进的意向决定了形式主义。在这里,起主要作用的是未来主义,首先是赫列勃尼科夫。

未来主义对形式主义的影响非常之大,如果形式主义的活动只是出了诗语研究会的几本文集而告结束的话,那么形式方法将作为仅仅是俄国未来派一个分支的理论纲领而成为文学科学的对象。

这就是我国形式主义同西欧形式主义的最本质的区别。为了理解这一区别是多么重要,只要想一想下面一个问题就足够了:西方的形式主义者——希尔德勃兰特、韦尔夫林等,是直接面向结构主义和至上主义的。

什克洛夫斯基的话——"词语的复活",是对早期形式激情的最好的定义。形式论者把被俘的诗歌词语领出监狱。

但是,他们并不是最早的使词语复活的人。我们知道,象征主义者就曾谈过对词语的崇拜。形式主义者的直接先驱者——阿克梅派和亚当派也曾经要使词语复活[1]。

正是象征主义提出了诗歌中的词语的自我价值和结构性。它试图把词语的结构性同其最紧张的意识形态性结合起来。因此,具有自我价值的词语在象征主义者那里是在像神话和象形字(伊万诺夫)、魔法(巴尔蒙特)、神秘(早期的勃留索夫)、巫术(索洛古勃)、上帝语言等崇高的概念的语境中出现的。

词语对他们来说是象征。象征的概念应当完成把词的结构上的自身意义同其充分含义上的意识形态意义结合起来的任务。

在象征主义者那里,词语既不表现,也不表示,而是表征。与把词语变成它的某种外在的东西的符号的表现和表示不同,在这种"表征"中保留着词语的全部具体的物质的丰富性,同时它所包含的意义也上升到最高程度。

这个任务尽管得到了正确的表述,却不能从方法论上提出论据和在象征主义本身的基础上加以解决。它在这里同表现狭隘宗派意识

---

[1] 见 H.古米廖夫和 C.戈罗杰茨基的《宣言》,载《阿波罗》,1913 年第 1 期。——作者

形态利益的某种文学流派的一时的利益纠结得过分紧密了。

然而,任务的提法本身以及它的一般说来是正确的表述方式(结构的意义同保存含义上的丰富性相结合),不能不对诗学起有益的影响。

在象征主义的基础上也出现了首批从实质上研究诗学艺术的文艺学著作,虽然它们是被错误的思想观点歪曲了的。别雷的《象征主义》、伊万诺夫的一些论文、勃留索夫的理论著作等在俄国文艺学史中无可争辩地占有重要的地位。

诗歌词语的结构任务在阿克梅主义的基础上得到更明确和更清楚的认识。

在当时,这一点导致词语的更大的物化。在这里,结构任务如果不是同贬低的倾向结合在一起,那么至少也同使词语含义上的意识形态意义变成具有假定性的倾向结合在一起。

在阿克梅派那里——不在他们的宣言里,而是他们的诗歌实践中——词语不是取自意识形态生活的形成过程,而是直接取自文学的语境,并且只能取自文学的语境。阿克梅派的异国情调本身和原始主义乃是纯粹模拟的东西,它们更加突出了诗歌主题的原则上的假定性。

阿克梅派是在同其他意识形态环境的隔离中理解文学的。在抒情主题或叙事短诗的情节中,对现实的意识形态折射逐渐地变成好像是三重的折射:它进入这里已经是通过文学的介质折射过的,充满了纯文学的联想和同感反响的表现。

但是,这里谈的不是关于情节和母题的浅薄庸俗的"艺术性",也不是庸俗的"艺术联想"。这里谈的是关于情节和母题同一定的文学背景,一定的学派、风格等更细腻更深刻的"结构"联系。产生联想的,是在一定的风格和体裁中的结构地位和构造功能,它有时只有行家和诗人大师本人才能懂得。由此就出现了阿克梅派诗歌所特有的那种精致性。

在阿克梅主义的基础上,出现了比象征主义更明确的对诗人这一行的利益和技巧的重要性的了解。在象征主义中,特别是在早期的象征主义中,这一点被其祭司的和先知者的要求排挤了。

在阿克梅主义中,诗学的主要任务也被派别利益和狭隘的宗派思想歪曲了。

词的结构意义完全不一定就招致其含义的意识形态的假定性。这种假定性只不过是某些艺术流派的独特的结构特点罢了,而且就是在这里这种假定性也是相对的。在它的后面还隐藏着绝对的意识形态立场。

艺术的假定性一般说来是极不妥当的和模棱两可的术语,它给艺术词语的结构意义问题带来许多混乱①。

阿克梅派对词本身的热情已经有些下降的崇拜,与象征主义者对词的崇拜比较起来,更接近于形式主义者。难怪新流派的代表者——艾亨鲍姆和维诺格拉多夫的两本书专门论述了安娜·阿赫玛托娃的诗歌。不过,阿克梅派式的词的物化对于他们来说也还是不够激进的。

形式主义者把词的复活不仅理解为摆脱词的一切着重强调的意义和任何象征意义,而且,特别是在早期,几乎全部取消词的意识形态意义本身。

对形式主义者来说,词就是词,首先和主要是它的音响的经验的物质性和具体性。他们要从词的超负荷中,从它被象征主义者赋予词语的崇高含义全部吞没的危险中解救出来的,正是这种 minimum(最低限度)的可感知性。

形式主义者把词的复活也归结为这种完全的物化,这里不难发现他们同未来主义的深刻的有机联系。

十分自然,年轻的形式主义的首要任务就是同象征主义作斗争。

---

① 除了该派别的大师 H.古米廖夫本人的相当偶然的论文集《关于俄国诗歌的书信》外,阿克梅派没有写出诗学方面的任何论著。——作者

艾亨鲍姆说道:"最初把形式主义者联合成一个团体的基本口号,是把诗歌词语从日益支配象征主义者的哲学倾向和宗教倾向的桎梏中解放出来。"①

除了"词语的复活"的这种具有反对象征主义诗学(某种程度上也反对社会政论批评和哲学批评的"主题论"和"思想性")的尖锐论战性的消极因素外,还有另一种积极的,同时也是使形式主义与未来主义亲近的因素。

这种因素在于,从被象征主义者认为是过于粗俗的"材料",仅仅是次要的艺术上几乎具有中性的词语成分里,亦即从独立于含义的语音、词法和句法的结构里吸取新的审美效果的意向。原来,用各种作为语法单位、作为无意义的语言形象的词语也可以玩一种隔绝的美学游戏,并从中建立新的艺术组合。

未来主义者,特别是赫列勃尼科夫做了这种玩弄语法词语的游戏。形式主义者则是这种游戏的理论家。

形式主义的虚无主义倾向

形式主义的"词语的复活"的第一个消极因素(它把词语从其象征的高度贬低、黜降下来),具有极其重要的意义。在形式主义发展的整个第一时期,它的比重非常之大。贯穿在全部形式主义的言论中的虚无主义腔调正肇始于此。

形式主义者在词语中与其说是发现新的东西,毋宁说是揭露和消除旧的东西。

形式主义在这个时期制定的基本概念——玄奥的语言(заумный язык)、奇异化(остранение)、手法(приём)、材料(материал)——都彻头彻尾地贯穿着这种消极的虚无主义的倾向。

---

① 艾亨鲍姆:《文学》,第120页。——作者

实际上这里鼓吹玄奥的语言的并不是被"音乐精神"所吸引、被诗歌韵律和音响所陶醉的人,例如巴尔蒙特、勃洛克和早期的勃留索夫等。形式主义者在 И.А.博杜恩、德·库尔特纳和 Л.В.谢尔巴的语音实验室里学会了珍惜音响。他们把实验语音学的这种清醒的音响作为诗歌的玄奥的语言同有理性的词对立起来。

形式主义者引用早期基督教预言家的格洛萨特①和着迷的教派分子的玄奥,只是作为一种学术上的历史查询。他们并不想了解这种玄奥的意义和激情。促使形式主义者这样做的与其说是在音响中发现新的世界和新的意义的愿望,毋宁说是使词中的可以理解的音响失去意义的意图。

奇异化概念中的消极因素同样也很强烈。在这个概念的最初的定义里,所强调的完全不是用新的积极的结构含义去丰富词语,而是相反,强调的仅仅是消除旧的东西。由此,由于原来的含义的丧失,就产生了词语及其所表示的客体的新奇和奇异性。

具有特征意义的是,什克洛夫斯基正是这样而且只是这样地理解托尔斯泰的《霍尔斯托麦尔》的。关于这一点他写道:"故事是通过马来叙述的,事物也不是通过我们的而是通过马的认识而变得奇异化的。"②而且说到这一点时不带任何讥讽。

什克洛夫斯基对托尔斯泰在这个短篇小说和其他作品中运用的手法的理解和解释根本是错误的,不过对这个新流派的倾向来说,这种对手法的歪曲是非常典型的。托尔斯泰绝不欣赏奇异化的东西。相反,他把事物奇异化只是为了离开这一事物、摒弃它,从而更强烈地提出真正应该有的东西——某种道德价值。

可见,被奇异化了的事物不是为了事物本身而奇异化,不是为了感觉到它,不是为了"使石头变成石头",而是为了别的"事物",为了道德价值。这一价值正像意识形态的意义一样,在这个背景上会显得

---

① 中世纪的一种诗。——译者
② 什克洛夫斯基:《艺术是手法》,载《诗学》,第106页。——作者

更强烈和更明显。

托尔斯泰的这一手法在其他情况下为另一目的服务。它确实揭示了被奇异化的事物本身所固有的价值。不过，就是在这种情况下，进行奇异化也不是为了手法本身。无论是积极的还是消极的意识形态价值，都不是由奇异化本身创造的，它只是揭示这种价值而已。

什克洛夫斯基在做些什么呢？他根本歪曲手法的含义，把它解释为对意识形态意义的抽象。其实，全部问题就在这后一点上。

托尔斯泰的这一手法具有明确的意识形态的功能。不是含义使事物的接受变得自动化，而是相反，事物掩盖了托尔斯泰所理解的道德的含义，把道德的含义自动化了。托尔斯泰想借助于自己的手法从自动化中解脱出来的不是事物，而正是这种道德含义。

十分明显，托尔斯泰的奇异化的基础是某种含义的内部价值成分的重新配置和变动。有时发生一种从一些成分到另一些成分的意识形态价值的移位现象。如果真的离开这些价值，手法本身就不可能存在。

什克洛夫斯基之所以要强行改变托尔斯泰手法的含义，是为了不惜任何代价地推行他对奇异化的纯消极的理解。

早期形式主义的一个重要概念"使词语摆脱言语的自动化"是同奇异化相联系的。

不过，在这个概念里消极的调子也是主要的：摆脱自动化首先被理解为消除含义的上下联系。

手法的定义也是这样。

什克洛夫斯基的论文《艺术是手法》，对所有早期的形式主义者来说是最具典型意义的。

问题绝不在于艺术是手法，是手法的体系；这是老生常谈。什克洛夫斯基的文章的含义在于：艺术仅仅是手法。

手法总是被置于同含义、思想、艺术真实、社会内容等相对立的地位[①]。什克洛夫斯基认为，这一切都是没有的，有的只是纯粹的手法。

---

① 特别是参见什克洛夫斯基论罗扎诺夫的小册子。——作者

论战的和甚至悖谬得令人吃惊的口气贯穿于形式主义这一基本概念的核心之中。

用否定的方法歪曲诗学结构

这样一来,形式主义者的所有"发现"都是他们用相当独特的手法达到的:通过从词语和文学作品的其他成分中减去各种极为重要的因素的途径达到的。新的结构意义应当是减去和取消这样一些纯粹是消极的作用的结果。

无含义的词与有含义的词相比,当然显现出一种新的、不同的样子。对真理没有任何追求的思想与力求认识某些东西的平常的思想当然也是不一样的。

然而,通过类似的削减,当然是不能得到任何真正新的和有利的东西的。

形式主义的这种消极的虚无主义的倾向体现着所有虚无主义的共同倾向:不给现实增添什么东西,相反,要减少它,使它变得贫乏,阉割它——通过这种途径从现实获得新的和独特的印象。

所有这些理论和定义的罕见的尖锐的论争性,在形式主义的历史中起了可悲的和决定命运的作用。

每一个新的学术流派都不可避免地要同前辈的倾向进行论争性的斗争,捍卫自己积极的观点。这是很自然的,也是很好的。

但是,如果把论争从次要的事情变为几乎是主要的和唯一的目的,如果这种论争贯穿在新流派的一切术语、定义和提法之中,那就不好了。

在这种情况下,新的学说就会同它所否定的、拒绝的东西联系得过分密切和不可分割,最终变成消极的旧学说的简单的反面,变成纯粹的反作用的构成物,变成愤懑。

形式主义也发生了这个问题。

由于论争性的否定渗入了形式主义的各种定义的内部,便产生了下面一种情况:按照他们的理论,艺术结构本身成了某种完全是论争性的结构。它的每一种成分只能通过它否定某事、同某事进行论争的途径才能实现自己的结构使命。

诗学的基本任务,是揭示文学作品及其每一个成分的结构意义,就这样被完全歪曲了。结构的统一是用歪曲诗学事实的全部内在含义的昂贵代价取得的。

须知,所提的任务的实质正在于掌握诗学结构的具体的和物质的统一,同时不脱离其含有意识形态意义的全部丰富性。需要把这种意义全部归入具体的结构中,使它在结构中物化,同时把具有全部具体性的整个结构理解为有意义的结构。这就是诗学所面临的任务的实质和困难。

形式主义者通过减去意义的途径得到的不是诗学结构,而是某种幻想的构成物,是物理现象与消费品之间的某种中间的东西。下一步他们的理论就应当在纯自然主义与静观的享乐主义之间保持平衡了。

什克洛夫斯基在其《散文理论》一书的前言中所做的下列声明是有典型意义的:

"词语是物。词语是按其与言语等的生理现象相联系的词语规律而变化的。"

这样,词语的规律就成了纯自然的生理学的规律。在这里,物化是用自然主义地丧失意义的代价达到的。

同一个什克洛夫斯基在《玄奥的语言和诗歌》一文中,证明玄奥的语言的享乐主义的自取快乐是可能的。雅库宾斯基在《论诗歌语言的语音》一文里也是这样,把一切都归结为主要来自文学作品的这种自取快乐的举例。在这里,物化是通过享乐主义的使作为消费品的词语失去意义而达到的。

形式主义对这种结构的意识形态意义的否定,必然使得诗学结构在自然主义和享乐主义两极之间摇摆。

首批形式主义著作的积极内容

形式主义者"复活词语"的积极方面首先表现在他们对诗歌大师和诗歌中的技巧的强烈兴趣上。

诚然,这里也掺和着虚无主义的情调。形式主义者在初期从来不说:诗人是大师;而必定说:诗人只不过是大师。

从象征主义者(别雷、勃留索夫)就已开始的在诗歌语音结构领域中(特别是质的方面)的所有研究,在形式主义者那里达到了更高的学术水平。

对文学作品的外形的研究(结构、情节组成),是俄国文艺学中很少得到研究的问题,它在形式主义者那里几乎是首次成为严肃的研究对象。不过,值得注意的是,在这些研究著作中所强调的是消极的方面,是贬低。

当然,艺术作品不仅是创造,也是制作。而对形式主义者来说,作品却只是制作。

但是,应该指出,形式主义在自己发展的初期,主要是分析艺术作品语音组成的性质方面。在诗歌语言理论的第一个集子里,所有独出心裁的文章和翻译文章毫无例外地都是关于这个问题的。在第二个集子里,也仅有一篇文章(什克洛夫斯基的《艺术是手法》)是谈别的问题的。只有在《诗学》这个集子里,才出现关于情节组成(什克洛夫斯基)和关于结构(艾亨鲍姆的《〈外套〉是怎样做成的》)的文章。

具有特征意义的是,就是在首次提出情节组成和结构问题的地方,这些问题也是根据与诗歌语音学的本质现象的类比来解释的。

例如,在艾亨鲍姆的《〈外套〉是怎样做成的》一文里,研究的中心被转移到果戈理的自述体故事的语音方面。

什克洛夫斯基是按照与语音的重叠和韵脚的类比来理解情节组成的①。这一切正是俄国形式主义的特点。

第一个时期的总结

形式主义第一个时期发展的结果如何呢?

(1)俄国形式方法同未来派的艺术纲领及其派别利益紧密地交织在一起。

科学的诗学应当是与文学的发展的整个正在形成的系列完全相适应的。因此,同未来派的混合不能不使形式方法的学术视野变得极度狭窄,在其中养成一种偏爱和只挑选文学生活的某些现象的做法。

(2)形式主义者与其说是同文艺学中的其他学术流派进行论战,毋宁说是与其他艺术纲领进行论战(同现实主义和象征主义),甚至干脆同庸俗的艺术观点进行论战("以某种出轨的行为令人吃惊")。

(3)形式主义者把论战引上了极端,从他们的著作扩展到研究对象本身,使它也染上了论战的色彩。诗学结构本身变成了论战的结构。

(4)形式主义者没有鲜明的和明确的方法论观点。方法论的明确性和自觉性,只有在新流派同其他已经形成、方法论上已经稳定和明确的学术流派的相互影响和斗争的过程中才能得到发展和巩固。而在俄国土壤上并没有后面这些条件。

(5)没有同实证主义进行过斗争。形式主义的鉴别方法已变得与实证主义的鉴别方法一样,把研究客体孤立起来,使之离开意识形态的历史生活的统一体。同其他意识形态的相互影响被偷换成了对所有"别的东西"的单纯拒绝和否定。

(6)同含义脱离材料的唯心主义做法的斗争,导致了形式主义者

---

① 什克洛夫斯基:《情节组成的手法与一般风格手法的联系》,载《诗学》,第115—150页。——作者

否定意识形态含义本身。结果根本没有提出具体的物化含义、物的含义的问题,这个问题被干脆偷换成了物——不知是物理的自然体,还是个人的消费品——的问题。

(7)结构意义的问题也被极端简单化了,并被歪曲为:任何诗学成分的结构意义都要以失去其直接的意识形态意义为条件。

拿艾亨鲍姆所做的形式主义第一个时期的总结同我们所做的这些总结比较一下是很有趣的。

艾亨鲍姆写道:"自然,在为反对这种传统而进行斗争和论战的年代,形式主义者的一切努力正是为了指明结构手法的意义,而其他的一切都被作为动因而搁置一旁。在谈到形式方法及其演变时,要经常不断地指出,形式主义者在同反对者进行紧张斗争的年代里提出的许多原则具有不只是科学原则的意义,而且具有为了宣传和对抗的目的而反常地尖锐提出的口号的意义。不顾及这一事实,像对待经院派性质的著作那样去对待1916年至1921年'诗语研究会'的著作,意味着忽视历史。"①

对艾亨鲍姆这里所说的一切几乎都可以同意。他所做的总结大体上是正确的。不过,却不能同意他想从他所说明的情况得出的结论。

我们觉得,从这一切应当得出必须根本地毫不留情地修正作为形式主义的基础的所有"不只是科学的"(我们却要说主要不是科学的)原则和口号的结论。如果除去他们的"为了宣传和对抗目的而引起的反常的尖锐性",那么,我们下面将会看到,他们的东西也就所剩无几了。他们独特的"形式主义"精神恰恰也就不存在了。

其次,不可避免地将得出下面的结论:如果说在斗争和论战的年代,形式主义者为了要指出结构手法的意义,把其他一切"作为动因"搁置一旁,那么,现在就完全需要把"其他一切",亦即意识形态的全部丰富性和深刻性重新提到研究工作的首位。

---

① 艾亨鲍姆:《文学》,第132页。——作者

不过，到那时候，手法的结构意义也将发生根本的改变。它们不得不去组织意识形态上有分量的材料，一点也不失去其含义。这里只会暴露其真正的困难，同时也显示出结构问题的深刻的效能。

不得出所有这些结论（从我们对形式方法的情况所做的说明必然会得出这样的结论），就意味着忽视历史及其对今天的要求。历史要求形式主义者做出根本的修改，坚决修正过去的说法。

形式主义发展的第二个时期

在俄国形式主义发展的第二个时期（1920—1921），它的代表者之间开始出现某些不协调的现象，原先在第一个时期融合于其中的倾向和成分，这时开始独立起来。

这种不协调现象由于原先的诗语研究会小组加入了许多新的追随者和同路者而更加严重了。

由于必须从半文学半学术性质的一般宣言转到专门的研究工作上来，具有学术研究兴趣的人开始分离出来。研究室和舞台分家了。形式主义运动的右翼对从未来派那里学到的战斗的和以某种出乎规范的行为令人大吃一惊的作风采取敌对态度。

诚然，在第一个时期获得的并且决定了形式主义的基本理论的赫列勃尼科夫式的未来主义的调料一直存留至今天。没有它，形式主义本身也不存在了。不过，它开始越来越多地获得代表优雅、貌似科学的样子。过去被宣布为"词语的复活"和"玄奥的语言"的东西，现在，在第二个时期，却变成诗学对语言学的倚重了。

维诺格拉多夫（包括日尔蒙斯基）的专门研究著作最充分地说明了这种倾向。

另一方面，丝毫不愿意背叛自己初期风格的什克洛夫斯基却变得有些孤立，至少已不像从前那样对整个运动起领导作用了。

所有形式主义者（除什克洛夫斯基之外）的著作的小品文体和半

文学的文体开始为科学研究的一般形式所代替。

对于整个这个时期来说,日尔蒙斯基在其《关于形式方法问题》一文中确立的观点是很有代表性的①。

就其学术著作的某些前提来说,日尔蒙斯基同形式主义非常接近,而在这篇文章中他却把"形式主义世界观"同作为科学方法的形式主义坚决对立起来,形式主义的世界观对他来说是不能接受的,但它对俄国形式主义运动来说却又正好是很有代表性的。有趣的是,这一清醒的论据被解释成(当然是论战性地)日尔蒙斯基对形式方法的背叛。

在形式主义运动内部各种倾向分道扬镳的同时,还有与《列夫》发生联系以及形式主义同马克思主义实行联合的尝试(Б.阿尔瓦托夫和"形式社会学者")这样一些历史"事件"。

在同马克思主义思想的代表们论战的同时,出现了相当平常的手法,把重心移到科学的鉴别工作上,似乎想要借此同世界观和社会生活一般问题相隔绝。

在这个时期,展开了俄国意识形态思想的其他流派反对形式主义者的激烈的论战。

不能不遗憾地指出,这场论战无论是对这一方还是对那一方,一般地说都毫无益处。

经院派的文学科学——它当时是存在的——对形式主义的反应是不积极的、冷淡的。形式主义出现时,它还完全没有做好明确提出方法论问题的准备。在大多数的情况下,经院派的不同意见可以归结为:其他方法也很好,不应该使问题激化等。总而言之,经院派科学固执地停留在方法论上无原则的折中主义的基础上。

来自哲学家(塞泽曼和阿斯科尔多夫)方面的和较年轻的文学科学代表(斯米尔诺夫、恩格尔哈特等)的批评比较现实和实事求是一

---

① 日尔蒙斯基为瓦尔策尔的《诗歌中的形式问题》一书所作的前言,科学院出版社,1923年。——作者

些。不过,就是在这里,也无法探摸到彼此有效的论争的基础。

遗憾的是,本应对形式主义者发动实质性的进攻并在这场斗争中丰富自己的马克思主义批评,却在这个领域里——在鉴别问题和结构意义问题的领域里——避免与形式主义者交锋。

马克思主义者在大多数场合都承担捍卫内容的任务,但是在捍卫内容免受形式主义损害的同时,却把这一工作不合理地同诗学结构本身对立起来,随便地回避了内容在作品结构中的结构功能问题,好像没有看到这一点似的。而问题却恰恰就在这里。

其次,马克思主义者坚持要形式主义者相信,对文学起影响的是其外在的社会因素。

其实,形式主义者从未否定这些因素的作用,如果说有时也曾否定过的话,那也只是在激烈论战时才这样做。

干预文学发展的外在因素有的是。丹特士的子弹过早地终止了普希金的文学活动,否定这一点是可笑的。不考虑尼古拉一世的书刊检查和宪兵第三厅在我国文学中的意义,那是幼稚的。谁也没有否定外在的经济条件对文学发展的影响。

形式主义就其实质而言完全不否定外在因素对文学的实际发展的影响,但是,形式主义否定而且也应该否定外在因素是文学的本质意义及其直接影响文学的内部本性的能力。从彻底的形式主义者的观点看,外在的社会因素可以完全毁掉文学,把它从地球上彻底消灭,但它却无法改变这一事实的内在本质,这一事实本身是非社会的。

总而言之,形式主义不能承认对文学起作用的外在的社会因素可以成为文学本身的内在因素,成为其内在发展的因素。

正是在这一点上形式主义同马克思主义是对立的。但也是在这一点上恰恰没有进行过论争①。

这一点也就使得整个争论实质上变得徒劳无益。形式社会学家

---

① 见 A.B.卢那察尔斯基、П.C.柯甘、B.波梁斯基以及 П.H.萨库林和 C.鲍勃罗夫在《出版与革命》上发表的文章,1924 年第 5 期。——作者

试图通过把文学史材料按下列原则进行友好划分的途径使马克思主义与形式主义调和起来,这个原则是:外在的归你,内在的归它;或者是:内容给你,形式给它。应承认它们这种做法的某种合理性。

可见,形式方法发展的第二阶段的论战没有起到它能够起的那种极为重要的历史作用。它既没有成为形式主义历史中的内在因素,也没有成为外在因素。

在形式主义者第二个时期的著作中,诗学语音学问题开始被理解得更为广泛的风格问题所代替,被文艺作品的结构问题所代替。此外,诗韵学和韵律方面的研究占有重要的地位。这可能是形式主义者对科学的最殷实的贡献。

同时进行了按形式方法建立文学史研究的尝试①。

在形式主义者的文学史研究中出现了同样的激烈的论战倾向,而且这种倾向像在诗学中一样,从研究著作扩展到研究对象本身,使其受到论战的感染。

文学作品的历史生活处在接连不断的相互论争和相互否定之中。

艾亨鲍姆也承认形式主义者文学史研究中占主要地位的论战倾向。他写道:"因此,我们的文学史工作的主要激情应当是破坏和否定的激情,它也是我们理论活动的最初的激情,只是后来才具有了仔细分析某些问题的比较平和的性质。

"这就是为什么我们最初的文学史言论几乎是在从与某种具体材料联系中提出来的,从不由自主的论题的形式中出现的。局部的问题突然变成了共同的问题——理论同历史融为一体。"②

这一切都只证明:形式主义者过于经常地把文学史归结为他们的理论原理的简单图解。

从总的方面应该说,在第二个时期,形式主义未曾带来任何本质上新的基本理论。第一个时期制定的原则发生了分化,开始运用于新

---

① 艾亨鲍姆的著作:《年轻的托尔斯泰》《莱蒙托夫》《涅克拉索夫》。——作者
② 艾亨鲍姆:《文学》,第143页。——作者

的材料。在试图扩大新材料而受到抵抗的情况下,这些原则开始显出破绽并崩溃了。对这些原则始终没有进行有效的修改。

因此,在形式方法历史发展的第二个时期所做的主要的事,是对方法的成分做了区别对待,它的某些代表人物的学术兴趣变得个性化了。现在已经谈不上第一个时期存在的那种运动的统一性了,尽管基本前提和思想素养仍然整个地保存着。

形式方法的现状

现在正在进行的,是形式主义理论的分化及其人员散伙的过程。严格地说,现在所谈的形式主义应该说已经是过去的现象了。

这个流派没有统一性。战斗的口号已经褪色。有多少个形式主义者就有多少种形式主义。

现在形式主义中至少可以分出四个主要倾向。由于它们还只是处在形成过程之中,所以我们只能初步地谈一谈。

第一种倾向是阿克梅主义,其特点是力求缓和矛盾并且拒绝从原则上提出问题。

这一阿克梅派的形式主义(有时只能勉强地称为形式主义)的典型代表是日尔蒙斯基[①]。

他的一些著作,例如《拜伦与普希金》(1924),细心地回避一切基本的方法论的极端说法,力图尽可能全面地把握材料,并在其中采取极为多种多样的方法论立场。

第二种倾向可归结为部分地返回到对文学问题的心理学和哲学的理解。

这一倾向的最典型的表达者是艾亨鲍姆(表现在他最近的一些著作中)。

---

① 参见日尔蒙斯基的《关于形式方法问题》。——作者

确实,早在他的论阿赫玛托娃(1923)和论莱蒙托夫(1924)的著作中已经包含了一些突破了形式主义公式的因素。例如在前一本书中,作者谈了许多关于"具体的精神生活""情绪的紧张性""活人的形象"等问题;在后一本书里,他把莱蒙托夫的"历史个性"定为公式,把莱蒙托夫的某些作品"倾向于不看作文学作品,而看作心理文献"(1833—1834年的长诗),最后还提出读者的纯社会学问题①。在艾亨鲍姆论述文学生活的最新著作中,在关于高尔基的报告中和论托尔斯泰一书中,都响彻着与形式主义完全格格不入的哲学伦理学的甚至是政论的调子。在这些著作中,艾亨鲍姆几乎返回到了俄国文学批评历来的传统——进行社会伦理教育。不过,须知,当初正在萌发的形式主义正是利用这些传统作为自己的出发点的(诚然,是在它们后来缩小了的表现中)。

第三种倾向的特点是向社会学方法方面转变,这表现在托马舍夫斯基和雅库宾斯基最近的著作里。这些作者的文学观点以什么样的具体形式体现出来——未来会做出说明。

最后,第四种倾向是什克洛夫斯基的保守的形式主义②。

什克洛夫斯基在自己的《散文理论》一书的前言里,一方面不否定"语言受社会关系的影响",同时又以下列的方式确定自己的方法论立场:"我在文学理论中从事它(语言)的内部规律的研究。如果举工厂的类似现象为例,那么,使我感兴趣的不是世界的棉纱市场的情况,不是托拉斯的政策,而仅仅是棉纱的标号和它的织造方法。"

这一或那一现象的内部规律,如果不拿它们去同一般社会规律做对比,就无法说明,这一点未必需要证明。须知,棉纱的制作方法既受工业技术水平的制约,也受市场规律的制约。

---

① 艾亨鲍姆:《莱蒙托夫》,第10页。——作者
② 不过,在最后一部尚未发表的论述托尔斯泰的著作里,什克洛夫斯基好像放弃了许多形式主义观点。——作者

形式主义解体的原因

如何解释形式主义在对这个学术流派的发展来说如此短暂的时期里的这种混乱和解体呢？首先，形式主义所面向的目标改变了。曾经使它同文学及社会的实际生活相联系的东西改变了。社会文学环境和一般意识形态的视野急剧地改变了。

形式主义是在象征主义瓦解的时期里诞生的。它乃是从解体了的象征主义中产生的那些文学流派——未来派和部分地包括阿克梅派的思想家。这些流派没有也不可能提供任何积极可靠的和新的东西，因为它们没有坚实的有创造力的社会基础，它们所做的纯粹是瓦解象征主义时期里形成的形式的负面工作，这些流派的代表们是典型的精神上堕落了的歌手和思想家，他们只是由于十月革命才——正面地或反面地——找到自己的社会基础。

革命后的时期的当代文学倾向于社会现实主义散文，倾向于历史小说和对世界观的共同问题深感兴趣的社会史诗，在这样的文学中形式主义找不到其赖以为生的基础。它是在未来派的影响下形成的，所以醉心于玄奥的东西，醉心于小体裁中的形式主义实验和大散文体裁中的惊险情节。

这样，形式主义就断绝了同文学的现代生活的联系。形式主义所习惯了的未来派艺术纲领的成分已不再是目前文学现实中具有现实意义的东西了。与此同时，形式主义的各种原则也不再是艺术上有现实意义的东西了，同舞台的活生生的联系也断绝了，就剩下学术工作室和讲台。

但是，工作室和讲台的情况也并不好些。在从靠偶然地收集的一些例证支撑的一般性宣言（诗语研究会的集子）实行过渡的过程中，在艺术研究，尤其是在文学史的工作中，暴露了形式主义在方法论上的毫无用处及其基本前提的狭隘性，而且这些前提与所研究的事实是完全不相符的。

未来派的诗学没有提供有效观察和把握俄国文学的基本干线——长篇小说的可能性。虽然借助对结构原则的理解,可以解释《项狄传》[1]中的某些表面的因素,或者对惊险小说提供具有或多或少的重要性分析,但是有这样的理解还不能对俄国长篇小说的基本现象进行内在的分析。

显然,认识到这一点,就会使最重要和最有活力的那一部分形式主义者为了今后的科学工作去寻求新的一般世界观和方法论的基础。

艾亨鲍姆写道:"演变的因素在形式方法的历史中是很重要的。我们的反对者和许多信徒都忽略这一点。我们处在折中主义者和模仿者的包围之中,他们把形式方法变成'形式主义'的某种死板的、供他们制作术语、公式和分类用的体系。这种体系对于批评来说是很合适的,但对形式方法来说却完全没有特征意义。我们过去没有过任何这种现成的体系或理论,现在也没有。在我们的学术工作中,我们珍视的只是作为工作假设的理论,借助于这种理论去发现和理解事实,也就是说,这些事实作为合乎规律的东西来理解,并变成研究的材料。所以我们不去搞模仿者如此贪求的那些定义,也不去建立折中主义者如此喜爱的那些一般理论。我们要确立一些具体的原则,并使这些原则保持在材料所能证实的程度内。如果材料要求复杂化和变化,我们就使材料复杂化和变化。从这个意义上说,我们在相当大的程度上不受本身的理论的约束,就像科学应当是自由的那样,因为在理论和信念之间是有区别的。现成的科学是没有的——科学不是靠确定真理,而是靠克服错误而活着。"[2]

但是,如果说把这些见解运用于形式方法本身是错误的的话,那么它们作为形式主义的领导者之一的个人的信念和原则,却是极其珍贵的。

---

[1] 《项狄传》为英国小说家斯特恩(1713—1768)的作品。——作者
[2] 艾亨鲍姆:《文学》,第116—117页。——作者

当所有的形式主义者对问题的看法都像当时艾亨鲍姆的看法那样时,形式主义也就寿终正寝了。他所提出的问题——鉴别问题,结构意义问题等——依然存在,但是,在形式主义中解决这些问题的原则和方法却将作为错误而得到克服。

形式主义目前必须清除自己的虚无主义的倾向和对文学系列的实证主义的闭锁。它必须同诗语研究会的过去做彻底的决裂。这样做,诗语研究会也绝不会失掉自己的历史意义。为此形式主义者应当扎根在共同世界观的坚实的基础上。这是他们每一个人目前的历史任务。

形式主义者有时把不带任何世界观进入科学看作是自己的功劳。这只有对幼稚的实证主义者来说是功劳,因为实证主义者认为,要更好地研究细节,就一定要成为近视的人。

为了研究艺术的全部特殊性,就不应当不要正常的眼力和广阔的意识形态视野。眼界愈开阔,每一种具体现象的特点就会显得愈明亮、愈清晰。

第三编　诗学中的形式方法

第一章　作为诗学对象的诗歌语言

形式方法是一个统一的体系

俄国形式方法是一个关于文学的理解及其研究方法的彻底的和始终一贯的体系,这个体系贯穿着统一的精神,并使它的信奉者们养成了固定的和爱坚持己见的思维习惯。一听他们的报告的头几句话,一看他们的文章的头几页,就可辨认出他们是形式主义者。

形式主义者不是折中主义者,按他们主要的思维习惯来说也绝不是实证主义的经验论者,从一堆零散的和狭隘的事实和材料之中是看不到和认不出他们的真面目的。

俄国形式主义不仅是一个由观点构成的完整体系,而且是一种特殊的思维方式,甚至是陈述学术观点的一种特殊风格。

不错,形式主义作为体系、思维方式和写作风格的有机统一,如同我们所知道的那样,在很大程度上已成为过去。

然而,我们说形式主义已成为过去,不是说它已不再存在。恰恰相反,它的拥护者的人数甚至可能还有所增加,它在模仿者手中变得愈来愈系统,愈来愈直截了当和彻底,愈来愈明确。

形式主义已在这样的意义上不再存在:它已不能使体系进一步向前发展,而体系已不推动它的创立者前进。相反,想要继续前进,需要放弃它。而需要放弃的正是完整的、彻底的体系。这体系就这样作为阻碍形式主义者个人进一步向前发展的因素而继续存在。

留下的是这个体系的创造者,他们的才能和激情;他们的思维习惯在很大程度上也留了下来。但是他们之中的多数人已感到体系本身是一种累赘,力图克服它;同时,如同我们看到的那样,每个人都各走各的路。

形式主义者侈谈什么形式方法正在演变之中。这样说不对。正在演变的是他们之中的每一个人,而不是他们的体系。再说,形式主义者们的演变恰好是由于体系、由于体系的解体而发生的,并且只有在那样的情况下,这种演变才是有益的。

形式主义者们真正的、完全的演变,将意味着形式主义的完全死亡。

应当批判的,正是形式方法的这个具有完整性和彻底性的体系。

为此,首先必须指出这个体系中主要的、具有决定性的基本原理和概念。每一个这样的基本原理和概念,不应孤立地,而应结合形式主义的完整体系来考察。同时,对形式主义者的某一概念的批判,应当不以形式主义者本人的宣言式言论为依据,而以这个概念在整个体系中实际所起的作用以及它在他们具体的研究著作中所起的方法论作用为依据。

只有这种目标明确的批判,才是系统的、实质性的批判。

形式方法学说的几个主要方面

"形式方法"这一名称本身,应该认为是完全不恰当的,它没有正确说明形式主义体系的实质本身。

艾亨鲍姆说得完全正确:

"所谓的'形式方法'不是由于建立特殊的'方法论的'体系而形成的,而是在争取文学科学的独立性和具体性的斗争过程中形成的。'方法'的概念总的说来不适当地扩大了,用它来表示的东西太多了。对'形式主义者'来说,具有原则意义的不是研究文学的方法问题,而是关于作为研究对象的文学的问题。实际上,我们根本不谈论和争论任何方法论问题。我们谈论的和能够谈论的,只是某些理论原则,这些原则不是某一个现成的方法论体系或美学体系暗示给我们的,而是通过研究具有各种特点的具体材料得出的。"①

确实,形式主义者不像新康德主义者那样是方法论者,对后者来说,认识方法是某种独立自在的和不依赖于对象的东西。

根据新康德主义者的观点,不是方法适应实际存在的对象,而是对象本身从方法那里获得其本身存在的全部独特性:对象只有在那些用来规定其认识方法的范畴中,才成为某种现实。在对象本身之中,没有任何规定性不是对认识本身的规定。

而形式主义者在这个问题上所采取的立场,总的说来是正确的。对他们来说,方法是从属的和第二位的东西。方法应适应所研究的对象特有的特点。它之所以有用处,并不在于它本身的优点,只是由于它符合和能够掌握这些特点。全部问题在于研究的对象本身及其特有的组织②。

然而不能走向另一极端,低估方法问题的意义。

形式主义者正好陷入这样的错误。他们的方法论在大多数情况下是非常幼稚的。

方法当然应该适应对象。但是另一方面,没有一定的方法就不能研究对象。应当善于挑选研究对象,正确地发现它特有的本质特点。在这些特有的特点上面是没有标签的。别的流派会在对象的另一些方面看到这些特有的特点。

在人文科学领域,抓住具体材料并做实质性研究并不那么容易。热情地诉诸"事实本身"和"具体材料",根本不能说明和证明什么问题。例如,在运用传记方法方面走极端的代表人物就以事实和具体材

---

① 艾亨鲍姆:《文学》,第116页。——作者
② 恩格尔哈特在其《文学史中的形式方法》一书中完全错误地把形式主义者关于对象本身——诗歌作品——特有的特点的见解说成是假定性的方法论观点。他把这一看法贯彻于全书的始终,结果形成了一种把形式主义看作是纯方法论体系的错误观念。——作者

料为依据。各种折中主义者都特别讲究"符合事实"和"具体性"。

全部问题在于这些事实和这个具体材料与研究对象的实际本质有何关系。因此,问题在于如何、通过什么途径,即用什么方法抓住这个本质,抓住对象的真正特有的特点。

在各种意识形态学科的领域内,这个问题特别困难和特别重要。

需要善于挑选研究对象,并且正确地加以区分,但要使这种区分不至于割断与别的客体的联系,这些联系对研究对象来说是非常重要的,离开这些联系,它本身就会变得不可理解。这种区分应是辩证的和灵活的。

这种区分不能以某一对象的外形和大致情况为依据。因为任何意识形态对象同时又是自然的物体,而每一个创作活动同时也是生理活动。

如果我们在挑选意识形态对象时撇开了贯穿于其中的社会联系(这对象是这些联系的精巧的物质化),如果我们把它从社会相互影响中抽出来,那么这个意识形态对象就什么也不会剩下。剩下的只是纯粹的自然界的对象,也许它会带有轻微的意识形态色彩。

因此,工作的最初阶段只用来摸索研究对象的方法论原则特别重要。它们具有决定性的意义。

这些最初的方法论原则不能只靠自己对对象的主观"感觉"来 ad hoc(专门)建立。例如,在形式主义者那里,这种"感觉"就是他们的未来主义的审美趣味。

最初的方法和原则应当确定本身在方法论的广阔范围内的方位。文艺学不是第一学科。它进入其他学科的范围,应当确定自身在其中的方位,应当使自己的方法与研究对象相近的其他学科的方法一致起来,使自己的对象与别的学科的对象相协调。因为各学科的相互关系应当反映各个对象本身的相互关系。

形式主义者在所有这些基本的方法论问题上,表现出一种满不在乎的态度,他们的行动是盲目的。他们正是在这里无可挽回地迈出了最初几步,这几步决定了他们的学说以后的整个发展,产生了所有的错误倾向。

因此,首先必须批判地分析形式主义者对研究对象的挑选、进行挑选的方法以及他们比较精确地确定所选择对象的特点的方法。

形式主义者最初作为诗学的对象而选定的,完全不是诗歌作品的结构,而是作为特殊的研究对象的"诗歌语言"。形式主义者组成"诗歌语言研究会"(Опояз),并不是没有原因的。

他们不研究诗学结构和包括在这些结构里的成分的结构作用,成为他们研究对象的是诗歌语言及其成分。而诗歌语言是一个 sui generis(特有的、特殊的)研究对象;不能把它比作作为物件的作品及其构件。

形式主义者最初的研究对象就是这样的。

接着,他们制订和运用一些特殊方法来研究这一对象——诗歌语言的特有的特点。这里首次形成和确定了用以确定特点的方法(这些方法后来也为他们所常用),建立了他们的体系的基本概念,养成了他们的思维习惯。

当形式主义者转入研究作为封闭的诗学结构的作品时,他们把诗歌语言的特点加到这些结构上,并采用研究诗歌语言的方法。对作品各个成分的结构作用的理解,预先就为已找到的诗歌语言各个成分的特点所决定。诗学结构被用来说明已建立的诗歌语言理论。

这样一来,艺术结构的基本成分及其结构意义就在诗歌语言的独特体系中被确定为这个体系的成分。

首先确定了诗歌的音素及其功能。在这里,母题和情节作为诗歌语言的成分,最初被确定下来。

正是在情节问题上,形式主义者完成了从研究诗歌语言到研究作品的诗学结构的过渡[①]。这个过渡是逐步的,在方法论上是极其不明

[①] 部分地表现在什克洛夫斯基的《艺术是手法》一文(载第二个《诗歌语言理论论文集》)中,尤其是在论文集《诗学》的最后几篇文章里。这个集子的结尾的一篇文章——艾亨鲍姆的《〈外套〉是怎样做成的》,是形式主义者研究诗歌作品结构的第一部著作。——作者

显的。

在从语言体系到作品结构的不甚明显的过渡过程中,形成了诗学结构的两个组成部分——"材料"和"手法"——的基本定义。它们应用来取代"内容"和"形式"。"材料"和"手法"这两个概念后来继续存在和进一步细化,它之所以有其潜在的合理性,完全是由于用论战的方式把它们与内容和形式对立起来,而且达到这样的程度,以至于它们简直成为那两个被他们从诗学中排挤出去的概念的反面。

在进行潜在的论战和产生对立的情况下,在关于题材、情节和结构的学说中,材料和手法的结构意义得到了区分。

至此,形式主义诗学的基本概念和手法的体系始告完成。

与此同时,也确定了形式主义者对待文学史的基本观点。他们把作品定义为"外在于意识的实体"。然而这个公式没有使作品与主观心理的意识相脱离,而与意识形态视野相脱离。

文学史的问题和方法,非常合乎逻辑地为形式主义者关于诗学结构的学说所规定。但是对形式主义的修正,看来正是从这里开始的。对"文学事实"的新理解(蒂尼亚诺夫、托马舍夫斯基)和对"文学日常生活"的新理解(艾亨鲍姆),是在文学史问题的基础上产生的。这些新概念是经过深思熟虑的,它们已经不完全为形式主义体系所容纳。

在形式主义体系中,接受的理论以及与它直接相联系的艺术批评的理论占有特殊地位。这两个理论没有得到详细而透彻的研究,但是对理解形式主义体系来说,弄清它们是必要的。

所以,形式方法体系以下六个主要方面需要进行批判:

(1)作为诗学对象的诗歌语言,诗歌语音学问题也属于它的范围;

(2)诗歌中作为诗学结构两个组成部分的材料和手法;

(3)作为材料和手法的结构功能的详细说明的体裁和结构、主题、本事和情节;

(4)作品作为外在于意识的实体的概念;

(5)文学史问题;

（6）艺术接受和批评的问题。

前三点构成形式主义诗学的内容,后三点则是形式主义文学史的内容(或者作为接受和批评的理论与文学史紧密相连)。

本章的任务是批判地分析作为形式主义诗学的最初对象的诗歌语言。

诗歌语言是一种特殊的语言体系

关于诗歌语言特点的学说为整个俄国形式方法奠定了基础。

按照形式主义者的理论,诗歌语言是什么呢?用什么方法确定它所特有的特点呢?

首先出现了确定诗歌语言及其规律性这一任务的合理性和可能性问题。

诗歌语言的特殊体系这一概念本身,从方法论来看是非常复杂、混乱和有争议的。

因为一开头就很清楚,这是"语言"这一术语的一种完全特殊的用法。我们讲到诗歌语言时,指的不是讲到法语、德语、俄语方言时所用的那个意思。

我们看到的绝不是语言的方言学概念,这样的概念可通过方言学方法得到。例如,即使我们能确定俄罗斯文学语言的方言学特点(莫斯科方言、教会斯拉夫词语等),我们通过普通的方言学方法所发现的语言事实——俄罗斯文学语言——与诗歌语言的体系毫无共同之处,它并不能使我们在诗歌语言的理解上迈进一步。

当某种异族语言(例如中世纪欧洲的拉丁语)成为某一民族的文学语言时,这一点就变得特别清楚。拉丁语曾经是诗歌创作的一种特殊语言,但完全不是诗歌语言。这两个概念的不同含义,它们之间绝对的方法论上的差别是十分明显的。另一种诗歌创作的语言(中世纪日耳曼人的拉丁语)作为诗歌语言完全不是另一种语言,它作为拉丁语则是另一种语言。但是形式主义者在提出诗歌语言问题时,却非常幼稚地玩弄了"另一种语言"这一含糊的概念。

什克洛夫斯基说道:"按照亚里士多德的说法,诗歌语言应当具有异域的、令人惊奇的性质;实际上它经常就是异族的语言,例如,亚述人使用苏美尔语,中世纪欧洲使用拉丁语,波斯人使用阿拉伯词语,古保加利亚语成为俄罗斯文学语言的基础;或者是像接近于文学语言的民歌语言那样的经过提高的语言。这里还包括使用得非常广泛的诗歌语言的古语,dolce stil nuovo(新的温柔风格)的语言有意造成的困难(12世纪),阿尔诺·达尼埃尔的风格低沉、形式艰涩(harte)而难于发音的语言(Diez, *Leben und Werke der Troubadour*①,第213页)。雅库宾斯基在他的文章里通过相同音响重复的局部现象,证明了诗歌语言的语音的困难化规律……

"现在发生了更加典型的现象。就起源来说,俄罗斯文学语言是异族的语言,但它已深入到人民之中,使自己与民间方言中的许多东西处于平等地位,因而文学开始喜欢使用方言……和尚未本民族化的外来语……这样一来,俚俗词语和文学语言交换了位置(维亚切斯拉夫·伊万诺夫和其他许多人的作品)。最后出现了创造新的、专门的诗歌语言的强大倾向,众所周知,这一派的首领是维利米尔·赫列勃尼科夫。"②

在这段话里,到处都幼稚地把语言的语言学定义(苏美尔语、拉丁语)与它在诗歌中的意义("经过提高的语言")混淆起来,把方言学特点(教会斯拉夫词语、民间方言)与其在诗歌创作中的作用混淆起来。作者总是把一个概念和另一个概念等量齐观,模糊地和天真地相信,语言学的定义和诗学的品格可能相符,在作为语言学的现实的语言本身之中,可能包含着诗学的特性。

---

① 迪茨:《行吟诗人的生平和作品》。——译者
② 什克洛夫斯基:《诗学》,第112—113页。最初这些观点是什克洛夫斯基在《词语的复活》中提出的。——作者

最后,指导作者的是一种未来主义的信念,相信能够创造出一种新的、专门的诗歌语言,这种语言从语言学角度来看是另一种语言,而根据同样的特征又是诗歌语言,也就是说,其中特殊语言的语言学特征(语音的、词法的、词汇的特征等)与诗学特征相符合。这个想法如同想借助于纯化学分析的方法确定一幅画的艺术特点那样幼稚可笑。

假如未来主义者真的创造了从语言学角度来看是新的语言的话,那么也只有在其上面建立诗学结构的条件下才成为诗歌语言。它只有在艺术作品中具有结构功能时,才成为诗歌语言。离开艺术结构,它作为一种特殊语言,如同法语、德语和其他语言一样,是非诗歌语言。

而且,作者本人所说的看法也推翻了他自己的观点。因为从俚俗词语和文学语言交换了位置这一点得出的正好是这样的结论,即问题不在于俚俗词语和文学语言的方言学特性。这些特性本身完全是中性的,它只有在完成一定艺术任务、满足诗学结构的一定要求的情况下,才具有某种意义。这些要求发生变化,语言的另一些语言学特性就更受重视。可以 a priori(武断地)认为有这样的可能,即根据某一文学流派的艺术要求,运用异族语言比运用本族语言更为可取。这种语言的"异族性"本身将在艺术结构中具有功能意义。不过这种异族语言仍不是诗歌语言,对这种语言的语言学特点的任何分析,都不能使我们进一步接近于理解诗学结构的特点。

这里所分析的什克洛夫斯基在理解诗歌语言上的方法论的混乱,对诗语研究会的所有成员来说都具有代表性。他们都没有看到这个概念在方法论上的困难和严重的含糊不清。

在这方面,雅库宾斯基的著作《论实用语言和诗歌语言中同样的流音辅音的聚集》很能说明问题。

这篇文章无非是想指出诗歌语言本身的几乎是方言学的特征。当然,这里没有任何的方法论的清晰性和明确性。照文章作者的想法,诗歌语言中流音辅音的聚集,应当只是困难化规律产生的结果。这里如果具有清晰性,就会使人看出这个任务是没有希望完成的,它的提出在方法论上是有缺陷的。但是尽管如此,文章却完成了这个荒谬的任务。雅库宾斯基像看待方言那样看待诗歌语言。结果应该得出的是诗歌语言的严格的语言学特征。什克洛夫斯基就是从这个方面来评价雅库宾斯基的著作的。

他写道:"雅库宾斯基的文章说的是在诗歌语言中流音辅音发生异化的规律不起作用,它还指出在诗歌语言中这些辅音有可能聚合起来使得难以发音,这是从事实出发、经得起科学批评的说法之一,它说明诗歌语言的规律是与实用语言的规律对立的(尽管暂时只在这一情况下如此)。"[1]

总之,形式主义者曾寻找纯语言学的证据,来证明诗歌语言与实用语言的对立。

在诗语研究会后来的著作中可以看到,诗歌语言中也存在着流音辅音的异化[2]。这样一来,语言学的区别就没有了。雅可布逊在这个问题上得出了以下的结论:

"……下面这样说是正确的:无论是在实用语言中还是在诗歌语言中,流音辅音都可能发生异化,不过在实用语言中流音辅音是这种语言所决定的,而在诗歌语言中则可以说是有明确的目的的,也就是说,它们实际上是两种不同的现象。"[3]

可见,这里问题不在于语言学特征,而在于这个中性的特征本身在诗学的目的论整体中的功能。

但是请问:如果纯语言的特征不能说明语言的体系,那么这个体系还剩下什么呢?要知道,两种语言——诗歌语言和实用语言——之间所设想的语音差别并不存在。当然,另一些纯语言的特征也不会存在。

---

[1] 什克洛夫斯基:《诗学》,第 104 页。——作者
[2] 参见雅可布逊的著作《论捷克诗(主要与俄国诗相比较)》,1923 年。——作者
[3] 雅可布逊:《论捷克诗》,第 17 页。——作者

诗歌语言和文学作品的结构

实际上,在诗歌作品结构中,这个语言学现象和任何别的语言学现象都是"有目的性的"。不了解这个结构及其要求,是完全无法谈论某一语言学现象可能包含的诗学意义的。当这个现象仍处于语言的体系之中,还没有进入作品的体系或者还没有以某种诗学任务的观点来看待它时,只能说它具有潜在的诗学性。但是在这方面每一个语言学现象、每一个语言成分具有完全一样的艺术潜力,只有一定的艺术流派,即构成诗歌作品的一定方法能提供标准,以决定选择一些现象作为诗学现象,而另一些现象作为非诗学现象。语言本身没有这样的标准。

当语言在诗歌作品中具有艺术功能时,或者当这一语言的某一方言("文学语言")主要担任这些功能时,这个主要担任艺术任务的行为会在其中留下痕迹,如同在语言中留下语言学上得到确认的痕迹一样。这个痕迹将会是什么样子,也就是说,它通过语言的哪些语言学特征表现出来,决定于占统治地位的诗学流派的性质。例如,占统治地位的艺术派别在运用语言上很保守时,文学语言在其发展中某些方面将会落后,"文学语言"的词汇将朝着一定的方向发展,它的语音可能发生某些变化等。

但是语言本身之中的这些痕迹,如同其语言学特点——词汇学的、词法学的、语音学的特点——一样,绝不能称为诗歌语言本身的特点。在另一些流派占统治地位时,语言中可能留下完全不同的痕迹。新的结构原则将会向语言的另一些方面提出要求,迫使它朝着另一个方向发展。

应当把语言本身理解为一个封闭的诗学结构,才能把它当作诗歌语言的一个完整体系。在这样的条件下,语言的成分也将成为在其中担任一定结构功能的诗学成分。

但是,把语言看作封闭的艺术结构,当然是完全不能允许的。然而诗歌语言的形式主义理论字里行间不知不觉地提示的,正是对语言的这种看法。

诗歌语言的概念本身,当然不是在形式主义者著作中首次出现的。它在以前也曾被使用过,首先出现于波捷布尼亚的著作,这位学者本人在这方面就是洪堡的传统的继承者。

不过波捷布尼亚对待诗歌语言的理解与形式主义者完全不一样。波捷布尼亚所指出的并不是诗歌语言的体系,而是语言本身的诗学性。在这方面他从始至终一直断定,词语是艺术作品,即诗学结构。在他看来,语言的每一个有意义的单位都是一部小小的艺术作品,而每一个基本的语言行为(称呼、引证等)都是艺术创作。

波捷布尼亚的观点未必能为人们所接受。但是与形式主义者的错误相比,他的错误是在另一方面。应当指出,象征主义者——安德烈·别雷和维亚切斯拉夫·伊万诺夫——所发挥的诗歌语言的思想,是波捷布尼亚的观点的发展,因此与形式主义思想有原则的区别。

总之,语言只有在具体的诗学结构中才具有诗学的特性。这些特性不是属于作为语言学对象的语言的,而恰恰是属于结构的,不管这结构的样子如何。生活中一个最简单的表述(высказывание),一个运用得恰当的词语,在一定条件下都可作为艺术接受的对象。甚至单个的词也可以作为某种诗学的东西来接受——当然要在一定条件下,把它放到一定背景上,以某些因素充实它的时候才是如此。

但是脱离表述及其形式和具体组织,势必同时失去诗学性的特征。这些特征正是属于具体表述或诗歌作品内所用语言的组织形式的。不过表述可能很好,还可能很诚恳或很虚伪,很大胆或吞吞吐吐等。所有这些形容词都只用来说明话语和作品的组织,而且视它们在社会生活的统一体中、首先在意识形态视野的具体统一体中所担任的功能而定。

语言学在建立语言及其成分——句法的、词法的、词汇的和其他的成分——的概念时,往往舍弃具体的表述组织形式及其社会思想功能。因此语言学的语言和语言学的成分对认识的真理,对诗歌的美,对政治上的正义性等,是漠不关心的。

这种抽象是完全合理的,必要的,是语言学本身的认识目的和实用目的所要求的。不进行这样的抽象,就无法定出作为体系的语言的各种概念。因此可以而且应当研究语言及其成分在诗学结构中的功能,以及它在生活里的各种不同类型的表述、讲演、科学理论等之中的功能。不过这种研究应依靠语言学,但它不是语言学研究。用来指导语言学成分的选择和评价的原则,只能根据相应的意识形态构成物的形式和目的来提出。但是,对诗歌创作中的语言的功能所做的这种研究,与对作为一个特殊语言体系的"诗歌语言"的研究,是根本不同的。

诗学和语言学

形式主义者毫无批判地把诗歌作品的结构特点套用到语言体系上来,而把语言的语言学成分搬到诗歌结构中。这使得诗学以隐蔽的或公开的形式,在不同程度上错误地面向语言学。

雅库宾斯基的《论诗歌的语符组合》一文很有代表性。雅库宾斯基从语言学角度把言语分为音素、词素、语段、义素,认为这种划分对诗学结构来说也是重要的。在他看来,诗歌创作有重视音素、词素等的意向。因此,他直接赋予这些成分的新的创造性的组合,即纯语法形式的组合以独立的诗学意义。

把语言分为语音、词法和其他成分的做法,从语言学的观点来看是极其重要的。语言作为一个体系,确实是由这些成分构成的。但是绝不能由此得出结论,认为词素、音素和其他语言学范畴是诗歌作品独立的结构成分,认为诗歌作品也是由语法形式构成的。

雅库宾斯基的说法当然不对。需要撇开诗歌作品实际的结构形式,撇开它的思想意义,以语言学家的眼光把它看成是抽象的语言现象,才能认为它是语符组合。对某一诗歌作品的语言学分析,并不拥有用以区分诗学上重要的东西和不重要的东西的任何标准。只做这样的分析,完全不能断定,经过这样的分析挑选出来的语言学成分是否是和在多大程度上是诗学结构本身的成分。

因此,日尔蒙斯基试图建立作为诗歌语言学的诗学的做法,也是完全没有根据的。

他说:"既然词是诗歌的材料,那么应当把语言学为我们提供的语言事实的分类作为诗学的系统理论的基础。因而这些事实之中服从艺术任务的每一个事实也就逐步成为诗歌的手法。这样一来,理论诗学的专门章节应当符合语言科学的每一个章节。"[①]根据日尔蒙斯基的意见,诗学可分以下部分:诗学语音学、诗学句法学、诗学语义学等。

作为这种做法的基础的,是一种完全未经证实的设想,即设想语言的语言学成分和作品的结构成分一定是一致的。我们认为,这两种成分作为不同的现象是不一致的,而且也不可能一致。

对诗歌语言问题的方法论分析的总结

现将对诗歌语言问题的分析做如下总结:

(1)根本谈不上有任何诗歌语言的体系。诗歌的特征不属于语言及其成分,只属于诗学结构。

(2)只能谈论语言及其成分在诗歌作品或更简单的诗学构成物——表述——的结构中的诗学功能。究竟这个功能是什么,语言成分在多大程度上可能成为结构功能的独立担任者(已不作为语言成分,而作为结构成分),这完全取决于具体诗学结构的特点。

(3)形式主义者认为诗歌语言存在的可能性是不言而喻的事,他们完全没有注意到这个概念之中包含的所有方法论的困难和含糊不清之处。因此,他们毫不顾及方法论问题而构筑诗歌语言理论,把这

---

① 什克洛夫斯基:《诗学》,第138页。——作者

种语言看作特殊的语言体系,并企图进一步找出诗歌语言的纯语言学的规律和特征。

(4)他们最初的模糊概念,在很大程度上是由于接受未来主义的天真幻想而产生的。未来主义曾幻想诗歌有一种特殊语言,幻想诗学特征和语言特征可能达到一致。结果,形式主义者的诗歌语言理论把他们从未来主义者那里接受来的对诗学结构的狭隘理解无批判地搬到语言及其形式上。

确定诗歌语言特点的否定方法

形式主义者没有提出诗歌语言概念本身是否合理的问题,就直接开始确定这种语言特有的特点。在解决这一任务的过程中,定出了形式方法的所有基本概念,然后把这些概念搬用到诗学结构上。

暂且假定我们像形式主义者一样认为他们提出的任务是合理的,那么就让我们来看一看他们是如何解决这个任务的,也就是说,看一看他们是如何确定诗歌语言特有的特点的。

形式主义者的出发点是把语言的两种体系——诗歌语言和生活实用语言、交际语言——对立起来。他们把证明它们的对立作为自己的主要任务。于是这个单纯的对立不仅不可更改地决定了他们的方法的基础,而且决定了他们思考和观察问题的习惯,使他们养成一种难以改变的倾向,即在所有事物中只寻找和看到区别和不同。

什克洛夫斯基说:"科学的诗学的建立,应从以大量事实为根据实际承认存在着'散文的'和'诗歌的'语言这一点入手(这两种语言的规律是不同的),应把分析这些差别作为开端。"[1]形式主义者是这样来确定诗歌语言特有的特点的,他们把交际语言的每一个基本特征反转过来加到诗歌语言上。

---

[1] 什克洛夫斯基:《诗学》,第6页。——作者

形式方法的基本概念——"玄奥的语言""摆脱自动化状态""变形""费解的形式"等——只是对生活实用语言的相应特征的否定。

在生活实用的、交际的语言中,说话的意义(内容)是最重要的成分;其余的一切作为手段为它服务。

而根据形式主义的学说,在诗歌语言中正好相反,表达本身,即它的语言外壳,成了目的,意义要么完全被排除(玄奥的语言),要么它本身只成为手段,成为语言游戏的无关紧要的材料。

罗曼·雅可布逊说:"诗歌无非是定向于表现之上的表述……诗歌对表述的对象是漠不关心的。"①

不管我们举出形式主义者的哪一个术语,我们深信,这个术语是通过同样的思维方法得到的:其中所包含的,只是对生活实用语言的某一实际成分的否定。可见,形式主义者所说的诗歌语言,不是由是它的那个东西确定的,而是由不是它的那个东西确定的。

这种研究诗歌语言的"奇异化"方法,在方法论上是没有任何根据的。

借助于这一"方法",我们知道的不是诗歌语言本身,而是它与生活实用语言相区别和相异的东西。进行形式主义分析的结果,仔细挑选出来的只是这两个语言体系的区别。而它们的相似之处以及诗歌语言中与上述对立无关的和保持中立的特点,却得不到研究。

这种单纯记录诗歌语言与生活实用语言的非必然区别的做法,建筑在默认这些区别是本质区别的前提之上。但是这种前提根本不能认为是毫无疑义的。同样有理由可以提出相反的看法,即认为相似是本质的,区别完全是非本质的。

这两种论点都同样带有随意性。

在没有揭示诗歌语言真正的、不取决于任何相似和区别的本质内容时,我们无法对某一相似之处或区别的重要性做出判断。只有在诗歌语言的这一本质得到揭示时,才可以确定,究竟与语言的其他体系

---

① 雅可布逊:《现代俄国诗歌》,第10页。——作者

的哪些差别和相似之处是重要的和有意义的,哪些是不重要的。

但是,形式主义者没有在任何地方给诗歌语言做这样实际的规定。

艾亨鲍姆也指出诗歌语言与生活实用语言之间的对立的奠基意义。他写道:

"为了在不求助于抽象的美学的情况下真正贯彻和巩固这个确定特点的原则,应当把文学的事实与其他系列的事实加以对比,从现存的极其多样的系列中找出与文学系列有关,然而功能有所区别的系列。把'诗歌的'语言与'实用的'语言加以对比,就是这样的具有方法论意义的方法,'诗语研究会'的头几个集子(雅库宾斯基的文章)里就详细地做过这样的对比,这种对比成为形式主义者研究诗学的基本问题的出发点。"①

遗憾的是,文章作者甚至不试图论证一下这个通过单纯的区分和否定来说明特征的奇怪的否定方法。而且作为这些区分和否定的基础的,还是"从现存的极其多样的系列中"偶然地挑选出来的一种不确定的和臆造的生活实用语言,这一点下面还要讲到。

神学中的否定方法,我们是理解的,因为上帝是无法认识的,只能通过他不是的那个东西来说明他。但是为什么不能给诗歌语言以实际的说明,这一点我们就无法理解了。

诗歌语言是实用语言的反面

在运用这种为方法论所不许可的说明方法时,被说明的现象必然会变成进行区分的基础的实际的反面。否定可以说本体化了,而所说明的现象的全部内容,将被归结为一种无论如何想要变得与基础不相似并否定这个基础的实际要求。

---

① 艾亨鲍姆:《文学》,第121页。——作者

结果正是这样:诗歌语言成了交际语言的反面和寄生物。

让我们来看一看,形式主义者所确定的诗歌语言特有的特点究竟是什么。

如果仔细看一看形式主义者提出的诗歌语言的反面特点和区别的系列,那么就可看出其中有一个体系。所有反面特点和区别向一个中心汇合,服从于一个任务,这任务可用什克洛夫斯基的话来做最恰当的说明,它就是:"使语言的构造变得可以感觉到"。这个理论至今仍然一直是形式主义理论的基石,尽管它后来变得更加复杂,并且运用了新的术语。

什克洛夫斯基把诗歌言语规定如下:

"无论是从语言和词汇方面,还是从词的排列的性质方面和由词构成的意义结构的性质方面来研究诗歌言语,我们到处都可遇到艺术的这样一个特征:它是有意地为那种摆脱接受的自动化状态而创作的,在艺术中,引人注意是创作者的目的,因而它'人为地'创作成这样,使得接受过程受到阻碍,达到尽可能紧张的程度和持续很长时间,同时作品不是在某一空间中一下子被接受,而是不间断地被接受。'诗歌语言'正好符合这些条件……这样我们就可把诗歌确定为受阻碍的、扭曲的语言。诗歌言语是一种作为构造的言语。散文则是通常的言语,它用词经济、易懂、正确,是司正常的、顺利的分娩和婴儿胎位'正不正'的女神(dea prorsa)。"①

蒂尼亚诺夫关于诗歌语言具有不断变化的结构的学说②,也是这一原理发展中的一个重要阶段,他把这个结构想象为通过突出语言结构的一个因素作为主要因素,并使其他因素变形的方法不断打破自动化的过程。例如,突出节律的因素作为主要因素,使得句法因素和语义因素发生变形。

根据蒂尼亚诺夫的说法,诗歌语言是它的各个不同因素——语音

---

① 什克洛夫斯基:《诗学》,第112页。——作者
② 参见蒂尼亚诺夫的著作《诗歌语言问题》,科学院出版社,1924年。——作者

形象、节奏、句法、语义——的不间断的斗争。所有这些因素相互制造障碍,因而造成了言语构造的可感觉性。

诗歌语言的基本定义就是如此。所有其余的反面特点都为这一最高目的——使结构具有可感觉性,使之摆脱接受的自动化状态——服务,当然采取的是纯否定的方法,例如使之失去意义、变得更加困难,设置各种障碍,惹人厌烦地重复等。

但是从所有这一切可以得出一个对形式主义来说非常重要的和具有决定意义的结论:如果诗歌语言与生活实用语言的区别只在于它的结构能通过上述否定手法而被感觉到的话,那么它将是一种绝对无用的和无创造力的语言。

根据形式主义者的学说,诗歌语言实际上只能把语言的其他体系已经创造出来的东西"奇异化",使之摆脱自动化。它本身并不创造新的结构。它只是使人们感觉到已创造的,但未被感觉到的和接受时处于自动化状态的结构。它只能等待,先让生活实用语言根据自己的目的和意图创造出某种新的言语结构,并使这种结构变得习以为常,能自动化地接受,只有到那时,诗歌语言才能登台,郑重其事地使这种结构摆脱自动化状态。形式主义的理论就让诗歌语言过这种寄生生活。

与此同时,为了进行对照,有必要回想一下波捷布尼亚及其形象论,形式主义者是以批判这个理论作为出发点的。

因为对波捷布尼亚以及对洪堡来说,词的内在形式和形象恰恰是语言的创造性成分,正是语言赖以扩大和形成的东西。不错,这是另一个方面的创造性,根据波捷布尼亚的学说,它也是属于概念的。

而根据形式主义者的理论,诗歌创作的各个成分实质上什么也不创造,它利用意识形态的其他领域已创造的东西作为材料,借助于否定手法、各种破坏和阻碍,来造成这种东西的可感觉性。

在这方面,什克洛夫斯基关于节奏的说法很有代表性,照他的说法,节奏居然也不是诗歌的创造。

什克洛夫斯基设想存在着两种节奏:散文节奏和诗歌节奏。他说:"散文节奏,是干活时唱的歌、船夫曲的节奏,一方面在必要时能代替口令,另一方面能减轻劳动强度,使之自动化。确实,合着音乐的节拍走路比没有音乐要轻松些,但是一面兴致勃勃地谈话一面走路,让走路的动作脱离我们的意识,这样走路也很轻松。可见,散文的节奏作为一种促进自动化的因素,是很重要的。但是诗歌的节奏就不是这样。艺术中有所谓'圆柱式',而希腊神庙中的任何一根圆柱都不是精确地照'圆柱式'做的,艺术的节奏是一种遭到破坏的散文节奏;过去已经有人试图把这些破坏常规的现象加以系统化。这是节奏理论今天应完成的任务。可以认为,这种系统化的做法是不会取得成功的,因为实际上这里提出的不是节奏的复杂化问题,而是遭到破坏的问题,而且这种破坏无法事先预料到;如果这种破坏成为一种规则,那么它就会失去作为困难化手法的应有力量。"①

这段引文里所说的一切,都具有最大的代表性。

这里明显地暴露出形式主义的基本倾向。艺术节奏原来是被破坏的散文节奏。艺术的唯一长处是破坏。诗学的任务是把这些破坏系统化。同时对任何内部包含的东西完全漠不关心,不仅对内容如此,而且对形式也是如此:什么被破坏和如何被破坏,反正都一样,因为这种破坏无法事先预料到。艺术被归结为空洞的形式组合,组合的目的纯粹是心理兼技术的:使某种东西变得可以感觉到——至于是什么东西和如何做到这一点,则无关紧要。

形式主义的这种基本倾向,至今继续存在。不过它已不采取这样赤裸裸的形式。

科学的抽象与教条主义的否定

某些关于形式方法的书刊曾试图把诗歌语言的否定的特点和区

---

① 什克洛夫斯基:《诗学》,第114页。——作者

别解释成合理的科学抽象,也就是说,宣布那些被形式主义者自己宣布为诗歌实质的东西(例如,玄奥的语言)为具有假定性质的科学抽象,形式主义者不把这东西说成是学者的假定手法,而说成是诗人本人的、首次把词语变为诗歌词语的艺术手法。

做这样尝试的是恩格尔哈特[1],他甚至把玄奥的语言与所有语言学家对意义所做的抽象相提并论,证明它是有效的科学抽象。

我们认为这种观点是根本不对的。

没有一种科学抽象是通过单纯的否定做出的。抽象仅仅只是一种区分,只是一种为了某个被挑选出来的和做重点说明的方面而有条件地不对事物做全面说明的做法。对这个被抽象的方面的研究,任何时候都应当在整体的背景上进行。

而且运用抽象法进行研究,归根结底是为了具体而全面地掌握这个整体。只有在遵守这个条件的情况下,抽象才是有生命力的,有效的,能在不断地前进运动中被证明是正确的,能深入到所研究对象的越来越多的方面中去。

在任何科学抽象中,否定总是与肯定辩证地结合在一起的,仅仅因为这一点,它才不会凝固和僵化。例如,语言学家进行抽象时,舍弃词义的完备性,但并不否定它。相反,只有在词义完备性的背景上,语言学的抽象才有科学价值。

而形式主义纠缠在否定之中,变得僵硬起来。

形式主义无法前进,因为他们自己坚决砍掉了客体之中的"统一完整的意义"[2],而前进运动的道路只能通向那里。

总之,形式主义者通过否定对诗歌语言下的定义,都不是抽象,而是教条主义的否定。这不是有条件地舍弃所研究对象的某些方面,而是无条件地否定这些方面在对象之中的存在。

恩格尔哈特的尝试从方法论来说是不对的,从历史的观点来看也

---

[1] 参见恩格尔哈特的著作《文学史中的形式方法》。——作者
[2] 恩格尔哈特的术语。——作者

是不正确的。他的说法无论在字面上还是在精神上都是与形式方法相矛盾的,在这方法形成时就是如此,尤其是在它发展的第一个、也是决定性的阶段,更是如此。这使得恩格尔哈特对形式主义与未来主义之间具有重要历史意义的联系估计不足。

但是即使承认形式主义的基本概念都是抽象,仍需要提出这样的问题:它们是否符合诗学结构的本质?因为不这样,我们就会陷入唯方法论,甚至陷入最坏的一种唯方法论——实用主义的唯方法论。按照这种观点,任何方法只要是有效的,就是好的。但是这样一来,方法就与对象的实际情况不发生任何相互关系,从而也就脱离了一般客观地和现实地理解的真实。

把诗歌作品作为"目的在于表达"(照形式主义者的理解)的东西来研究,只有在作品真正是目的在于表达的东西(形式主义者就肯定这一点)时才是可行的。如果情况不是这样,那么任何关于"科学的效用"的议论都无法证明这个方法论性质的手法是正确的。用这方法,我们将不是从本质上来研究诗学结构,也就是说,将会完全不研究它本身。

文学史中的否定方法

形式主义者还把他们的否定方法搬用到文学史中。不过在这里,在分析个别作品、各种文学风格和派别时,改为由上述诗歌语言本身的各种现象和形式来起生活实用语言的作用。

根据他们所谓的辩证法,历史上每一个文学现象首先被看作,或者只看作是对在它之前的现象的否定。他们任何时候都只在规范遭到破坏的背景上来说明风格。因而在这领域否定的说明占有主要地位。

请看什克洛夫斯基如何以其常用的坚决语气说明这个原理:

"我再补充说明一个普遍的规则:艺术作品是在其他艺术作品的背景上和通过与这些作品的联想而被接受的。艺术作品的形式由它与存在于它之前的其他形式的关系来决定。艺术作品的材料一定要被强调出来,也就是被突出出来,'大声喊出来'。这不是浅薄的模仿,但是任何艺术作品都是作为与某一典范相对照和对立的东西而创作的。"①

生活实用语言问题

在使用形式主义者用来确定诗歌语言特点的方法时,选择否定性的特点和区别的基础这一点特别重要,而且具有决定性意义。

确实如此,基础不同,区别的体系就不同。倘若形式主义理论的基础不是他们所理解的生活实用语言,而是另一种语言,那么借助于否定方法建立起来的整个诗歌语言理论将会完全是另一种样子。

但是这种生活实用语言(诗歌语言就靠否定它和使之变形而寄生于其上的)究竟是什么呢?形式主义者又是如何找到它的呢?

生活实用语言的概念问题,形式主义者根本没有提出过。他们认为它是不言而喻的东西。

可是生活实用语言的问题与诗歌语言的问题是相同的。这里也出现同样的困难,也有模棱两可之处。

不能说有任何作为特殊语言体系的生活实用语言。不但如此,如果可以和应当说语言在诗学结构中担任某些功能的话,那么类似的任务在生活实用结构中就变得特别复杂。

要知道固定的生活实用结构是不存在的。要知道生活中的表述,这是一种现实的东西,只有它才能构成用来说明语言交际功能的基础,根据社会生活交际的不同范围和目的,其构成方式极为多样。在某些生活中实用的交际结构之间的形式上的差别,可能要比学术论文与诗歌作品之间的差别更大和更为重要。

需要花费很大气力细致地分析生活上的交际和实践的各个领域

---

① 什克洛夫斯基:《诗学》,第120页。——作者

中所进行的各种言语活动和表述的相应形式,才能谈论语言在某一类型的交际结构中的功能。同时需要随时考虑到进行交际的集团的所有社会特点和构成每一表述时的意识形态视野(概念、信仰、习惯等等)的全部具体的复杂性。现代语言学现在才开始研究言语交际的这些极其困难的问题,做这工作的有福斯勒学派和哲学家贝内迪托·克罗齐的学派。

语言学按照其理论和实践的目的,在建立语言及其成分的概念时,完全舍弃了极其多样的生活实用结构的特点,它也舍弃了诗歌结构的特点。

语言的准确性、精练、欺骗性、分寸性、谨慎等特点,当然不能被认为是语言本身的特点,正如不能把语言的诗学特征看作语言本身的特征一样。所有这些特征不属于语言本身,而属于一定的结构,并且完全决定于交际的条件和目的。

如果我们把"交际"一词用于最广泛和最一般的意义上,那么任何语言、任何表述都是用来交际的。任何表述的目的都在于进行通报,让听众和读者知道,一句话,让别人了解;在于进行某种形式的社会交流,而不管形式如何。任何词汇本身都与交流有关,无法离开它,否则就不成为语言的词汇。在这个一般的意义上,形式主义者所理解的"目的为了表达"的东西以及"玄奥的语言"和"自在的语言"(самовитое слово)都是用来交际的,因为所有这些形式都要求有听众,而且和告诉别人现在几点钟的话一样,同样也是社会交流的因素,尽管是特殊类型的因素。这两种用语之间在结构上的重大差别和其他差别,完全处于一般语言交际的范围之内。

这种广义上的交际,是语言本身的一种结构因素,因此语言学离不开它,也不可能离开它。但是由此绝不能得到结论,认为语言学主要面向生活实用语言。语言学脱离生活实用性话语的各种形式的程度,与脱离诗歌表述的程度完全是一样的。

不过可以这样提出问题:语言学主要是根据什么材料得出它的基

本概念和基本原理的呢？也就是说，给它提供材料的，主要是语言创作的哪些领域？

对这个问题需做这样的回答：在语言学制订其基本概念时，利用得最少的是生活实用表述。首先，作为这样的材料的，是广义上的文献，这里包括演说的整个广阔领域。由此而产生了语言学的单方面的独白性（монологизм）。与直接对话式的言语交际形式相联系的多语现象，直到最近尚处于语言学的视野之外。

形式主义者的生活实用语言

再说一遍，所有这些问题形式主义者都没有提出来。那么他们关于生活实用语言及其特点的概念——"言语手段的自动化"、这些手段的"节省""对音的轻视"等，究竟是什么呢？

这种实用语言及其特点，完全是形式主义者任意设想出来的结构。

不错，这个结构的基础包含着某种语言现实。现代城市资产阶级的事务性交际和部分的日常生活交际中，某些类型的生活实用表述在一定程度上（虽然在不大程度上）符合形式主义者所说的特征。但是就是在这专门的环境里，只要交际一变得事关重大，所说的话变得具有重要意义（即使是在家庭生活和沙龙里的交际的范围内也是如此），形式主义者所说的特征就会显得极其简单化、片面和公式化。

此外，形式主义者所说的特征还部分地符合一种类型的言语交际，然而这已不是本义上的生活实用交际了。这里指的是狭义的技术上、生产上和事务上的交际。这里在一定条件下产生这样的表述形式，这些形式在一定程度上符合形式主义者所说的特征：词是口令，词是记号，词是信息的沟通。但是在这种情况下词是完全没有从生产过程或其他事务中分离出来的因素，如不了解这一过程的特点，就无法理解词的功能。这里的词有时可直接用其他种类的信号或记号来代替。

总之，可以这样说：在言语交际完全形成并且有固定不变的性质的地方，在要说的内容也已确定、只需在进行的交际范围内由一个人传达给另一个人的地方，表述在一定程度上符合形式主义者所讲的特征。但是这些情况对生活实用的言语交际来说，远不是典型的。

实际上，生活交际不断形成着，尽管这很慢而且限于狭隘的范围内。说话人之间的相互关系一直变化着，尽管这变化勉强可以觉察到。在这形成过程中，也形成要说的内容，并且最微不足道的语言交际也与事件的不断形成有关。在这个形成过程中，词处于十分紧张的状态，尽管这种紧张状态与艺术创作中的情况有所不同。

在生活实用的言语交际中，言语的分寸具有特别重要的意义。言语的分寸的构形力量和组织力量是很大的。它可以构成生活中的话语，确定说话的风格和体裁。这里应对分寸做广义的理解，包括只作为它的一个因素的礼貌。分寸可能分为各个不同方面，它仿佛是在两极——恭维和辱骂——之间不断变动。这种分寸是由说话者所有相互的社会关系的总和决定的。由他们的意识形态视野以及交谈的具体环境决定的，不管在一定条件下分寸的具体表现如何，它总是决定着我们所有的话语。没有一句话是不顾分寸说出来的。

在一定条件下，在某些社会集团中，言语的分寸能创造有利于形成形式主义者所说的诗歌语言的典型特点——言语的受阻碍、绕圈子、含糊其辞、拐弯抹角——的基础。这些现象正是从这里有时渗入诗学结构，不过只到达它的外围。

这些现象本身是极其多样的，是由多种社会原因决定的。但是值得注意的是，在它们进入文学的地方，作品的外围结构都明显地对话化，开始具有与读者隐蔽地或公开地对话以及对他玩弄文字的形式。《项狄传》就是如此。果戈理、陀思妥耶夫斯基的作品以及其他一些作品在某种程度上也是如此，这些作品被形式主义者用来证明——更正确地说，用来举例说明——自己的理论原理。

形式主义者一般主要面向那些采用(尽管在外表上)更为直接的言语交际形式——故事和对话(作者的、原始的)——的作品。这些作品中渗入了生活言语的特殊逻辑的某种东西。正是这种逻辑造成了那些被形式主义者认为对诗歌语言具有代表性的现象。当然,生活中的话语的这种特殊逻辑,以及直接地和强烈地感到听众(对话者)的存在的感觉(这是它的特点),在渗入艺术结构时,在结构中发生变化,开始服从于结构的规律,并在一定程度上成为约定俗成的东西。

形式主义者之所以重视生活中的话语在诗学结构中反映出来的形式,是由于他们与未来主义有紧密的联系。未来主义诗学的特点,是直接地和强烈地感觉到听众的存在,这种感觉具有论战色彩,与舞台演出时的感觉有些相似。

可见,形式主义者所说生活实用语言,向来是一种随意性的结构,其中并不包含任何确定的语言现实,只包含上述的那些对生活实用语言来说最没有代表性的现象,这些现象勉强可以归入这个结构之中。

形式主义对创作的理解

应当指出,形式主义者的理论还有一个特点。

我们知道,形式主义者所理解的诗歌语言,只是生活实用语言的寄生物,它只让人们感觉到已由生活实用语言创造的结构。但是形式主义者所理解的生活实用语言也是没有任何创造能力的。

在已形成的、固定不变的交际的范围内传递现成信息的语言,当然是不可能有创造力的。词汇、语法,甚至包括所要讲的主要题目都是现成的。只要把它们组合起来使之适合环境和节省叙说的手段就行。在这样的前提下,不可能有任何创新的推动因素和基础。这样一来,形式主义者的诗歌语言就成为寄生物上的寄生物。

这里出现这样的问题：在这种情况下什么地方才发生创造性地丰富语言的现象呢？语言的新形式和新内容是在什么地方创造的呢？

在形式主义者那里我们找不到这些问题的答案。在他们那里，创造真正新东西的工作做得非常差。在形式主义者的所有概念里，没有创新的地位。

下面将要讲到，甚至在文学史里，新东西也只是由于后起的派系典范化的结果而产生的，也就是说，已被认为是业已存在的东西。至于某个新东西最初是怎么产生的——哪里也没有说明。

形式主义思维的基本前提是这样的：在这些前提的基础上，只可能对已有的和完全是现成的材料范围内的各种重新编组、移动和重新组合进行解释。已有的语言和文学的世界并不增加任何一个新的特点，发生周而复始的变化的，只是已有材料的各种组合的系统，因为组合的数量是有限制的。

不管举出形式主义者的哪一个基本概念——无论是"摆脱自动化状态"（выведение из автоматизма），还是"奇异化"（остранение）、"变形"（деформация）等，都可以清楚地看到，这个概念只涉及外部的重新排列和一定范围内的移动，而所有内容和性质则被设想为已经具备的东西。形式主义思维由于具有这一基本特点，很不符合历史主义精神。存在和意识形态领域的那种构成历史的质的发展变化，对它来说是无法理解的。

形式主义者的诗歌语言问题的现状

后来形式主义者自己也在某种程度上意识到，他们把生活实用语言与诗歌语言对立起来的做法是无意义的。但是他们并没有从中得出任何实际的结论，甚至没有试图这样做。

首先注意到生活实用语言的定义的模糊性和笼统性的是雅可布逊。他引入了情感语言（эмоциональный язык）的概念，也把这种语言与诗歌语言对立起来。后来雅可布逊在他的论对话言语的文章里①区分了下列语言:口语、学术语言、演说语言、情感语言。然而他没有对这问题做出任何方法论上的说明。

艾亨鲍姆在《列宁的演说风格》(1924)一文中说:

"在研究诗歌语言的著作中,我们通常把它与'实用语言'对立起来。这对最初确定诗歌言语的特点来说是很重要的和有益的。但是,正如后来不止一次地指出的那样(雅库宾斯基曾指出过),所谓'实用'语言的领域特别广阔和丰富多彩。一般说来,未必存在这样的语言领域,其中词只是'记号';至于说到像演说这样的形式,那么它虽然具有'实用'的性质,但在许多方面更接近于诗歌语言。诗歌语言的特点,仅仅在于特别重视言语的某些成分并以特殊的方式加以利用(尤其是在写诗用的语言中)。"②

即使艾亨鲍姆的所有这些话确实并非戏言,那么也未必能够证明最初把诗歌语言与实用语言对立起来的做法是"有益的和重要的"。因为上面已经说过,这种对立决定了诗歌语言的全部内容,使这语言正好成为实用语言的反面。这种对立决定了形式主义者的所有理论,对他们来说是致命的;只有反对这样的对立,才可能产生某种有益的东西。

如果把诗学结构置于与科学、演说、实际生活的各个领域的复杂的、多方面的相互影响的条件之下,而不把它宣布为臆造的生活实用语言的单纯的反面,那么就不会有我们所知道的那种形式主义。

艾亨鲍姆的话中所做的修正,并没有在任何地方切实地加以实行。恰恰相反,他固执地继续为原来的所有观点辩解,尽管看来他本人已经感觉到这些观点没有真正的基础。

形式主义的诗歌语言理论就是这样。

---

① 雅可布逊:论文集《俄罗斯言语》,1923年。——作者
② 艾亨鲍姆:《文学》,第250页。——作者

诗歌中音的问题

现在还应考察一下诗歌中音的问题,这问题是形式主义者在他们关于诗歌语言的学说的基础上直接提出来的。

诗歌中音的问题,是它在诗歌作品的整体中的结构意义问题。

一开头就很清楚,音在文学创作的不同形式中的结构意义是不一样的:在一些形式中,它起着独立的结构作用;在另一些形式中,它完全不进入艺术结构,只是艺术性的辅助成分,是像图形单位那样的记号。音的其余的所有结构意义,都处于这两极之间。

这个问题本来就很困难和复杂,又被形式主义者搞得很乱,他们没有根据作品的结构,而根据诗歌语言的体系提出这个问题。形式主义者偷换了问题。

如果我们读一下什克洛夫斯基的《论诗歌和玄奥的语言》一文和雅库宾斯基的《论诗歌的语符组合》一文,那么就可以看到,这两位作者的任务在于证明,发出或者听到甚至没有意义的音,也能给人以快感,人们也需要无意义的词。为了证明这一点,作者引用了报纸、小说和回忆录中的大量例子。所有例子都毫无例外地只涉及生活中使用语言的各种不同情况。然后从这一切得出这样的结论:音在诗歌中也可能具有独立的意义,而且可不借助于含义本身,例如"玄奥的语言"就是如此。

但是在什克洛夫斯基和雅库宾斯基所列举的例子中,根本不存在诗学结构。在绝大多数例子中,音在生活实用话语中使用;在其余例子中,给人以快感的东西只不过是无意义的音[①]。无论如何不能由此得出某些结论,认为音在诗学结构的特殊条件下具有意义。

接着,形式主义者在证明一般语言能给人以快感时强调指出,这

[①] 不错,文中也引用了诗人们的一些话,这些话用的主要是诗歌形式。例如莱蒙托夫的"有这样的话语……"或"你有过这样的事吗……"。——作者

种快感会使意义受到损失,或者完全取消它("玄奥的语言"),或者至少减弱它,把它排挤到次要地位。在这里起指导作用的,也是实用语言与诗歌语言的对立①,尽管"玄奥语"主要是通过生活中的表述来证明的。

在生活实用语言中,音仅仅只用来表示意义,也就是说,它仅执行辅助的功能。因此必须压低意义,以便使音成为自有价值的东西。这样玄奥的词语就成为音的自有价值性的最大极限。形式主义者的逻辑就是这样。

这使得他们更加不能正确地提出诗歌中音的结构意义问题。因为音与意义成反比的情况在诗歌中是完全不存在的,即使把未来主义者的玄奥语的习作考虑在内,这种情况对诗歌来说也是不典型的。

因为对诗歌来说,音与意义整个地结合,即这两个因素成正比,才是典型的现象。要理解音的结构意义,恰恰需要从这个典型现象出发。需要说明的是,意义和音如何在艺术整体的结构统一中结合起来。

当然,意义进入艺术结构时,会在其中变成另一种样子,与它在生活表述或科学原理中时大不相同。音也变成另一种样子。音和意义在同一平面——即艺术结构的平面上相遇。在这里它们发生新的相互关系,这种关系不同于它们过去在生活表述或科学表述中时的那种关系。

需要确定和理解的,正是音和意义在诗学结构条件下的这种新的相互关系。不能把这种关系说成是两者单纯的斗争,说成是一方靠削弱另一方而得到加强。即使有时诗歌里发生后一种情况,那这也只是音和意义相互的结构关系中可能发生的情况之一,而且这种情况最不典型。

雅库宾斯基在他的《论诗歌语言的音》一文中似乎已接近于正确

---

① 雅库宾斯基的《论诗歌语言的音》一文一开头就提出这种对立,载《诗学》,第37页。——作者

提出问题了。他的结论如下：

"在结束我的这篇论诗歌语言中的音的短文时，再重复一下我的主要结论：在诗语思维中，音在意识的亮区里浮现出来；由此而产生了对音的情感关系，这种关系又使得诗的'内容'与其中的音之间形成一定的依存性；后一种情况也是由言语器官富于表达力的动作促成的。"①

作者还用从各种小说和诗歌表白中偶然得来的例子对这个结论加以论证，并从语言学著作中随手摘一些话来加强它。

在这个结论中，首先令人感到惊讶的是作者的心理主义观点——"诗语思维""情感关系"等。不过这一点可以不管它，因为形式主义者在他们后来的著作中，几乎完全克服了这方面的心理主义。

我们认为，这里重要的是雅库宾斯基的具有方法论意义的方法的另一方面：音与意义的相互关系他是从语言角度，而不是从艺术作品角度来论述的。因此，照雅库宾斯基的说法，音与意义之间的相互关系就应发生在语言本身的各个成分的范围内：在某个词的范围内，在作为纯语言单位的句子的范围内，等等。由此做出了关于语言本身之中音与意义相符合，关于两者之间的这种相符可能是稳定的，甚至是固定不变的结论，例如元音带有固定的情感色彩。

如果这种固定的感情色彩可能存在，那么语言本身之中音和意义之间也就可能存在固定的相符合的关系。总之，雅库宾斯基和其他诗语研究会成员谈的是语言本身之中的音：词中的音、句子中的音等。

但是在问题的这种提法的基础上，只可能做出关于意义和音相符合的最不实际的假设——这种假设非常妨碍问题的正确解决，因而早就应该抛弃。语言中音和意义之间谈不上有任何的符合②。

可是，这一点与我们提出的诗歌中音的结构意义问题甚至毫无关

---

① 什克洛夫斯基：《诗学》，第49页。——作者
② 不错，后来形式主义者抛弃了诸如此类的假设和设想。但是他们到底未能对语言中的音和诗学结构中的音做原则上的区分。——作者

系。音与意义发生相互的结构关系,不在词里,不在句子里,也不在独立于作品的即作为某种语言现象的另一成分里,而正是在整个诗歌作品里。每一部诗歌作品本身是独一无二的和不可重复的,仅仅因为这一点,音和意义就不可能固定不变地相符合。作品的统一完整的意义是独一无二的和不可重复的,它的统一完整的独特的音的样式也是独一无二的。可以说只在这些独特的统一体之间有相符合的情况。因此,这种相符合本身是独特的和不可重复的。

诗学结构中的音不仅是词、句子、圆周句和整个语言的成分,而且是作品的不可重复的音的整体的成分,它正是作为这样的成分而与其他成分发生相互的结构关系的。

任何具体的表述都是密集的和统一的音的整体。科学原理和某些文学作品——例如某些体裁的小说——里表述所具有的由音构成的物质实体,不经过艺术加工,也不进入诗学结构。这里每个音只是作为词、句子等的音,也就是说,它对理解意义来说,只担任"语言记号"的辅助功能[1]。

在另一些诗歌作品中,例如在一般的诗里,音的整个实体经独立的艺术加工后开始具有结构意义。节奏、诗的分节、韵脚、音的重叠就是音的整体经过这种加工的表现。只有在整体中才能理解这些东西的结构意义,因为它们所组成并以各种方式加以调整的,正是音的整体。

它们的目的是造成这样一种印象,即音的整个实体具有物质的统一性和组织性。这个整体是在现实的时间和现实的空间里组成的,尤其是那种用于高声朗诵的诗歌体裁,更是如此。意义及其组织能满足这个物质的整体的要求,并在与它不断的联系中构成和展开。因此,一方离开另一方也就无法理解。只有在结构的统一体中,音作为它的一个因素,才成为诗学的音,意义才成为诗学的意义,两者的相互关系

---

[1] 当然,在这里音的整体也不顾它的纯记号意义而做某种调整。任何地方都不允许绝对地忽视它。但是这里我们可以不提,因为这种情况没有发生。——作者

才不是偶然的,而是结构性的相互关系。在独立于作为一个整体的话语的组织之外的语言本身之中,任何这样的事都不会发生。

应当这样提出诗歌中音的问题。

然而这里应当指出形式方法在这个问题上的功绩。形式主义者虽然走在错误的道路上,但他们仍然扩大和加深了作品音的组成的研究。指出音的重叠现象①,指出音响的质的方面具有比过去所认为的更大的条理性,这些无疑是取得的成就。不过他们仅限于记录纯粹的外部现象,有时甚至是大可怀疑的现象,根本谈不上对这些现象有真正的理解。但是现象本身以及与其相联系的问题毕竟提出来了,并被提上了科学研究的日程。

为了正确地提出音的结构意义问题,还必须考虑到一个极其重要的方面。

上面说过,作品的音的实体是在现实的时间和空间内组成的。现在我们应当指出,这个时间和空间具有社会性。这个时间和空间是社会交际的条件。

作品是社会现实的一部分,而不是自然界的一部分。它的自然的物质性可以撇开不论。艺术地组成的不是物理学的音,也不是发出和接受音的心理行为。组成的是有社会意义的音,是社会交际的意识形态实体。在个体和自然界的范围内,无法理解它。

因此,有意义的音及其组成的问题,与社会听众问题、与讲话者与听众的相互交流问题、与他们之间的等级距离问题相联系。有意义的音是相互影响的社会行为的成分,它根据这种行为的性质而发出不同的声响。对有意义的音及其组成来说,它的社会听众具有决定意义。

形式主义者对有意义的音的所有社会学问题,统统视而不见。他们把诗歌的"自在的语言"与交际的词,即作为"生产工具"的词对立起来,把它降低到个人消费品的水平。在他们列举的大多数例子中,音素只不过是个人使用的。音素脱离交际,关闭在发音器官或听觉器官的感觉

---

① 勃里克的文章《音的重叠》,见论文集《诗学》。——作者

中,也就是说,被归结为个体中以获得快感为唯一目的的过程。

什克洛夫斯基发表的意见值得注意,他说:"在欣赏什么意义也没有的'玄奥的语言'时,言语的发音方面无疑是很重要的。也许诗歌带来的大部分快感甚至就在于发音方面,在于言语器官的别具一格的跳动上。"①

这说明他信奉最天真的艺术享乐主义。什克洛夫斯基从根本上歪曲了诗歌的音的真正性质。音不在机体内,不在自然界,音在人们之间,而且在社会上有组织的人之间。

如果脱离开这个组织的具体条件,它就不可能被理解②。

因此,对作品中音的整体如何组成的研究,不能脱离利用音的有组织社会交际活动的研究。

下面做一下总结。

(1)与"文学"的概念相符的实际的现实,是艺术作品或更加简单的诗歌表述,而完全不是那种引导形式主义者远离这一现实的诗歌语言。艺术作品的结构应成为诗学的对象。

(2)在研究文学过程中,可以和应当把它与不是文学的东西进行对比,但是这种对比绝不应当变为两者的对立,而且对比时随时都应揭示文学的实际内容。

(3)文学作品只可以与意识形态创作的其他产品——与科学的、道德的和其他的构成物——相对比。没有任何理由能说明文学作品仅仅只与生活实用语言对比的做法是正确的,更不必说把两者对立起来的做法了。文学与意识形态的其他领域发生着实际的和积极的相互影响,但与生活实用话语的相互影响最小。文学主要与生活实用表

---

① 什克洛夫斯基:《诗学》,第24页。——作者
② 在上述的所有议论中,我们完全没有提到与诗歌的音有关的一系列问题。因为不是任何时候都组成可听到的很响的声音。可能组成发音的音。还可能组成音的和发音的可能性而不求真正地实现它。所有这些问题都很复杂,并且也与作为相互的社会影响问题的听众问题紧密联系着。另外,我们也没有研究表情语调问题,这种语调与句法语调和一般语言的语调有所不同,它决定于话语的不可重复的、独特的、统一完整的意义。——作者

述发生相互影响的现象,仅仅只对那些十分罕见的、颓废的流派来说具有代表性。

（4）作为文学流派的未来主义,其精神视界异常狭窄和贫乏。它不提道德问题和认识问题,不关心意识形态视野的某些重要方面的形成。未来主义与真正讲究内容的文学流派不同,它回避现代深刻的思想冲突而退居一旁。未来主义作为一个纯粹进行当众表演的流派（至少在革命前的那个阶段是这样）,它所根据的是庸俗的观点,靠发表各种生活实用言论吸引人,首先力图用奇谈怪论使小市民大吃一惊,把他们狭隘的实际生活逻辑翻转过来。形式方法片面地取法于未来主义的现象,在它把生活实用语言与诗歌语言对立起来的做法上表现出来。这种单纯的对立的片面性和绝对性,在任何情况下都可由未来主义诗学的影响来解释。

第二章　材料和手法是诗学结构的组成部分

"玄奥的语言"是诗学结构的理想境界

我们已经指出,在"诗语研究会"的三个论文集里,主要讲的是诗歌的音的问题——头两个集子几乎全都是讲这些问题的。这些集子提出的战斗口号是"玄奥的语言"。

"玄奥的语言"最充分地表达了形式主义者的艺术的(未来主义的)意向和理论目的。后来它对形式主义者来说,仍然是任何艺术结构力求达到的理想境界的表现。

"玄奥的语言"成为用来理解诗歌创作所有主要现象的公式。例如,它成为用来理解果戈理的故事体小说的公式。请看艾亨鲍姆在其已成为形式主义的经典著作的《〈外套〉是怎样做成的》一文中是如何确定故事体小说的:

"……果戈理的文本的基础是故事(сказ)……他的文本由生动的

言语观念和言语情感所组成。不但如此,这种故事具有不单纯叙述、不单纯说话的倾向,而且在面部表情上和发音上再现词、句子不只是按照有逻辑性的言语的原则,更多地按照富于表情的言语的原则来选择和连接,在后一种言语中发音、面部表情、发音动作等起着特殊的作用。由此产生了它的语言中音的语义学现象:在果戈理的言语中,词的语音外壳、它的音响特点,不管逻辑意义和实物意义如何,都成为有意义的。发音和音响效果作为表达手法,被提到首位。"①

什克洛夫斯基把果戈理的风景描写称为"语音的"风景描写,因为它们仅仅只是说明语音的构造的依据②。

玄奥的词语也是用以理解小说构造的公式。请看什克洛夫斯基是怎样说明《项狄传》这部"世界文学中最典型的小说"的:

"斯特恩在形式方面是极端的革新者。他的典型做法是裸露手法(обнажение приема)。艺术形式的运用没有任何依据,只不过当作艺术形式来使用而已。斯特恩的小说和一般小说的区别,与用选音法写的一般的诗和未来主义者用玄奥的语言写的诗的区别完全一样。"③

根据形式主义者的学说,玄奥的语言就这样处处成为艺术结构的理想境界。艺术只是偶尔才完全达到这个境界,例如在未来主义者的玄奥的诗中;但是力图达到这个境界的要求,则是任何艺术的具有决定意义的内在本质。因此,对每个艺术结构现象,形式主义者都朝这个境界的方向进行循序渐进的研究。

艾亨鲍姆在他最近发表的一篇文章《文学与电影》里,十分明确地表达了各种艺术对"玄奥语"境界的追求。

他在文章里写道:"艺术的最初本性,只要求利用人的机体中被排除在日常生活之外或只在其中得到部分的和单方面的利用的能量。这就是艺术的生物学基础,它使艺术具有寻求满足的生活需要的力

---

① 什克洛夫斯基:《诗学》,第153页。——作者
② 什克洛夫斯基:《散文理论》,第171页。——作者
③ 什克洛夫斯基:《散文理论》,第139页。——作者

量。这个基础实际上是游戏性的,并不与固定的'意义'相联系,它体现在'玄奥的''作为目的本身的'倾向之中,这些倾向从每一种艺术里流露出来,是艺术的有机的催化剂。通过利用这种催化剂使之成为'富于表现力的东西',这就组成了作为社会现象和作为特殊类型的'语言'的艺术。这些'作为目的本身的'倾向有时完全显露出来,成为艺术革新者的口号——那时就开始谈论'玄奥的诗歌''绝对音乐'等。'玄奥性'与'语言'之间经常不断地不一致——这就是支配艺术演变的内在的辩证法。"[1]

形式主义者的理论为什么断定玄奥的词语具有这种决定一切的意义呢?

通常的有意义的词语,不能充分表达出其物质的、物的现存性,不完全与之相一致。它具有意义,因而它要表现事物,表示词以外的意思。而玄奥词语完全与其本身相一致。它不越出自己的范围,它只不过作为一个成形的物体存在于此时此地。

形式主义者担心"非此时此地"的意义能破坏作品的物性及其此时此地充分的现存性——这种担心对他们的诗歌语音起了决定作用。因此,形式主义者力求确定:意义及其共同性、超时间性、外时间性与作为单个物品的作品的现存性之间成反比。"玄奥的词语"的思想就符合这一公式的要求。

这种反比也成了研究情节时的指导思想。我们知道,形式主义者在情节问题上完成了从研究诗歌语言问题到研究结构问题的摇摆不定的过渡,在情节问题上也首次确定了把诗歌结构分解为材料和手法的基本做法。

情节的展开

形式主义者在其初期就区分了散文作品展开结构的两种方法:情

---

[1] 艾亨鲍姆:《文学》,第298页。——作者

节的展开和讲故事。

首先讲一下情节的展开。

必须把情节(сюжет)和本事(фабула)加以区别。这种区别在形式主义者的理论中是十分重要的。这里特别清楚地表现出他们的学说的基本倾向。

本事是构成情节的基础的事件,包括生活上的事件、道德上的事件、历史事件以及别的事件。这个事件本身发生于现实的时间内,延续几天或几年,具有一定的思想意义和实践意义。所有这一切成为形成情节的材料。情节在表演和接受——读或听——的现实时间内展开。情节的路线是由插叙、阻碍、拖延、绕弯等所铺成的一条弯曲的道路。

什克洛夫斯基写道:"情节的概念过于经常地与事件的描写相混淆,与我建议称之为本事的东西相混淆。

"实际上,本事仅只是形成情节的材料。

"可见,《叶甫盖尼·奥涅金》的情节不是主人公与塔吉雅娜之间的恋爱,而是通过插进打断叙事的插叙的方法,对这个故事的情节加工。有一位俏皮的画家(弗拉基米尔·米克拉舍夫斯基)建议在这部小说里主要给插叙配插图(例如画'秀腿玉足')——从结构的观点来看这是正确的。"①

这样一来,情节就完全被纳入作为物的作品的框架内。它整个地存在于此时此地,在任何方面都未越出作品的范围。所有情节上的停顿、波折和重复,完全不是所叙述的事件的停顿和重复,而是叙述本身的停顿和重复;不是词语所描写的东西的停顿和重复,而是进行描写的词语的停顿和重复。因此情节上的重复完全与音的重叠(例如韵脚)相类似。

那么所描写的事件,即本事本身又是什么呢?本事作为材料,对形式主义者来说仅仅只是情节手法的动因(мотивировка)。例如,在叙述的事件中讲到主人公需要克服的各种困难和障碍,这些实际生活

---

① 什克洛夫斯基:《散文理论》,第 161 页。——作者

的障碍只作为情节上的阻碍,即叙述过程本身拖延的动因。如果叙述主人公的旅行(例如《堂吉诃德》),那么这旅行只作为串联手法的动因。总之,本事(即所叙述的生活事件)的每一个成分,只有在它作为某一结构手法,作为自有价值的、独立于所叙述事件和整体的叙事的某个成分的动因的条件下,才具有意义。

由此我们得出了形式主义的重要基本原理:材料是说明结构手法的动因,而结构手法则是自有价值的。

如果我们仔细观察这个原理,那么就可断定,这原理是形式主义者一开始就加以批判的那种见解的反面。因为按照通常的、在现实的基础上形成的素朴的观点,作品的内容,即所叙述的东西,是作为目的本身的东西,而叙述的手法只是技术性的辅助手段,形式主义者把这个原理翻转过来,给它的要素调换了位置。

但是把作品分解为技术性的辅助成分和以自身为目的成分这一完全不许可的做法,他们却保留了下来。

反面任何时候总比正面差。照以前的观点,描写手段仍然在作品中起重要作用。它们应与被描写的东西相适应,而且在这方面是不能取代和顶替的。完全不是任何手段都符合描写的具体目的,符合的只是某个独一无二的手段。

材料作为手法的动因,就成为某种无所谓的和可替代的东西。同一个方法能以极其不同的材料为动因。

实际上,任何动因在同等程度上都是好的。为了使插叙具有动因,可以把主人公关进监狱或安排他睡觉,让他进早餐或简单地擤鼻涕。形式主义者自己一直强调不同动因的各种同等价值。不但如此,还可以完全不要动因,可以"裸露手法"。手法因此而变得更为纯粹和艺术上更为完善,如同交响乐在音乐上比歌剧更纯粹和更完善一样。例如,斯特恩在《项狄传》里就是这样做的。

什克洛夫斯基说:"艺术的形式由其艺术规律性来解释,而不是由生活动因来解释。艺术家制止小说情节发展,不是通过写主人公离别的方法,而是通过各部分重新编排的方法,这样他就给我们指出了两种结构手法后面的美学规律。

"一般都断定《项狄传》不是小说。对说这样话的人来说,只有歌剧是音乐,而交响乐是杂乱无章的东西。

"《项狄传》是世界文学中最典型的小说。"①

可见,按照形式主义者的观点,艺术中的动因正在趋向于零。材料的每一个成分都是可以替代的,到极限时完全可以排除。死可用离别来代替,而要代替离别,只要把章节重新编排一下就行了。

词的意义只是它的音的动因。可以不要这个动因,这样我们就可得到自有价值的玄奥的词语——即达到诗歌的理想境界。在散文中也是如此,玄奥的手法——没有动因的手法——是最高目标。

形式主义的整个思想必然会产生对材料的这种理解,根据这思想,材料应该是绝对中性的。如果死不作为插叙的一种无关紧要的动因,而作为真正的死进入作品的结构,那么整个结构将完全是另一个样子。死就不能用重新编排章节的做法来取代。本事将由展开情节的无关紧要的支柱变为艺术结构中独立的和不可替代的要素。

材料是手法的意识形态中性的动因

关于材料具有中性的学说,在形式主义者的理论中占有十分重要的地位。

什克洛夫斯基的著作《情节组成的手法与一般风格手法的联系》一开头就批评了民俗学派。

根据民俗学派的学说,神话的母题是实际存在过的各种情况的反映。例如,父与子的搏斗反映了母权制,乱伦反映了原始的杂婚,神话中救人的野兽则是对图腾崇拜的回忆等。不同民族的神话母题,在没

---

① 什克洛夫斯基:《散文理论》,第161页。——作者

有进行过移植的地方出现吻合的现象，是由于生活条件和宗教信仰相似的缘故。

什克洛夫斯基反对民俗学派的这一学说，提出了情节组成的理论。

按照什克洛夫斯基的说法，存在着情节构成的特殊规律。母题的选择就可以由这些规律来解释。母题是从哪里出现的，它与现在或过去的现实的关系如何，这是无关紧要的；重要的只是它在情节中的功能。不同民族出现各种母题的复杂纠结，其原因不在于借用，而在于情节构成的规律具有共同性。照什克洛夫斯基的说法，情节组成的主要手法是阶梯式构造（ступенчатое построение）、对比法（параллелизм）、框套法（обрамление）和串联法（нанизывание）。

用以实施这些手法的材料——母题——本身是无关紧要的。手法不仅对这些母题与现实的关系是漠不关心的，而且对它们的思想意义也是不感兴趣的。情节构成的手法本身只是更加普遍的艺术手法的特殊运用。例如，属于阶梯式构造的有重叠及其特殊情况——韵脚、同义词反复、同义词反复排偶、心理描写排偶、延缓、叙事反复、神话形象、波折等。

重复的成分（在同义词反复时），或和谐的音（在音的重叠时），或平行的成分（在排偶时），其意义本身完全是无关紧要的。重复的成分可能是明显地无意义的。例如：

　　他找到了六颗子仁，
　　他拾起了七颗种子。

又如芬兰的《卡勒瓦拉》中说道：

　　第七天夜里她断气了，
　　第八天夜里她去世了。

同义词也起类似的作用,它们得到使用,不是因为有意义,而是由于对意义漠不关心的手法的要求。

什克洛夫斯基说:"在这个现象里,表现出一个通常的规则:形式为自身创造内容。因此,当语言中缺少相应的成对的词时,同义词的位置为任意的或派生的词所占据。例如:кудымуды,плюшки-млюшки(萨拉托夫省人常说)、пикиникимикиники(泰菲)、шалости-малости(敖德萨人常说)等。"①

一般说来,情节的各种情况就是如此。它们被选用只是为了使手法能得到运用。它们所包含的意义则是无关紧要的。例如,在父亲同儿子搏斗的情节中,重要的只是形式上的对照。

什克洛夫斯基给情节组成的分析做了如下总结:

"情节组成的方法和手法是相似的,即使与选音的方法相比,基本上也是相同的。文学作品是音、发音动作和思想的编织物。

"文学作品中的思想,要么是像词素的发音方面和音的方面那样的材料,要么是一种异体……

"神话、故事、小说都是母题的组合,歌是风格的母题的组合,因此情节和情节性是像韵脚一样的形式。在分析艺术作品时,从情节性的观点看来,未见有使用'内容'这一概念的必要性。"②

故事的构造

作品结构展开的另一方法,是讲故事。研究它的有艾亨鲍姆的奠基性文章《〈外套〉是怎样做成的》。

故事如同情节一样,用来组织作品的现存性及其"此时此地"性,它利用全部有意义的材料仅仅是为了给单纯玩弄手法提供动因。这里重心由情节转移到作者个人的声调和讲故事的方法本身。

---

① 什克洛夫斯基:《散文理论》,第30页。——作者
② 什克洛夫斯基:《散文理论》,第50页。——作者

根据艾亨鲍姆的看法，果戈理的这部中篇小说是怪诞作品，其中笑的面部表情与悲痛的面部表情相互交替，同时两者不过是玩弄语言动作和语调的做法的交替而已。作者也从这个意义上来解释著名的"人道的段落"。在总的俏皮的风格里，突然增添了感伤的情节剧似的夸张语调，造成了强烈的怪诞效果。

艾亨鲍姆说："情节剧式的细节用来与滑稽故事相对照。文字游戏式的俏皮话用得愈巧妙，破坏滑稽游戏的手法当然就应当更充满热情和更加模仿感伤的简单做法。严肃思考的形式不会产生对照，不能使整个结构具有怪诞的情节。"①

这样一来，故事叙述的对象，即这里所说的整个有意义的内容，只不过是讲故事的动因，而故事本身则是言语动作的总和。原则上故事可以不要这个动因。于是，照艾亨鲍姆的看法，果戈理的故事有时可以成为无意义的东西②。

形式主义者就是这样理解材料的。

"材料和手法"是"内容和形式"的反面

在建立材料的概念时，他们的指导思想是：把具有直接思想意义的以及过去称作文学的内容而被认为是其中最重要的东西的一切，都归入材料。现在这些东西只是材料，只是手法的动因，这动因完全可以被替代，极而言之，完全可以取消。

可见，形式主义关于材料的概念的基本倾向就是贬低内容。

在材料和手法背后，我们一眼就可看出过去所说的形式和内容这两个东西，而且这里对它们做了最简单的和实际的解释。形式主义者只不过把它们翻转过来罢了。

形式主义者毫无顾忌地贯彻这样的意图，想把一切有思想意义的

---

① 艾亨鲍姆：《文学》，第 162 页。——作者
② 艾亨鲍姆：《文学》，第 153—157 页。——作者

东西贬为手法的可替代的动因。他们根本不怕发表奇谈怪论。就连陀思妥耶夫斯基的思想也成了手法的动因。

什克洛夫斯基说:"许多情节,例如裁缝打死巨人,大卫杀死歌利亚①,青蛙吞了大象等,建筑在矛盾修饰法(оксюморон)之上。情节在这里起着证明矛盾修饰法——同时也是为它提供动因——的作用。陀思妥耶夫斯基书中的'为生活辩护'——马尔麦拉多夫在最后审判时关于酒鬼的预言——也是矛盾修饰法。"②

什克洛夫斯基也对罗扎诺夫的作品做了这样的解释。艾亨鲍姆比较含蓄地,但也基本上把同样的思想用于解释列夫·托尔斯泰的创作上。小说中所包含的自传性材料、自白、道德激情等,也都成了手法的动因。

材料各成分的结构意义

根据形式主义者的学说,诗学结构是什么呢?是手法的总和。"文学作品的内容(这里也包括灵魂)等于其修辞手法之和"③(什克洛夫斯基语)。所有手法的目的只有一个——创造可感觉到的结构。每个手法都以其本身的方式解决这唯一的课题。形式主义者不承认有其他任务。

现在请问:究竟什么东西是作品中可感觉的东西呢?对形式主义者来说,当然不是材料。因为材料是一个趋向于零的值。应该感觉到的是构造本身。可是构造的目的在于造成其可感觉性。结果我们就会得出一个荒谬的结论:手法可被感觉到,而其唯一的内容是造成可感觉性。

得出这个荒谬的结论完全是必然的。

---

① 《圣经》中的勇士,他身体高大,作战时所向无敌,后为大卫所杀。——译者
② 什克洛夫斯基:《散文理论》,第170—171页。——作者
③ 什克洛夫斯基:《罗扎诺夫》,第8页。——作者

倘若具有思想意义的材料变成可感觉的东西,那么它不再是中性的动因,会带着它的全部意义进入作品的结构。倘若情节手法使得本事,即所描写的生活事件本身成为可感觉的东西,那么这个事件不再是可替代的动因,不再是反面而成了正面。因此,阻碍能使人感觉到的只是阻碍本身,而不是被阻碍的事件;重复使人感觉到的是重复性本身,而不是重复着的实物内容,等等。实际上,变得没有任何东西可以感觉了。

对形式主义者来说,没有走出这条死胡同的出路。他们完全不可能承认材料本身,即具有道德、认识及其他价值的东西本身的可感觉性。这样做就意味着承认他们无法承认的东西,因为他们的整个理论就是对于这一点的否定。因此他们就只好面对徒有形式的手法的体系而无所作为。

手法用于中性的材料,从而本身也成为中性的东西,失去了任何实际意义。形式主义者的手法的唯一的品格是其新颖(这当然是相对的),按照他们的理论,它可由读者"感觉到",或在生活实用语言的背景上,或在另一部作品、另一个流派、另一种风格的背景上"感觉到"。

总之,手法没有任何实际内容,只是与他物的单纯的"区别"。

形式主义关于作为手法的总和或"体系"的结构的概念,实际上只是某一诗学话语与生活实用语言或与其他诗学表述的区别的"体系"。这个区别的体系可以感觉到。对形式主义者来说,没有而且也不可能有可感觉性的其他内容。由于把材料贬低为空洞的动因,手法就成为完全空洞的东西。

但是理论与其对象的矛盾还不止于此。

出现了一个新的问题:如何在手法与材料之间划一条界线?前者在何处结束,后者在何处开始?

"材料"(материал)这个词本身在这种用法上,是极其含糊的。因为它使人这样认为,艺术家得到的是具有现成形式的材料,它是自然界的产物。雕塑家这样得到大理石,木刻家这样得到木头,等等。

他们的工作只是修饰这种未加工的材料。艺术家不制造材料,他只是事先在自然界找到它。

我们觉得,关于艺术中的材料的说法,只有在艺术家事先找到的,而不是他根据艺术创作计划创造的东西的意义上才能成立。然而形式主义者所理解的材料,绝不是艺术家事先找到的,而完全是由他根据艺术构思创造的东西。可以说语言是文学的材料,日尔蒙斯基就是这样说的,因为语言就其语言学的规定性来说,确实是艺术家个人所找到的。

把本事(作为一定的生活事件)、主人公、思想以及一切具有思想意义的东西都归入材料是不行的,因为这一切离开作品就不以现成的东西而存在。这一切是在作品之中创造的,以其每一个细节反映作品构思的整个合理性。

我们并不是无缘无故地对这个词进行挑剔的。因为形式主义者把手法的动因叫作"材料",并把一切有思想意义的东西归到它那里。他们想用这个词来强调它的非艺术性,强调它在艺术结构中起辅助的技术作用。他们想以此有意制造假象,使人推测材料是艺术家事先找到的。

实际情况当然不是这样。不管拿哪一个(形式主义者所说的)动因来看,我们都可断定,它对艺术构思来说具有直接的实质性。

例如本事不仅在情节展开过程中开始具有完整性,即使我们撇开这个展开过程(当然在一定程度上),本事并不因此而失去其内在的完整性和内容。

具体说,如果我们撇开《叶甫盖尼·奥涅金》的情节展开过程,即撇开所有的插叙、间歇、阻碍,我们当然就会破坏这部作品的结构,但是塔吉雅娜和奥涅金整个恋爱过程构成的本事仍保留下来,保持着内在的(生活的、道德的、社会的)合理性。

不论材料在作品结构中担任何种功能,在它内部居于主宰地位的是其有机的规律性。但是尽管如此,材料的每一个原子也都贯穿着纯艺术的规律性。

材料整个地是按艺术方法安排的。不管是材料的哪一个小小的成分,其中非艺术的(道德的、认识的和其他的)规律都与纯艺术的规律性发生直接接触。因此,虽然我们也可像形式主义者所理解的那样,把本事与情节加以区分,本事本身仍然完全是艺术地组织好的。把"单纯的材料"与其艺术的组织工作分开,是完全不可能的。

对形式主义者关于材料和手法的学说的批判

总之,在材料和手法之间不能划分任何界线。在形式主义者进行划分的范围内把两者分割开,是没有任何重要的理由的。

不但如此,如果我们深入研究一下"动因"这一概念本身,那么就可断定,这个概念对说明艺术结构的任何方面或成分来说,都是毫无用处的。我们这里挑剔的不是用词,而是"动因"这一概念本身,是形式主义者赋予这个概念的意义。

对艺术中的"动因"这一概念,可以提出两种反对意见。

第一,动因是有条件的和可逆的。

事实上,绝对没有任何理由要求我们认为,成为动因的恰恰是艺术作品的这一成分而不是那一成分。例如,为什么非得认为离别是阻碍的动因,而不是相反——阻碍是写离别者的动因呢?为什么一般都不把手法看作是不断引入新的和各种不同的材料的动因?实心实意地接受艺术的人正是这样接受任何一部作品的。

在作品本身之中并不做任何说明,指出什么东西的引入本身就是目的,什么东西是做这样的引入的动因。只有在不好的艺术作品中会有这样的段落,它没有明显的结构意义,只作为引入具有结构意义的其他成分的动因。然而这样的段落的出现,并不是由艺术家的构思决定的,而是由于他不善于实现自己的构思而造成的。

在这方面,形式主义者对艺术中的所谓"手法的裸露"的误解,很能说明问题。这里指的首先是什克洛夫斯基对《项狄传》的解释和后来艾亨鲍姆对欧·亨利的短篇小说的解释。

《项狄传》不是对好的、艺术上合理的小说的讽刺性模拟,而是对不好的小说,同时也是对不好的生活的讽刺性模拟。在项狄的家里,什么都不挂在应挂的地方;小说中也是这样,什么都不放在应放的地方。模拟不好的小说,只是《项狄传》的一个方面。什克洛夫斯基说,在这部作品里"通过破坏形式而达到的对形式的理解,构成了小说的内容",这种说法完全不对。

我们的任务并不包括揭示这部小说所包含的、什克洛夫斯基的著作根本没有涉及的实际内容。我们觉得这里重要的只是模拟成分的实际意义。这里模拟的是不好的文学,是从斯特恩本人的观点来看的不好的文学。斯特恩所理解的不好的文学,恰恰完全符合形式主义者的制作法。模拟的是什克洛夫斯基理解的小说,其中材料利用得很笨拙,阻碍可感觉出来,情节的展开(照什克洛夫斯基的看法)排挤了本事。同时应补充说一句,模拟的主要是外部构造的不熟练的技术。

欧·亨利的小说也是如此。

作者讽刺性地模拟坏的工业小说,这种小说具有美国式的平淡无奇和庸俗的特点。实际上欧·亨利并不裸露小说的实际构造,而是恶意地模拟美国报纸上刊登的粗制滥造的短篇小说。

艾亨鲍姆下面的一段话值得注意:

"整个小说建筑在这样的不间断的讽刺和突出手法之上,仿佛欧·亨利学过俄国的'形式方法'并且经常与维克多·什克洛夫斯基交谈过。而实际上他当过药剂师、牧马人、出纳员,坐过三年牢——总之具备成为一个写日常生活的普通作家的一切条件,'老老实实'写出人间的许多不平。"[①]

确实,欧·亨利如果真的和什克洛夫斯基谈过话,那么当然也会把他作为讽刺模拟的对象。但是艾亨鲍姆的大惊小怪使人难于理解。

[①] 艾亨鲍姆:《文学》,第195页。——作者

美国也有很多像什克洛夫斯基那样理解文学的人。欧·亨利正是把对文学的这种理解作为他嘲弄和讽刺的对象。

我们还倾向于认为,正因为他当过药剂师、牧马人、出纳员等,熟悉生活及其真正动力,他才这样毫不留情地嘲笑低劣的文学模式。他了解生活的真正价值,因而了解这种"文学"的价值。

艾亨鲍姆最后的一句话完全不可理解。他本人十分清楚,欧·亨利正是一位写日常生活的作家,他确实"老老实实地"写出了人间的许多不平。艾亨鲍姆也清楚地知道,对坏文学的讽刺模拟在欧·亨利的创作中只占不大重要的地位。他本人在文章开头写道:"对美国读者来说,他的那些写纽约女店员的动人小说能说明更多问题。"[1]他还指出,在欧·亨利的美国小说集里,占主要地位的是写日常生活的感伤小说。完全不可理解,文章作者究竟为了什么需要有意地歪曲实际情况。

手法的裸露这一说法的情况,总的说来很不妙。无论什么东西也不能这样清清楚楚和明明白白地证明,实质完全不在于形式主义者所理解的手法,材料完全不是像《项狄传》之类的作品的动因。

如果不是完全被自己的理论蒙住眼睛的话,那就不会看不见,他们为证明自己的理论所列举的例子,实际上是对它的最好的反驳。为了确信这一点,只要注意到这样一个事实就够了,即《项狄传》是一部包含着对世界的深刻认识的小说,其中利用了大量的思想材料,而且完全不是作为手法的动因而利用的,手法是裸露的,也就是说,是未经说明动因的。这些作品对不好的文学构造做了成功的和深刻的讽刺性模拟,从中可以特别清楚地看出,手法和动因这两个概念具有相对性,可以轻易地发生移位,它们在实际艺术结构中是完全站不住脚的。

总之,第一个反对意见可以归纳如下:在作品中并不存在用来区别什么东西本身就是目的,什么东西只是引入这一成分的动因的标准。

---

[1] 艾亨鲍姆:《文学》,第169页。——作者

我们可以认为任何成分本身就是目的,于是与它发生必然联系的其他成分就成为它的动因,我们有同样理由可以认为形式主义者所理解的手法是动因而思想材料是目的本身。我们有同样理由可以断定,诗行中的某个词是为"押韵"而选用的,或者相反,韵脚是为使用这个词而选用的。

只有在艺术构思与其实现之间有明显的矛盾时,即在作品从内在标准的观点看来写得不成功时,才有实际的标准。只有在这种情况下,作品中才出现结构上多余的成分,它们只用来引入其他的成分。除了这个特殊情况外,区分动因和手法的做法,只会给诗学结构的解释增加任意性和很坏的主观性。

但是还有一种反对艺术作品中"动因"这一概念的更加重要的意见,即认为只有本身没有内在意义的事实才需要有动因。

如果手法像形式主义者所理解的那样真的就是目的本身,那么动因的概念就不可能产生。这时把材料理解为手法的动因就会变得最不合适。手法就会不需要有动因。

但是显而易见,形式主义者自己也理解手法的空洞和无意义,理解它内在的不合理性。无怪乎他们认为"手法的裸露"只可能以讽刺模拟形式出现。

可以反过来提出这样的说法:只有那种自有意义的、不需要任何外部的论证和动因的现象,才能获得艺术结构意义。"动因"的概念是与艺术结构的本性格格不入的。这个概念可以存在于技术、生活实践以及认识之中。艺术中恰好没有动因,因此没有任何原则上可替代的和消除的、趋向于零的东西。艺术作品中某一成分的可替代性,显然是结构的一种不合理性。

可见,除了手法和动因的区分本身是人为的之外,"动因"这一概念本身也是与研究的对象——艺术结构——的本性格格不入的。假如形式主义者不把诗歌语言与生活实用语言的某种功能对立起来,而是试图把诗学结构与技术、认识、时代精神相对比,以便真正说明意识形态的这些领域的区别,那么他们永远不会在诗学结构范围内把手法和动因对立起来。

总之,把诗学结构分为手法和材料的做法显然是缺乏根据的。所有被形式主义者归入材料的一切,都具有毫无疑问的结构意义。而被他们称为手法的东西,则是空洞的、没有任何内容的公式。

蒂尼亚诺夫著作中对"材料"这一术语的第二种理解

然而必须指出以下一点。上面分析的对材料的理解,对形式主义流派来说是基本的理解。它早在诗语研究会的初期就完全形成了,是形式主义体系的一个最重要的和不可排除的组成部分。

可是到后来,某些形式主义者和这一运动的同路人还赋予"材料"这一术语另一种意义。

上面已提到过日尔蒙斯基对材料的理解。我们发现,他把作为语言现象的语言、词语理解为文学的原始材料。

但是只能把日尔蒙斯基看作是形式主义的同路人。而蒂尼亚诺夫也持同样的看法,不过有时(在方法论上没有任何明确性)偏离这一术语的第一种基本的理解。

对蒂尼亚诺夫来说,词语本身是文学的材料。

他说:"研究语言艺术有两种难处:第一,从定型下来的材料的角度进行研究,用来表示这种材料的最简单的东西是言语、词语;第二,从这种艺术的结构原则的角度进行研究。"[①]

后来蒂尼亚诺夫试图对材料的结构意义加以论证——不过这里所说的材料,是作为语言而完全不是作为手法的动因理解的。他说:"在这种情况下,忽视了材料因其作用和用途不同而产生的成分

[①] 蒂尼亚诺夫:《诗歌语言问题》,第7页。——作者

和意义上的不同;忽视了在词语内有不平等的成分,根据其功能,一个成分可以用压低其余成分的办法而提高自己,结果这些其余的成分发生变形,有时被压低成为中性的东西⋯⋯'材料'的概念并不越出形式的范围——它也是形式的东西;把它与非结构成分混淆起来,是错误的。"①

可见,这里谈的是被理解为诗歌的原始材料的语言中不同的语言成分的结构意义,完全不是被理解为手法的动因的思想意义,也就是说,完全不是"材料"这一术语最初的和基本的意义。

在最初意义上的材料,像动因一样,在整个形式主义艺术观点未被破坏的情况下,是不可能具有独立的结构意义的。

须知到那时就不能再讲什么"艺术是手法"了。雅可布逊的下列带有纲领性的著名论点就将是根本错误的:"如果关于文学的科学想成为科学的话,它就得承认'手法'是自己唯一的主人公。"②而形式主义的手法干脆就会完全消失;它们将被进入结构的自有意义的思想材料完全吞没。

因此,艾亨鲍姆关于"材料"的概念在形式方法的历史上发生了演变的说法,是完全不对的。他正好把蒂尼亚诺夫的书看作是这一演变的主要阶段。

艾亨鲍姆写道:"我们从作为结构的情节的概念转到作为动因的材料的概念上,而由此又进一步把材料理解为根据主要构形成分的性质而加入结构的成分。"③

艾亨鲍姆的这段话,是建筑在 quaternio terminorum(四个术语)上的。结构所接受的,完全不是最初被理解为手法的动因的那个思想材料。这个材料一直留在结构之外。

不这样也是不可能的。说实在的,如果思想、道德行为、问题等成

---

① 蒂尼亚诺夫:《诗歌语言问题》,第8页。——作者
② 雅可布逊:《现代俄国诗歌》,第10页。——作者
③ 艾亨鲍姆:《文学》,第148页。——作者

为文学作品的结构因素,那么形式主义还剩下什么呢?

诗学结构问题的正确提法

形式主义者提出的和被他们不正确地解决的问题,仍然原封不动地存在着。

如何在艺术结构的统一体中,把单个作品的直接的物质现存性、它的"此时此地"性与注入其中的思想意义的无限远景结合起来?如何把表演、听或读的现实时间内叙事的展开与观念中长达数年的时间内所叙述的事件的展开结合起来?

我们深信,形式主义者提出的解决方法是经不起批评的。他们错误地认为,具有充分性、共同性和广度的意义,无法包括到具有个别的、此时此地的实物的现存性的诗学结构中去。这种对艺术中的意义的害怕,使得形式主义者把诗学结构归结为作品的单纯的外围和外部的方面。作品失去了自身的深度、三维性和充实性。材料和手法就成为对结构的这种平面的理解的表现。由于他们确定了意义和艺术的自我意义的反比关系,就必然会使得作为中性材料的组合的手法成为形式主义的空洞的东西。

问题应当用另一种方法来解决。

提出的问题在下列情况能得到解决,如果能在艺术作品中找到这样一个成分,这成分既与词语的实物的现存性有关,又与词义的意义有关,它像媒介物一样,把意义的深度和共同性与所发的音的个别性结合起来。这个媒介物将会创造一种可能性,使得能够从作品的外围不断转向它的内在意义,从外部形式转向内在的思想意义。

历来正是这样从寻找这种媒介物的意义上来理解诗学结构的问题的。

现在,在西欧的诗学中,对这个任务有特别清楚的认识。多数人认为解决这个问题的关键在于"词的内部形式"的概念。在我们俄国,洪堡的"内部形式"传统的继承者波捷布尼亚在其形象理论中,正是这样理解和解决这个问题的。

形象正是那个把音的可感觉的具体性与其意义的共同性结合起来的媒介。形象是直观的和几乎是可感觉的,因而与音的个别的、现有的物质性有某些共同的地方。它是能进行概括和典型化的,能用象征的方法扩大自己的含义,因而与意义相近。

象征主义者也像上面所说的那样提出诗学结构的问题。对他们来说,象征和象征性的含义担任着把外部的记号和内部的意义结合起来的功能。

所有这些解决办法都是在唯心主义的基础上找到的,与个人心理上对意识形态创作的理解结合在一起,对我们来说都是不能接受的。但是他们正确地指出了解决问题的途径。

值得注意的是,形式主义者在批判象征主义者和波捷布尼亚的形象理论时,完全不懂得问题的意思,没有注意到问题的真正重点。这是可以理解的,因此他们从一开始就砍掉了意义,指靠玄奥的词语,结果必然会放过问题而不加注意。

社会评价及其作用

那么把词的物质现存性与其意义结合起来的因素究竟是什么呢?

我们认为,这样的因素是社会评价(социальная оценка)。

不错,社会评价并不只是属于诗歌的东西。它存在于每一个活的词语中,因为词语包括在具体的个别的话语之中。语言学家撇开社会评价,因为他们不管表述的具体形式。因此在作为抽象的语言学体系的语言中,我们找不到社会评价。

社会评价是什么呢?它在语言中,更确切地说在表述中的作用如何?它对诗学结构有何意义?

在单个的词中,不管具体的表述如何,就是说在"词汇的词"中,意义与记号之间的联系完全是偶然的和技术性的。这里的词只不过是一个符号。在词这个个别的事实与其意义之间有断裂处,只有通过它们之间的机械的联系和联想才能加以弥合。

但是个别的,即便由一个词组成的具体表述的情况有所不同。任何具体表述都是社会行为。它虽然也是单个的物质的——音的、发音的、视觉的——综合体,但同时是社会现实的一部分。它用来组织旨在引起反应的交际,本身也对某些东西做出反应;它不可分割地被编织进交际活动之中。它的个别的现实性,已不是自然体的现实性,而是历史现象的现实性。不仅话语的内容具有历史意义和社会意义,而且将它口头发表以及一般说来在此时此地、在一定情况下、在一定历史时期、在一定社会环境中将其实现的事实本身,也都如此。

总之,表述的个别的现存性本身具有历史意义和社会意义。它从自然界的现实性的范畴变为历史现实性的范畴。表述已不是自然体和自然过程,而是历史事件,尽管是无限小的。它的个别性是一定时代和一定社会条件下的历史事实的个别性。这是社会历史行为的个别性,它与自然物和自然过程的个别性有原则的区别。

但是作为表述的词语本身通过实现它的个别行为进入历史,成为历史现象。因为正好是这个意义而不是别的意义成为此时此地讨论的对象,正好是它被人们所谈论,并且正好是这样谈而不是那样谈,正好是这个意义进入谈话的人的视野——这一切完全决定于社会历史条件的总和以及这个个别的表述的具体环境。

而且在这个社会集团所熟悉的极为多样的事物和意义之中,正好是这个一定的意义、一定的事物进入此时此地的谈话者或进行思想交流的人的视野。在意义与行为(话语)之间,在行为与具体社会历史环境之间,建立起了历史的、有机的、实际存在的联系。记号的物质的特殊性与意义的共同性和广泛性在话语这一历史现象的具体统一中融合起来。

不错,这种融合本身是历史地具体的。在表述的具体历史行为中建立的记号与意义之间的有机联系,只为这一表述和实现表述的这些条件而存在。

假如我们把表述与社会交流割裂开,使其物化,那么我们就会丧失已取得的它的所有成分的有机统一。词汇、语法形式、句子以及语言学上一切具有规定性的东西,如脱离开具体的和历史的话语,就会变成仅仅可能存在的、尚未具有历史个性化意义的技术记号。意义与记号的这种有机联系,不可能成为词汇的、语法上固定的和采取沿用的相同形式的联系,也就是说,它本身不可能成为记号或记号的固定成分,不可能语法化。建立这种联系,为的是破坏它,然后重新建立,不过已经是以新的形式和在新的表述的条件下建立了。

这种历史的现实性把表述的特殊的现存性与它的意义的共同性和完整性结合起来,把意义个体化和具体化,说明词中的音在此时此地的现存性——这种历史的现存性我们称作社会评价。

因为正是社会评价使得表述的事实上的存在以及它的思想意义具有现实性。它决定对象、词、形式的选择,决定它们在具体表述内独特的组合。它也决定内容的选择、形式的选择以及形式和内容之间的联系。

有一些社会评价比较固定和深刻,它们决定于某一阶级在其存在的时代的经济状况。在这些评价中似乎提出了这个社会集团生活中整整一个时代的巨大的历史任务。另一些评价与社会生活中比较接近和比较短暂的现象相联系,也与当前的、此时此刻大家关心的问题相联系。所有这些评价相互渗透,具有辩证的联系。时代的任务具体表现为每日每时的任务。社会评价把时代的某一时刻、当前人人关心的事与历史任务结合起来。它决定每个行为和每个表述的历史面貌,决定其个人的、阶级的和时代的面貌。

如果不了解发表某一具体表述时周围的人的价值观念,不理解它在意识形态环境中的评价能力,确实是无法理解这表述的。

因为听到表述并不意味着像我们抓住"词汇中的词"的意思一样,

抓住了它的整个意思。理解表述意味着从发表它的当时与现在（如果两者不吻合的话）的前后联系中来理解它。必须理解表述中的意义、这一行为的内容和历史的现实性，而且要从它们的具体的内在统一中来理解。不做这样的理解，意义本身是死的，成为某种词汇意义，成为不需要的意义。

社会评价决定表述的所有方面，贯穿于其中，但是它在表情语调中得到了最纯粹和最典型的表现。

给表述的每个词增添某种色彩的表情语调，与比较固定的句法语调不同，它反映表述的历史的不可重复性。表情不决定于意义的逻辑模式，而决定于它独具的充分性和完整性，决定于整个具体的历史环境。表情语调同样地使意义和音具有某种色彩，使它们在表述的不可重复和统一中亲密地接近起来。当然，表情语调并不是非有不可的，但是在有它的地方能最清楚不过地使人了解社会评价。

在表述中，作为材料的语言的每一个成分，都实现着社会评价的要求。而只有能满足社会评价的要求的语言成分，才能进入表述。词只有作为社会评价的表达者，才能成为话语的材料。因此词不是从词典中，而是从生活中来到话语之中的，它从一些话语进入另一些话语。词从一个整体转入另一个整体，不会忘记所走的路线。它作为交际的词进入表述，带有这种交际的具体任务——历史任务和通常的任务。

任何话语，也包括文学话语，即诗学结构，都服从于这个条件。

社会评价与具体表述

作为各种语言能力——语音的、语法的、词汇的能力——的总和或体系的语言，最不可能成为诗歌的材料。诗人选择的不是语言形式，而是其中包含的评价。词语的所有语言学特点，都是对这一评价加以抽象的结果，它们本身由于具有抽象性，不仅不能成为诗歌的材料，甚至不能成为语法的实例。

列举例子意味着发表假设的表述;而纯语言形式只能做象征性的表示。它作为现实的东西,只出现在具体的言语行动中,在话语的社会行为中。

就连玄奥的语言也用某种语调说出来,因而在它之中也形成某种价值的方面,某种评价性动作。

诗人在选择词、词的具体组合、词在结构上的配置方式时,他所选择、对比、组合的,正是词中包含的评价。我们在每一部诗歌作品中所感觉到的材料的违拗,正是其中所包含的和为诗人事先找到的社会评价的违拗。他重新评价、斟酌细微差别、不断更新的,正是社会评价。而材料的语言上的违拗,只有做拉丁文练习的小学生才会遇到。

什克洛夫斯基的以下一段话值得注意,他说:"文学作品是纯粹的形式……它不是物品,不是材料,而是各种材料的比例。"①我们知道,什克洛夫斯基所设想的材料在价值方面完全是无所谓的……他接着说:"作品的规模、它的分子和分母的算术上的值是无所谓的,重要的是它们的比例,戏谑的、悲剧性的、世界范围的、室内的作品,世界与世界或猫与石头的对比——相互之间都是平等的。"②

这个说法当然不是科学原理,而是讽刺小品中常见的怪论,因而是一种无关紧要的艺术观点。

它的全部效果恰恰建立在猫和世界、石头和世界这些词价值上的不同分量之上,也就是说,恰恰建立在它们的"算术的值"之上。如果撇开词所包含的这些评价,那么上述怪论就会变得什么内容也没有。

对诗人以及对任何说话者来说,语言是社会评价的体系,这个体系愈丰富、愈复杂、愈有差别,那么他的作品就愈重要和愈有意义。

在任何情况下,能进入艺术作品的,只是其中还存在着和还可感觉到社会评价的那些词和形式。

只有通过评价,语言的潜力才能真正发挥出来。

---

① 什克洛夫斯基:《罗扎诺夫》,第 4 页。——作者
② 什克洛夫斯基:《罗扎诺夫》,第 5 页。——作者

为什么这两个词放在一起？语言学只说明它们为什么可以放在一起。但是为什么它们实际上放在一起，这个问题只限于语言学范围是无法解释的。这是需要由社会评价来把某种语法的潜力变为言语活动的具体事实。

假设有这样的情况：两个敌对的社会集团拥有同样的语言材料——绝对相同的词汇、同样的词法和句法的能力等。

如果这两个社会集团的差别是由其存在的本质的社会经济前提决定的，在这样的条件下，同样的词就会用大不相同的语调；它们在同样的一般语法结构中，相互之间将组成意义上和风格上很不相同的组合。同一些词将在作为具体社会行为的整个话语中占据等级完全不同的地位。

具体话语或文学表演中的词的组合，往往决定于它们的价值系数和发表这种话语的社会条件。

上述情况当然是虚拟的，因为我们设想不同评价可在同一现存的语言的范围内起作用。

实际上语言是在一定的价值观念的范围内创造、定型和不断形成的，因此两个本质不同的社会集团不可能具有同样的语言储备。

只有对个体意识来说，各种评价是在现有的和现存的语言能力的范围内发展的。从社会学的观点来看，语言的能力在其产生和发展中处于某一社会集团内必然形成的评价的范围内。这一点甚至可由形式主义者关于中性材料的理论来证明。

这个学说是作为未来主义者对材料的实际感觉的理论表现而产生的。

未来主义者在其创作中，是从散乱的和简易化的社会评价体系出发的。

词语对他们来说变得很简易。因此他们注重"玄奥语"，注重"简单得像牛叫那样的"言语。词语失去了价值的分量，它们之间的距离缩短了，它们的等级动摇了。词语好像是从无所事事的人的空洞谈话中取出来的。

出现这种情况是由于未来主义者是那个被抛到社会生活外围、在社会上和政治上毫无作为和没有根基的社会集团的代表。

在象征主义者的诗歌中得到表现的评价体系瓦解了,而生活没有为形成新的评价体系创造基础。象征主义者认为有意义、有行动、有神奇的行为的地方,未来主义则认为那里只有玄奥的词语,并且由于这个原因词语的语言学潜力被提到了首位。

这样一来,成为诗歌材料的是作为实际社会评价的体系的语言,而不是作为语言潜力总和的语言。

显而易见,关于诗歌的科学无论如何不能只依靠语言学[①]。利用它则是可以而且应该的。

而且关于诗歌的科学是研究具体言语活动的,它本身就能给现代形式主义语言学以很大的教益。

一般说来,关于意识形态的学科在研究具体话语的活力以及研究作为各种能力的抽象体系的语言的现实化时,随时都受语言学的控制。当然,语言学本身仍将脱离开具体的社会评价来考虑问题,这是由它的实践任务和理论任务所决定的。但是它应当考虑到社会评价的作用。

总之,诗歌作品以及任何具体表述,是意义和现实的实际上不可分割的统一,这种统一建立在整个地贯穿于作品之中的社会评价的基础上。

在抽象地分析作品时可以区分出来的所有成分,在其本身范围内是完全合理的,这些成分——音、语法结构、主题等——正是通过评价结合起来的,并为评价服务。

而借助于评价的成分则不断地把艺术作品织入某一历史时代和某一社会集团的社会生活的总的结构中去。

对忽视社会评价的形式主义来说,艺术作品可分成各个抽象的成

---

① 多数形式主义者在理论上也不否定这一点。——作者

分,形式主义孤立地研究的就是这些成分。它们之间的联系形式主义只从狭隘的技术的角度加以解释。

实际上,手法(我们暂且接受这个术语)并不是在中性的语言环境中运动的,它切入社会评价的体系之中,因而本身也成为社会行为。

在手法中,重要的正是这种由它进行的积极地重新配置、更新有价值的东西或使之保持细微差别的工作。艺术手法的意义和作用就在于此。

形式主义没有考虑到这一点,它阉割了手法的实际意义,而去研究它的次要的、纯粹是反面的特征,去考察那些在运用手法时留在玄奥的、抽象的语言中的不说明问题的痕迹。

总之,社会评价在作为各种能力的抽象体系的语言和它的具体现实之间起中介作用。它既从选择语言形式方面,也从选择意义方面决定着现实的历史现象——表述。

"内在形式"论的拥护者们完全不理解社会评价的这种中介作用。他们试图把社会评价变成离开具体话语的词语本身,变成语言本身的某种语言学属性。他们不理解社会评价的历史真实性。

最后,现在多数维护内在形式的人把它看作某种移植来的、主要是从心理主义中移植来的评价。它脱离形成过程而实现实体化。由此而产生了各种不合理的做法,想要在独立于表述及其具体历史环境的词、句子、圆周句以及一般的语言结构之中揭示出内在形式[1]。实际上,意义、记号和现实这三者通过社会评价而实现统一,只是为了在这种历史条件下进行的这个表述。把表述置于历史的形成过程之外,使之脱离这一过程,这样我们丢下的正是要寻找的东西。

把评价理解为个人行为的观点,在当代"生命哲学"中非常流行,这种观点也会导致同样错误的结论。评价是社会性的,通过它来组织

---

[1] Г.什佩特的《词的内在形式》一书(莫斯科,1927年)是这种做法的一个应引以为鉴的例子。他有意讲辩证法和历史,但仍然在语言中寻找内在形式并使之在其中实体化。不过是在唯心主义基础上做的,不这样是不可能的。——作者

交际。在个人的机体和心理的范围内,它永远不会创造记号,即意识形态实体。就连内心表述(内心言语)也具有社会性;它是对某些可能的听众发表的,希望得到某种可能的回答,并且只有在这样的过程中才能形成和具有某种形式。

社会评价与诗学结构

上面所讲的社会评价及其作用的理论,可推广运用到任何作为历史言语行动的表述,而不仅只适用于诗歌作品。

不过我们的任务是说明艺术结构的独特性。

尽管我们在简短的分析中所说的一直是诗学的表述,然而还没有下专门的定义。

社会评价使得各处的表述的独特的现存性与其意义的共同性之间建立起有机联系。但是它并不是在各处都渗透到材料的各个方面中去,使这些方面都变得同样的必需和不可替代。表述的历史现实性可能服从于行动或事物的现实性,成为只是某一种行为的准备阶段。这种表述不在自身之中结束。社会评价使其超越自身而进入另一种现实之中。词语的现存性只是另一种现存性的附属品。在认识和时代精神的领域内,社会评价就只是行为的这种准备。它选择行动的或认识的对象。

例如,每一个时代都有一定范围的认识对象,都有其一定的认识要求。对象进入认识的视野后,它只能在这个时代和这个社会集团的现实需要所规定的程度上,把社会的精力吸引到自己身上来。认识对象的选择也和诗人选择主题一样,是由社会评价决定的。因此在学术著作形成的所有阶段上,学术性表述也是由社会评价组织的。但是社会评价组织学术表述不是为了这表述本身,它组织的是认识对象的工作本身,而词只是这项工作的一个必需的、但不是独立的成分。这里评价并不在词内结束。

诗歌创作的情况有所不同。

这里表述既脱离对象(它不是通过表述而出现的),也脱离行为。这里社会评价完全在表述之中完成,可以说它在其中把自己的一切都倾倒出来了。表述本身的现实性在这里不为任何别的现实性服务。这里社会评价在纯粹的表现之中发表出来并最后完成。因此材料、意义和具体行为的所有方面都毫无例外地成为同样重要的和同样必需的。

而且因为表述脱离现实对象和行为,它此时此地的物质的现存性现在就成为整个结构的组织因素。不管作品的意义的远景有多深多广,这种远景不应破坏和取消表述的各个平面,如同绘画时观念中的空间不取消画的平面一样①。

因此表述的构成、它在发表和接受(听、说、读)的现实时间内的展开,既是整个组织的起点,又是它的终点。组织中的一切,密集于这个现实的表达平面之中。但绝不能由此得出结论,认为作品的这个平面成为"玄奥的"。其中可以容纳任何深远的意义,而不失去其具体性和接近感。

因此,本事完全不是情节展开(阻碍、插叙等)的可取代的和可消除的(在无动因的艺术中)动因;本事与情节一起展开;所叙述的生活事件和叙述本身这件实际发生的事,结合而成为艺术作品中统一的事件。社会评价既把对叙述的事的看法和理解组织起来(因为我们看到和理解的只是在不同程度上触及我们和我们感兴趣的东西),也把叙述这件事的形式组织好;材料的安排、插叙、回溯、重复等,所有这一切都贯穿着社会评价的统一逻辑。

故事的范围内也容纳了所叙述的全部内容。阿卡基·阿卡基耶维奇②的"穷困"和对小兄弟的"人道"完全不像艾亨鲍姆所说的那样,

---

① 这当然是一个形象的类比,绘画时观念中的空间不能与文学作品中的意义同等看待。——作者
② 果戈理的小说《外套》的主人公。——译者

仅仅只是用来说明从俏皮的语调突然转到同情感伤语调这一写法的动因①。

同一个原则把作者对阿卡基·阿卡基耶维奇那样的人的生活的看法和理解以及讲他生活的语调组织起来。阿卡基·阿卡基耶维奇生活中发生的事(虚构的)和讲他的生活这一实际活动,融合于果戈理的《外套》所叙述的历史事件的独特统一之中。《外套》正是这样进入俄国的历史生活的,并成为其中起积极作用的因素。

可见,艺术描写的现实性、这种描写在社会交际的现实时间内的展开和所描写事件的思想意义,在诗学结构的统一体之中是相互渗透的。

但是脱离开这一结构形成的社会条件,要彻底理解它是不可能的。因为作品,例如情节或故事的实际展开,每时每刻都是面向读者和听众的,离开谈话者与听众、作者与读者的相互关系,就无法理解。

就连什克洛夫斯基分析的情节展开中一般的表面现象——插叙、阻碍、暗示、设置悬念和猜测等——也是作者与读者独特的相互作用的表现,是两种意识的游戏——一个人知道而另一个人不知道;一个人期待着,另一个人使这些期待落空等。

同样,讲故事也往往是为了引起听众的相应的反应,为了得到一致的赞同,或者相反,受到他们的反对。任何故事都非常尖锐和深刻地对社会的价值观念做出反应。

故事内容的曲线图,是故事所讲的或它所模拟的社会集体中价值观点变动的曲线图。

社会评价在诗歌作品结构中的作用就是如此。

关于诗歌作品中某些成分的结构意义,我们将在下一章里做比较详细的论述。

---

① 艾亨鲍姆:《文学》,第163页。——作者

第三章　艺术结构的成分

体裁问题

　　形式主义者最后才抓体裁问题。他们抓得晚,是下列情况造成的直接的和必然的结果:他们的理论最初所研究的对象是诗歌语言,而不是作品的结构。

　　他们研究体裁问题时,结构的主要成分已得到了研究,并且已离开体裁确定下来,整个诗学实际上已形成了。

　　形式主义者通常认为体裁是手法的某种固定的独特的集聚,其中有一个固定的主要成分。由于主要手法已离开体裁确定下来,于是体裁就由手法机械地组合而成。就这样体裁的真正意义未能为形式主义者所理解。

　　可是诗学恰恰应从体裁出发。因为体裁是整个作品、整个表述的典型形式,作品只有在具有一定体裁形式时才实际存在,每个成分的结构意义只有与体裁联系起来才能理解。假如当年形式主义者能及时提出作为整体问题的体裁问题,那就根本不会认为语言的抽象成分具有独立的结构意义了。

　　体裁是艺术表述的一个典型的整体,而且是一个重要的整体,是已完成的和完备的整体。关于完成的问题(проблема завершения),是体裁理论问题的最重要问题之一。

　　足以说明问题的是,在除艺术之外的意识形态创作的任何领域里,不存在本义上的完成。任何完成、任何终结在这里都是相对的,表面的,通常都是由外部原因造成的,而不是由客体本身内在的完成性和完备性决定的。学术工作的结束带有这种相对性。实际上,学术工作永远不会结束;一个人结束了,另一个人接着干。科学是一个整体,永远不会完结。它不会分为一系列已完成的和独立自在的作品。意识形态的其他领域里也是这样。任何地方都不存在本质上完成的和详尽无遗的作品。

而且如果给生活表述或科学表述加上某种表面的完成性,并认为它已结束了,那么这种完成就带有半艺术性。它并不触及表述的客观对象本身。

我们还可以这样来说明这一点:在意识形态创作的各个领域,表述只可能有结构上的完成,而不能有主题上的真正完成。只有某些哲学体系,例如黑格尔的体系,毫无根据地希望达到认识领域内的这种主题上的完成。在意识形态的其余领域之中,只有在宗教的基础上才可能有这样的奢望。

在文学中,全部问题正好在于这种本质的、实物的、主题的完成,而不在于表述在言语方面的表面的完成上。在文学中,有时恰恰可以不要那种处于文学外围的结构上的完成,可以采用言不尽意的手法(прием недосказанности)。但是这种外表的未完成性更加有力地衬托出内在的主题的完成性。

一般说来不能把完成与结束(окончание)混为一谈。结束只可能存在于时间性的艺术之中。

关于完成的问题是艺术学的一个十分重要的问题,这个问题至今尚未受到足够的重视。因为可完成性是艺术不同于其他意识形态领域的独有的特点。

每一种艺术——视材料及其结构能力的不同——都有本身的完成方法和完成的样式。某些艺术分为体裁的现象,在很大程度上正是由于整个作品完成的样式不同而产生的。每一种体裁,是整体的构筑和完成的特殊样式,同时,再说一句,这是本质上、主题上完成,而不是相对地完成——即在结构上完成。

我们可以看到,形式主义者在提出整体问题和体裁问题时,只涉及结构完成的问题。他们并不了解主题真正完成的问题。三维的结构整体问题一直被他们用结构的平面问题所偷换,他们把结构看成是语言材料和语言主题的配置,要不就是玄奥的语言材料的配置。在这样的基础上,体裁和体裁完成的问题当然不可能合理地提出和有效地解决。

体裁在现实中的两个面向

任何类型,即任何体裁的艺术整体,在现实中有两个面向,而这两个面向的特点决定着这个整体的类型,即决定它的体裁。

第一,作品面向听众和接受者,面向表演和接受的条件。第二,作品从内部向外,根据其主题的内容来把握生活。每一种体裁都各以其本身的方式,在主题上面向生活,面向生活中的事件、问题等。

在第一个面向中,作品进入现实的空间和现实的时间,它形之于声或寂然无声,它与神殿,或与舞台,或与露天舞台相联系。它是节庆的或者只不过是余暇的一部分。它要求有一定的接受者或读者,并以他们做出反应的这样或那样的方法、他们与作者之间的这样或那样的相互关系为前提。作品在日常生活中具有某种地位,与某个意识形态领域相结合或与它相接近。

例如,颂歌是非宗教的庆典的一部分,也就是说,它与政治生活及其活动直接相结合;祈祷用的抒情诗可以成为祷告的一部分,在任何情况下都与宗教相接近,等等。

可见,作品进入生活,与它周围现实的各个不同方面相接触,在其成为现实的过程中,作为在一定时间、一定地点和一定条件下表演的、听到的和读到的东西而出现。它在生活中占有一定的、由它实际的音响给它提供的位置。这种音响处于以一定方式组织起来的人们之间。作为事实,更确切地说,作为历史成果的词语对周围现实的这种直接的把握,决定了戏剧、抒情和叙事等体裁的所有变种[①]。

[①] 体裁的这个方面,是在维谢洛夫斯基的学说中提出的。维谢洛夫斯基从实现创作这一社会事件的条件出发,对艺术结构的一系列成分,例如叙事的重复、韵律的排偶等,进行解释。他注意到了作品在现实的空间和时间中所占有的地位。可是他的学说中对这一方面的研究没有完成。——作者

但是体裁的内在的、主题的规定性是同样重要的。

每一种体裁所能掌握的,只是现实的某些方面,它有一定的选择原则、观察和理解现实的一定形式以及所包括的范围的一定广度和渗透的一定深度。

作品主题的统一

作品主题的统一是什么呢?应当在哪个方面来确定这种统一?

托马舍夫斯基是这样确定作品主题的统一的:

"在艺术表达时,某些句子按照意义相互结合,最后产生由思想或主题的共同性联合而成的结构。主题(所讲的东西)是作品某些成分的意义的统一体。可以讲整个作品的主题,也可以讲各个部分的主题。每一部用有意义的语言写成的作品,都有主题……

"为了使语言结构成为统一的作品,其中应该有起联合作用的、在整个作品中展示出来的主题。"[1]

对主题的统一所下的这一定义,很有代表性。

既然形式主义者讲主题的统一,那么他们就把它理解成这样。日尔蒙斯基在其著作《诗学的任务》中的理解,也与此相类似。

我们认为托马舍夫斯基的定义是根本不对的。不能把作品的主题的统一当作作品中的词和单个句子的意义的结合,这样会完全歪曲词与主题的关系这个极其困难的问题。与词和句子的意义的语言学概念相对应的,是词和句子本身,而不是主题。主题完全不是由这些意义形成的;它只借助于这些意义以及语言的所有语义成分而形成。我们借助语言来掌握主题,但是无论如何不应把主题包括到语言之中

---

[1] 参见托马舍夫斯基的《文学理论》,第131页。严格地说,这本书不能称作形式主义著作。它的作者在很多方面已远离了形式主义。他在著作中修正了形式方法的许多非常重要的原理。但是尽管如此,形式主义的思维习惯在他身上还相当强烈地表现出来,他并没有放弃形式方法的许多重要前提。——作者

作为它的一个成分。

主题对语言来说永远是超验的。而且用来掌握主题的,不是单个的词,不是句子,不是圆周句,而是作为所发表的言论的整个表述。掌握主题的,正是这个整体及其不能归结为任何语言形式的形式。作品的主题是作为一定社会历史行为的整个表述的主题。所以,它既与表述的整个环境不可分割,也在同样程度上与语言成分不可分割。

因此,完全不能把主题放入表述,并把它像锁在抽屉里那样锁起来。作品语言成分的意义的总和,只是用来掌握主题的手段之一,而不是主题本身。可以讲作品的各个部分都有主题,但只有在把这些部分看作是某种完整的、对现实有独立的见解的表述时才能这样讲。

但是,如果主题与作品语言成分的意义之总和不相吻合,并且不能放入词语之中作为它的一个成分,那么由此就会产生一系列极其重要的方法论原则。

不能像形式主义所做的和日尔蒙斯基所建议的那样,把主题与音素、诗歌句法等相提并论,把它们等量齐观。可以这样看待的,只是词和句子的意义,即作为语言材料中参与主题构成的一个方面的语义,但是不能这样看待那个理解为整个表述的主题的主题本身。

其次,可以更加清楚地看到,整体的形式,即体裁形式,从本质上决定着主题。主题不是通过单句,不是通过圆周句,也不是通过单句和圆周句的总和来实现的,而是通过短篇故事、长篇小说、抒情剧、童话来实现的,对这些体裁的类型,当然不能下任何句法的定义。童话本身完全不是由句子和圆周句构成的。由此可以得出结论,作品的主题的统一,与其最初对周围现实的把握,可以说与地点和时间的状况分不开。

可见,作品在现实中的第一个面向和第二个面向——直接的、外部的面向和主题的、从内部的面向——之间建立起了不可分割的联系和相互制约。一方为另一方所决定。两种面向原来是统一的、然而是两面的面向。

作品的主题的统一及其在生活中的实际地位,在体裁的统一中有机地结合在一起。在体裁中最明显地突出了前一章说过的词的实际现实性与其意义的统一。对现实的理解是借助于实际的词、作为表述的词来进行的。词的现实性的一定形式,与词所理解的现实的一定形式相联系。在诗歌中这种联系是有机的和全面的,因为在这联系中表述的实际完成才成为可能。体裁是主题与为主题发表的言论的有机统一。

体裁与现实

如果我们从体裁与现实及其形式之间的内在主题关系的角度来看体裁,那么我们可以说,每一种体裁都具有它所特有的观察和理解现实的方法和手段。比如素描能够掌握彩色画掌握不了的空间形式方面,反过来,彩色画则拥有素描所没有的手段;在语言艺术中,抒情体裁拥有完整的理解现实和生活的手段,这些手段是短篇小说或戏剧所不具备或不在同等程度上具备的。而戏剧体裁拥有观察和揭示人的性格和人的遭遇中这样一些方面的手段,这些方面用小说的手段是无法展示和说明的,至少达不到这样清楚的程度。每一种体裁,如果这是真正重要的体裁的话,都是用来理解性地掌握和穷尽现实的手段和方法的复杂体系。

存在着一个旧的、总的说来是正确的原理,即认为人是借助语言认识和理解现实的。确实,离开词语,就不可能有思想上多多少少比较清楚和明确的意识,在意识折射存在的过程中,语言及其形式起着重要作用。

然而这个原理需要做重大的补充。对现实的认识和理解完全不是借助准确的语言学意义上的语言及其形式来进行的。在认识和理解现实中起着极其重要的作用的,是表述,而不是语言的形式。人们常说,我们借助词来思维,在感受、观察、理解过程中,我们内部流动着一股内心言语之流,这样说时没有很好考虑到这话是什么意思。要知道,我们不是用词和句子思维,而我们内部的内心言语流完全不是词和句子串联而成的。

我们用内部统一的复合体——表述——来思维和理解。我们知道,表述不能理解成一个语言整体,它的形式根本不是句法形式。

人了解现实时的这种完整的、物质上表现出来的内心活动以及它们的形式,是非常重要的。可以说,人的意识具有用以观察和理解现实的一系列内在的体裁。一种意识具有丰富的体裁,另一种意识贫乏些,这取决于这种意识的意识形态环境如何。

文学在这意识形态环境里占有重要地位。正如造型艺术教会我们观察、加深和扩大所见事物的领域一样,文学以其经过锤炼的体裁,用认识和理解现实的新方法丰富我们的内心言语。

不错,我们的意识在这种情况下往往舍弃体裁的完成的功能,因为对它来说重要的不是完成,而是理解。离开艺术,对现实的完成性的理解是一种不好的和没有任何根据的艺术至上主义。

不能把观察和理解现实的过程与以一定体裁的形式艺术地表现现实的过程割裂开来。如果认为造型艺术的做法是人先看到一切,然后把所看到的东西描绘出来,借助于一定的技术手段把自己的看法放进画面,那么这是幼稚可笑的。实际上观察和描绘基本上是融合的。新的描绘方法使我们看到可见现实的新的方面,而可见事物的新的方面如不借助于把它们固定下来的新方法,就不能看清和真正进入我们的视野。一方是在与另一方的不可分割的联系中进行的。

文学中的情况也是如此。艺术家应该学会用体裁的目光来看现实。现实的一定方面的理解,只有在具有一定表达方法的情况下才是可能的。另一方面,这些表达方法只能运用于现实的一定方面。艺术家完全不是把现成的材料堆到作品的现成平面上。作品的平面是它用来发现、观察、理解和选择材料的。

要能发现和抓住生活中小小的荒诞不经的事,在一定程度上要求有组织和叙述故事的本领,至少要求有赋予材料以故事形式的方法。另一方面,如果生活中没有真正荒诞不经的方面,这些方法本身也就无法显示出来。

要想写一部小说,应当学会这样看待生活,觉得它能成为小说的本事,应当学会在大范围内看到生活的新的、更加深广的联系和进程。抓住偶然的生活状况的孤立统一是一种本领,它与理解整个时代的统一和内在逻辑的本领之间有一条鸿沟。因此,在荒诞不经的故事与小说之间也有一条鸿沟。但是从某一方面——家庭生活的、社会的、心理的方面——对时代的掌握,是在与描写时代的方法,即在与构成体裁的基本条件的不可分割的联系中完成的。

小说结构的逻辑使得人们能掌握现实中新的方面的独特逻辑。艺术家能这样观察生活,觉得它能真正地和有机地容纳在作品的范围之内。学者则有所不同,他是从他自己用来掌握生活的手段和方法的角度来看生活的,因此他能掌握生活的另一些方面和联系。

可见,体裁的现实性与体裁所能达到的现实性是相互有机地联系在一起的。但是上面已经讲过,体裁的现实性是它在艺术交际过程中得以实现的社会现实性,因此体裁是集体把握现实,旨在完成这一过程的方法的总和,通过这种把握能掌握现实的新的方面。对现实的理解,在思想的社会交际过程中不断发展着和形成着,因此体裁的真正诗学只可能是体裁的社会学。

对形式主义的体裁理论的批判

在研究体裁问题时形式主义者做了些什么呢?

他们使体裁脱离实际的两极,而体裁正是处在两极之间的。他们既把作品与社会交际的实际割裂开,也把它与从主题上对现实的掌握割裂开。体裁成了偶然的手法的偶然组合。

在这方面,什克洛夫斯基的著作《故事和小说的构成》和《〈堂吉诃德〉是怎样做成的》特别有代表性。

什克洛夫斯基写道:"现代小说的先行形式是故事集:可以这样说,虽然并不肯定它们之间的因果联系,但从时间顺序来看有这样的事实。

"故事集通常是这样的,其中所包括的各个部分都联系在一起,即使只是形式上的联系。为达到这一点,一般采用把单个故事作为组成部分套入一个作为框架的故事之中的方法。"①

接着,什克洛夫斯基确定了框套法的几种类型。他把具有为讲故事而讲故事的动因的《十日谈》,看作是框套法的标准的欧洲类型。

《十日谈》与18世纪欧洲长篇小说的区别,只在于其中的细节没有通过统一的人物联系起来。而什克洛夫斯基把人物理解为一张使得情节形式的表现成为可能的纸牌。例如吉尔·布拉斯就是如此,什克洛夫斯基把他比作一根把小说细节串起来的灰线。

什克洛夫斯基认为串联法是把短篇故事缝缀成长篇小说的另一种方法。按照什克洛夫斯基的意见,长篇小说进一步发展的历史,也只是更加结实地,但同样是从表面上缝缀短篇故事的历史。他得出结论说:"总之可以这样说,长篇小说史上的框套法以及串联法,都朝着把材料更紧密地嵌入长篇小说主体的方向发展。"②

什克洛夫斯基用这一观点来分析《堂吉诃德》。在他看来整部小说只不过是零散的和相互抵触的一块块材料——短篇故事、堂吉诃德的话、日常生活场面等——借助于框套法和串联法形成的联合体。

主人公堂吉诃德的形象本身,根据什克洛夫斯基的看法,只是构成小说时机械地产生的结果。

现把他本人的结论列举如下:

"(1)受到海涅赞扬和屠格涅夫喜爱的堂吉诃德这一典型的塑造,并不是作者最初提出的任务。这个典型是构成小说的行为所产生

---

① 什克洛夫斯基:《散文理论》,第64页。——作者
② 什克洛夫斯基:《散文理论》,第69页。——作者

的结果,因为在机械地执行的过程中经常会创造出诗歌中的新形式。

"(2)塞万提斯在写到一半时已意识到,把自己的智慧过多地加到堂吉诃德身上造成了这个形象的双重性;于是他为自己的艺术目的利用,或开始利用这种情况。"①

他的整个理论忽视了长篇小说体裁的有机性。

任何不先入为主的读者都知道,这部小说的统一完全不是通过串联和框套法达到的。即使我们撇开这些手法,撇开那些用来说明材料的引入的动因,我们仍能产生这部小说具有内在统一性的印象。

这种统一不是由什克洛夫斯基所理解的外部手法造成的,恰恰相反,外部手法只是这种统一本身和把它纳入小说之内的必要性所产生的结果。

这里确实进行着创造新体裁的斗争。长篇小说还处于形成时期,但已具备对现实的新看法和理解,与此同时,也有了新的体裁概念。

体裁说明现实;现实使体裁变得更清晰。

假如艺术家的视野内没有出现那种根本无法纳入短篇故事的生活统一体,那么他就会只限于写短篇故事或短篇故事集。短篇故事的任何外部的结合,都不能取代现实的那种与长篇小说相应的内在统一体。

从结构上说,短篇故事在《堂吉诃德》里结合得不大好。但是在这些情况下可以特别清楚地看到,短篇故事的体裁根本容纳不了现实的新概念。到处都可碰到某些联系和相互关系。它们打破短篇故事的框框,迫使它服从于作品高度的统一。

这些联系发展成时代的统一体,而不成为生活事件的统一体,不成为可纳入短篇故事范围的统一体。如同我们不能由个别生活细节和状况构成时代的社会生活的统一体一样,长篇小说的统一体也不能通过串联短篇故事的方法来构成。

长篇小说展示出从主题角度理解的现实的新的、质的方面,这个

---

① 什克洛夫斯基:《散文理论》,第77页。——作者

方面与作品体裁的现实的、新的、质的构成相联系。

主人公问题

下面讲主人公理论。

什克洛夫斯基对堂吉诃德的形象的理解,对整个形式主义来说具有代表性。

请看托马舍夫斯基如何确定主人公的结构功能:"主人公完全不是本事必不可少的组成部分。本事作为母题的体系,可以完全不要主人公和对主人公特点的描述。主人公是通过情节把材料固定下来时所产生的结果,它一方面是串联母题的一种手段,另一方面似乎是用来说明母题的联系的人格化和拟人化的依据。"[1]

这样一来,主人公只是构成结构的成分之一,而且还是外在的成分。

可是主人公只有在他是主题的成分时,才能担任结构功能。在不同体裁中,主人公的这种主题意义当然各不相同。例如在像《吉尔·布拉斯》这样的小说中,主人公的性格学的定义并不重要。这部小说的体裁本身,作为观察和理解现实的方法的总和,其目的不是写人,而是写惊险故事的发展。

然而就是在这里,主人公也不是用来串联单个细节的线。所有这些细节仍然组成一个人的生活的实际统一体,其体现者只能是一个与其相符合的主人公。在这部流浪汉小说中,如同在惊险小说中一样,主人公的统一体从主题上说是不可缺的。但是这个统一体不属于性格学的类型。

《堂吉诃德》情况有所不同。它"受到海涅的赞扬和为屠格涅夫所喜爱"不无原因。可以不同意对这个形象从主题角度所做的具体展

---

[1] 托马舍夫斯基:《文学理论》,第3版,第154页。——作者

示和说明。这种说明如同对艺术形象的所有说明一样,是相对的和有条件的。

但是做这样的说明的可能性和必要性这一事实本身,却是非常重要的。它说明,这个主人公在作品中担任着更加深刻的展示主题的功能。

按照什克洛夫斯基的解释,塞万提斯最初只想写堂吉诃德的精神错乱,或者更确切地说,甚至只写他的愚蠢,把这作为说明一系列奇遇的依据。后来作者开始利用这个形象作为动因,来引入自己本人的看法,这些看法再也不是愚蠢的,而经常是与众不同的了。结果堂吉诃德同时既是疯狂行为的动因,又是聪明的言论的动因。堂吉诃德的这种无意中出现的情况,照什克洛夫斯基的说法,后来塞万提斯已经是自觉地加以利用了。

首先,在这种论断中,对这部小说的形成过程有某种假设的成分。这假设完全没有经过论证。什克洛夫斯基没有举出任何实际的论据,来证明他对作者最初的构思和后来的变化所做的解释的合理性。他只是把自己的臆测加到塞万提斯头上。

但是对我们来说,重要的不是这一点。

不管小说及其主人公的形成过程如何,小说中堂吉诃德形象的真正的结构意义是很清楚的,不需要在形成过程方面做任何的推测。

首先,这个形象完全不是说明任何东西的依据,既不是聪明的言论的,也不是精神错乱者的奇异经历的依据。这个形象如同作品中所有本质的、结构的成分一样,是自有价值的。

他本身是与桑丘对立的,通过这两个人物实现了小说的主要的主题构思,即这部小说中所体现的思想冲突,时代的意识形态视野中的内在矛盾。

堂吉诃德的历险和他的言论同样服从于这一构思,他的仆人的历险和言论也是如此。

服从于这一构思的,还有小说中相当多的、与堂吉诃德和桑丘都没有直接联系的短篇故事。

小说的这一内在的主题的统一性,使人忘记它的某些外在的结构上的不完善之处。

主题、本事和情节

现在我们已经弄清楚了主题的统一性及其在体裁方面的实现,在这种情况下,本事和情节的真正的结构意义就变得可理解了。本事(在它存在的地方)从选择主题时对现实的理解的角度来说明体裁。情节说明同一个东西,但是从体裁在其社会实现过程中的实际情况的角度来说明。在两者之间划一条明确一点的界线是不可能的,而且也不合适。需要重视情节,即重视作品内容的实际展开,但这只为了掌握本事。用情节的眼光我们甚至可把生活看成本事。

同时,不可能存在那种对本事的生活本质漠不关心的情节。

可见,本事和情节实质上是作品的一个统一的结构成分。这个成分作为本事,在走向被完成的现实在主题上的统一的一极时形成;作为情节,则在走向作品的起完成作用的现实的一极时形成。

艺术结构的每一个成分,都处于相似的情况之中。例如,主人公可以在作品的主题的统一体中确定,但是他的结构功能也可在作品内容的实际展开中确定。主人公的主题的和结构的功能不可分离地融合于作品之中,因为他只有作为生活事件的主人公才能进入作品。另一方面,只有通过他在作品的艺术统一体中可能起的作用(因而也就是通过他的结构作用),才可以看见和理解他的实际生活情况的某些方面。

这样艺术家也能从人可能起的艺术作用的角度看到生活中的人,他能在生活中找到主人公。在把人看作可能的主人公的这种观察中,认识的判断和道德的评价是与起完成作用的艺术外形相结合而做出的。

假如主人公只有结构功能,那么脱离作品的范围——在生活中——就无法感知他,自然就更不可能在生活中仿效文学主人公了。可是文学对生活的这种影响无疑是存在的。拜伦的主人公常在日常生活中出现,大家都认出他们和接受他们。

　　不但如此,还能把自己的生活充当艺术的本事,可以说,过本事般的生活。不过这些没有作品的主人公和没有通过实际的情节来实现的本事,是一些使人看了很不舒服的东西。它们没有生活的现实性,因为想要变成作品,从而达到与生活格格不入的完成性的要求过于强烈。但是它们也不会有艺术的现实性,因为艺术的现实性是通过作品的语言实现的现实性。脱离作品实际的现实的艺术主题,是脱离主题的现实的玄奥的词语的独特的对立面。

　　除了本事、情节、主人公(当然也除了本事兼情节的各个成分)之外,主题问题具有重要的结构意义。这个问题既可以从主题的统一体方面来理解,也可以从作品的实际创作方面来理解(问题的结构功能)。艺术之外的任何认识问题,都可以从它可能在艺术作品范围内得到解决的观点进行解释。哲学中这是很常见的现象。像尼采、叔本华等人的哲学理论,都带有半艺术性。在这些哲学家那里,问题成为主题,并在他们的作品的实际创作的范围内担任着结构功能。

　　由此而产生了它们在艺术上高度的完美。另一方面,长篇小说中主题问题在多数情况下具有巨大意义。但这里可能发生性质相反的现象:问题可能瓦解作品的艺术的完成性,打破它的界限,开始具有纯认识意义而不求完成,形成一种类似艺术哲理的杂交物。

　　我们这里没有涉及其他的结构成分,例如抒情主题。节奏(诗歌的和散文的)问题、风格问题等,也完全被排除在外。解决所有这些问题的方法论原则不变,但对我们来说,重要的只是建立社会学诗学的途径,而不是其任务的具体解决。

　　在任何情况下,在诗学结构的每一个微小的成分中,在每一个暗喻中,在每一个修饰语中,我们都可找到认识的判断、道德的评价和起完成作用的艺术外形这三者构成的化合物。每一个修饰语都在作品事实上的实现中占有地位，在其中表示一定意义，同时又着眼于主题的统一，成为说明现实的艺术定语。

用我们的观点回顾一下通常把艺术作品分为形式和内容的做法，不无益处。这些术语只有在形式和内容被设想为两个极限、艺术结构的每一个成分置身于其间的条件下，才可以接受。这样内容（处于极限时）将与主题的统一体相对应，而形式则与作品事实上的实现相对应。但同时应该记住，这里所说的作品的每一个成分都是形式和内容的化合物。没有不具形式的内容，也没有无内容的形式。社会评价是结构的每个成分中内容和形式的共同基础。

小　结

最后总结一下。

在形式主义者对体裁及其结构成分的上述观点中，特别清楚地表现出形式主义的基本倾向——把创作理解为现成的成分的重新组合。新体裁由现有的体裁组成；在每一个体裁内部进行着现成的成分的重新组合。艺术家拥有一切，他只需要用新的方法组合现成材料即可。本事是现成的，只要把它组成情节就行。而且安排情节的手法也是现成的，需要做的事只是把它们重新配置一下。主人公也有了，只需要把也是现成的主题串联在他身上就行了。

什克洛夫斯基的著作《〈堂吉诃德〉是怎样做成的》的整个第一部分，是分析引入堂吉诃德的话（部分地也包括桑丘和其他人物的话）这一做法的动因的，大家知道，这些话在小说中占有重要地位。塞万提斯把这些话引入小说，并不是为了说明它们的动因；恰恰相反，照什克洛夫斯基的说法，动因是为引入这些话服务的。显然，作者的创作精力用在写这些话本身上面，而不是用在说明引入这些话的动因上。这些话本身是借助什么手法写的？它们本身的内容在小说中起什么作用？这样的问题什克洛夫斯基甚至连提也没有提。在他看来,这都是现成的成分。他仅仅只在这些成分的组合中来寻找艺术创作。

形式主义者认为艺术地观察和理解生活这一基本的创作工作全都是已完成了的,也就是说,认为本事、主人公、问题都是现成的。他们忽视这一现成材料的内在的内容,只对它在作品范围内的外部结构的布局感兴趣。而且他们又把作品的范围本身与构成这范围的实际的社会条件割裂开,在作品范围内进行的是玩弄引入的材料的无益的游戏,对材料的意义采取完全漠不关心的态度。什克洛夫斯基很好地描写了这种情况。他说:

"我敢于打这样的比方。文学作品的情节在一定场地上展开,各种人物——现代戏剧中的戴面具的人和角色——相当于棋子。情节相当于弄子求势,即相当于棋手们变换着使用的标准下法。任务和波折相当于对手下的棋所起的作用。"①

这里不由自主地产生这样的问题:为什么不用下棋所用的现成的棋子一劳永逸地取代全部材料呢?干吗花费这么多的创作精力来搞材料呢?我们将会看到,形式主义者在文学史著作中已接近于(在可能的范围内)这个问题的彻底解决。他们始终把全部材料看作是在文学发展的历史过程中保持不变的、数量有限的成分(因为没有把材料从外面引入或创造新材料的动力)。只是根据作品和派别的不同,用不同方式把这些成分加以配置和组合而已。直到最近才对这种荒谬的理论做某些修正。但是这种修正不可能深入一步。要想使这种修正真正卓有成效,就应当从修正形式主义这座大楼的基础着手,即从修正上面分析过的他们的诗学的基础做起。

---

① 什克洛夫斯基:《散文理论》,第50页。——作者

第四编　文学史中的形式方法

第一章　艺术作品是外在于意识的实体

形式主义学说所讲的艺术作品对意识形态视野的外在性

形式主义者一个劲儿地强调，他们研究的是作为客观现实的艺术作品，而不管作者和接受者的主观意识和主观心理如何。因此对他们来说，文学史就成为作品和由这些作品根据内在的特征联合而成的客观群体——流派、派别、风格、体裁——的历史。

由于形式主义者的这个原理是提出来反对心理主义美学和对艺术作品所做的素朴的、主观心理的解释（把它解释成为艺术家的内心世界、"心灵"的表现）的，因此他们的这个论点完全可以接受。

确实，无论在诗学还是在文学史中，主观心理方法是完全不能采用的。

当然，这并不是说，可以忽视个人的意识。这只是说，应当抓住它的客观表现。个人的意识只有当它在工作、行动、话语、手势等的某些方面表现出来，即它得到客观的、物质的表现时，才成为应该加以考虑和研究的因素。在这方面，方法的客观主义应贯彻到底。

然而形式主义者的论点绝不是对文艺学中的主观心理的合理否定。

他们在使作品脱离主观意识和心理的同时，也使它脱离整个意识形态的环境和客观的社会交际。作品变得既与实际的社会现实相脱离，又与整个意识形态世界相脱离。

问题在于形式主义者在批判心理美学和对意识的唯心主义理解的同时,自己吸收了这些流派方法论上的主要缺点。他们同唯心主义者和心理主义者一起,把所有具有思想意义的东西都投射到个人的主观意识之中。在他们看来,思想、评价、世界观、情绪等,所有这一切都是主观意识、"内心世界"、"心灵"的内容。形式主义者砍掉主观意识,也就砍掉了所有这些错误地归入主观意识的思想内容。结果作品陷于完全没有思想的虚空中。客观性是以牺牲意义作为代价而取得的。

但是实际上意识的所有这些内容能像艺术作品一样客观地出现。

形式主义者给文学加上的客观性,同样可以加到所有思想意义上,不管它们外部的表现如何微弱和短暂。因为自己的评价(情感)在表述,甚至在手势中的最简单的表现,也是像文学作品一样的"外在于意识的事实",虽然它在整个意识形态环境中的作用和影响是微不足道的。

因此,这里说的是把一种意识形态构成物——文学——与另一些意识形态构成物——道德、认识、宗教——对立起来的问题,即说的是物质地客观化了的意识形态环境的不同成分的对立,完全不是文学与主观心理的对立。

艾亨鲍姆说道:"传记的爱好者看到涅克拉索夫的生平与他的诗之间的'矛盾'感到困惑莫解。这个矛盾没有能够抹掉,但是它不仅是合理的,而且完全是必然的,这是因为'心灵'或'气质'是一回事,而创作完全是另一回事。"[①]

艾亨鲍姆的这种说法很有代表性。

即使假定生平是一回事,而创作完全是另一回事,那么仍然完全不能由此得出两者之间的矛盾具有合理性的和必然性的结论。完全不同的东西正好是怎么也不能发生相互矛盾的。矛盾只可能产生于两种现象在同一范围内相遇并服从于高级的统一的地方。没有意义的共同性,没有对一个意义的关联性的地方,就不能有矛盾。

---

① 艾亨鲍姆:《文学》,第96页。——作者

再说,哪里可能有矛盾,哪里就可能有一致。如果在生平与创作之间存在着矛盾,那么由此就必然会得出结论,这不单纯是不同的东西,这是处于同一范围的现象,因而可能发生冲突。确实,生平和创作属于意识形态世界的统一体,在它们之间可能有、有时必然会有冲突。

还有,完全不能把生平与"心灵"或"气质"等同起来。因为这也如同把艺术创作与心灵和气质等同起来的做法(艾亨鲍姆正确地批驳了这种做法)一样,是不对的。

当谈到涅克拉索夫的生平与他的创作之间的矛盾时,这生平理解为他一生的具体表现的总和——他作为编辑和出版家的活动,他在生活中的实际行动和事务所追求的社会目标和阶级目标,他的私生活的一系列表现。所有这些具体表现,都在意识形态环境的统一体中与诗歌的具体表现相比较而存在,在这种情况下两者之间发现了矛盾。

当然,我们完全没有涉及关于这种矛盾是否真正存在、它的深刻程度如何、为什么产生等问题。对我们来说,重要的只是指出把生平和创作相对比的这种做法本身在方法论上的合理性。

不错,"生平"这个概念本身过于一般和含糊,但是在这个上下文中至少是清楚的,生平被理解为一系列具体表现,即道德的、实际生活的、社会经济的、世界观的表现,实际上这些表现也是客观的,虽然没有像涅克拉索夫诗歌上的具体表现那样的历史意义。

艾亨鲍姆接着这样说:

"涅克拉索夫所选择的角色,是历史暗示给他的,可看作是历史行动。他是在历史编导的剧里扮演自己的角色——其'真诚'的程度和含义,如同一般演员的'真诚'一样。"[①]

艾亨鲍姆认为涅克拉索夫的诗歌创作活动属于历史行动的范畴。但是也应当把涅克拉索夫的出版活动、他商业上的投机、他在财产方面的社会经济活动归入同一范畴。这里问题不在于历史行动的规模,不在于它的重要性的程度,而在于它的内容。既然存在着历史行动的

---

① 艾亨鲍姆:《文学》,第 97 页。——作者

范畴,那么应该归入它的,不仅是诗歌创作活动,而且是这个人所有其他的表现,而在这范畴中,这些东西之间可能发生矛盾。

艾亨鲍姆把诗歌创作活动称为"历史编导的剧里的角色",但是有同样理由可以把涅克拉索夫活动的其他方面称为这样的角色。如果从根据真诚这一点可把一个人在诗歌创作上的表现与演员在舞台上的表演等量齐观,那么我们对这个人其他的每一种表现——认识上的、世界观上的、生活上的等——都有同样的理由这样做。

可见,一个人的所有客观表现,都毫无例外地属于社会历史现实这个统一的世界,因此它们处于相互影响之中,可能产生矛盾或者取得一致。

没有任何根据认为它们之间有一条不可逾越的鸿沟。从生活是一回事、文学是另一回事这种看法,只能得出生活不是文学的结论,而绝对得不出它们之间没有任何相互影响的结论。相反,这种现象的不同,是它们进行相互影响的必要条件之一。只有不同的东西才能相互影响。

艾亨鲍姆的著作《〈外套〉是怎样做成的》中的下一段话,同样也很能说明问题。艾亨鲍姆把《外套》中著名的"人道的段落"(我是你的兄弟……)解释成一种怪诞手法,他说:

"艺术作品中的每一个句子自身不可能是作者个人感情的简单'反映',任何时候都是一种构造和游戏。从这一基本原理出发,我们不可能而且没有任何权利把这个片段看作是除一定的艺术手法之外的其他任何东西。通常把某个议论与作者心灵的心理内容等同起来的做法,对科学来说就是一种错误的方法。从这个意义上说,艺术家作为一个具有这样或那样的情绪的人,他的心灵任何时候都留在和应该留在他的作品之外。艺术作品任何时候都是某种做成的、成形的、臆造的东西——不仅是做得精巧的,而且是人工的(在这个词的好的意义上)东西;因此其中没有,而且也不可能有心理经验的反映存在的余地。"[①]

这整段话特别有代表性,从中可以看出形式主义对文学作品的客

---

① 艾亨鲍姆:《文学》,第161页。——作者

观性、对其脱离主观意识的外在性的理解。

对意识形态视野的外在性,一直以最幼稚可笑的方式被偷换成对主观心理的外在性。要知道大家都把《外套》中"人道的段落"解释为和理解成社会道德的、"说教的"表现。如果把它看作是作者的心灵的干预和个人感情的反映,那么根据同样理由我们应当也把艾亨鲍姆所理解的审美的表现,即怪诞手法归入这个范畴。

心理主义者就是这样做的。他们可以承认(这丝毫也不与他们的心理主义观点相矛盾),在这种情况下实际存在的是某种艺术手法,而不是道德的召唤。但是他们也像解释道德召唤一样,用主观心理机制来解释这个艺术手法。

如果把文学与"心灵"隔绝,那么也需要把道德说教与"心灵"隔开。它作为一定的意识形态的具体表现,与艺术作品本身一样,也是同样客观的,不能做主观心理的解释。如要一般地寻找"心灵",那么不到艺术作品里去找还能到哪里去找呢?

倾向于心理主义的人一直都是这样做的。如果施行客观方法,那么就应毫无例外地施行于意识形态创作的所有的领域。

在上述情况下,说的不是"心灵"的干预和心理经验的反映,而是直接的社会道德评价进入艺术作品的问题。我们已经知道,这种评价和认识问题一样,进入诗学结构时并不失去自身的独特性和重要性,丝毫也不破坏诗学结构本身。在这种情况下,道德激情与起完成作用的艺术外形相化合。把道德成分排除在《外套》的艺术结构之外,说明没有理解这个结构。

形式主义者到处都采取类似的做法:他们排除"心灵",实际上排除了作品中一切有思想意义的东西。结果作品成了完全不是外在于主观意识的实体,而是外在于意识形态世界的实体。

形式主义者的接受理论

至于说到心理主观主义,形式主义者正好未能克服它。相反,在形式主义者那里,脱离意识形态世界的文学成为某种引起相对的和主观的心理物理状态——感觉——的刺激物。

因为他们的理论的基础——使人脱离自动化状态、对构成物的感觉等——所要求的正是有感觉能力的主观意识。

除此之外,形式主义者的理论就其重要方面来说,可以说是艺术接受的一种独特的心理技术,也就是说,是对那些能使整个艺术结构被感觉到的总的心理技术条件的说明。

我们在另一处曾批判过形式主义者关于困难形式、关于使人脱离自动化状态等的理论。这里需要联系形式主义者的接受理论,谈一谈这些概念,因为这个理论是他们对文学发展历史过程的理解的基础。

我们已经说过,"可感觉性"(ощутимость)的概念完全是空洞的。甚至不知道究竟什么东西应被感觉到。意识形态材料本身是不应被感觉到的,手法本身也不能成为感觉的内容,因为它本身是用来造成可感觉性的东西。这样一来,可感觉性本身对究竟什么东西被感觉到这一点完全漠不关心,它成为艺术接受的唯一内容,而作品则成为引起这种可感觉性的装置。很清楚,在这种条件下,接受便会成为完全主观的、取决于一系列偶然情况和条件的东西。它将要表达的,是意识的主观状态,而完全不是作品的客观现实。

我们觉得,日尔蒙斯基的意见是完全正确的,他说:

"……我觉得,拒绝现成公式的原则、'奇异化手法'和'困难形式手法'绝不是艺术发展中的组织因素和推动因素,只是第二位的特征,它反映了在对艺术的要求上处于落后状态的读者在意识上发生的演变。对歌德的《葛兹》①感到难懂、费解和奇怪的,不是'急进的天才'中莎士比亚的崇拜者,而是由法国悲剧以及戈特舍德②和莱辛的戏剧实践培养起来的读者;对歌德本人来说,这部作品不是因与公认的东西对立而产生的'阻滞的'和'困难的'形式,而是他的艺术趣味和艺术

---

① 全名为《铁手骑士葛兹·封·贝利欣根》。——译者
② 戈特舍德(1700—1766),德国文学理论家、作家。——译者

观点的最简单的、与其绝对相一致的表现……勃洛克的暗喻和马雅可夫斯基的格律,确实使人觉得这是一种'受阻滞的'(заторможенный)、'扭曲的'(кривой)诗歌言语,但只是读惯 A.托尔斯泰、波隆斯基或巴尔蒙特作品的读者——他们似乎还不了解和不习惯新的艺术——会有这样的印象;或者相反,有这样印象的是比较年轻的一代的代表,他们感到这种艺术是一种不再能被理解的和不再有表现力的假定性。可见,'奇异'和'困难'的感觉先于审美感受,表示不善于构筑不习惯的审美客体。而在感受时,这种感觉开始消失,为简单和习以为常的感觉所取代。"①

认为作品以可感觉性为目的,是一种最坏的心理主义,因为这里心理生理过程成为某种绝对独立自在的、没有内容的东西,即与客观现实没有任何瓜葛的东西。无论是自动化还是可感觉性都不是作品的客观特征;它们在作品本身、在它的结构之中并不存在。形式主义者在嘲笑那些在艺术作品中寻找"心灵"和"气质"的人的同时,自己也在其中寻找心理生理的应急性。

接受理论与历史

形式主义者的接受理论,还有一个心理主义和生物主义通常具有的方法论上的严重缺陷:他们把一个个体一生范围内可能发生的过程变为一个公式,用来理解在一系列相互交替的个体和世代所发生的过程。

实际上,自动化和使人脱离自动化,即具有可感觉性,应在一个个体内相互关联。只有觉得这个结构是自动化结构的人,才会在它的背景上感觉到另一个按照形式主义的形式更替规律应当取代它的结构。如果对我来说,年长一辈的人(例如普希金)的创作没有达到自动化的话,那么在这个背景上我不会对晚一辈的人(例如别涅季克托夫)的创

---

① 日尔蒙斯基:《关于形式方法问题》,第 15—16 页。——作者

作有特别的感觉。完全有必要让自动化的普希金和可感觉到的别涅季克托夫在同一个意识、同一个心理物理个体的范围内会合，否则这整个机制就会失去任何意义。

如果普希金的作品对一个人是自动化的，而另一个却喜欢别涅季克托夫的作品，那么自动化和可感觉性就分属于两个在时间上相互交替的不同主体，它们之间绝对不可能有任何联系，如同一个人的呕吐与另一个人的饮食无度之间没有联系一样。

诸如此类的过程根本是非历史的：它们不能越出个体的范围。可是形式主义者却把"自动化——可感觉性"（автоматизация——ощутимость）这一公式作为说明文学形式交替的历史过程的基础。历史现象的质的独特性，即它根本不能为一个主体的活动所容纳，因此而遭到根本的忽视。历史被生物化和心理化了。

这些涉及文学史的问题，在专门讲这些问题的下一章里还要讲到。这里我们只需要确定形式主义观点里存在着原始的心理主义这一事实。形式主义者由于使作品与意识形态视野相脱离，从而把它与接受时的偶然的主观条件更紧密地联系起来。其中一方是另一方的必然结果。

形式主义把作品与现实的社会交际割裂开

关于作品是外在于意识的实体的学说，还有一个十分重要的缺点。

形式主义在试图使作品脱离主观心理的同时，也把它与社会交际的客观事实割裂开来，结果艺术作品成为商品拜物教中的物品那样的无意义的东西。

任何表述，包括艺术作品在内，是与交际完全不可分的信息发送体。同时作品任何时候也不是现成的、一成不变的发送体。

被发送的东西与发送的形式、方法和具体条件不可分割。发送体本身随着交际的形成而形成。而形式主义者在进行解释时，不做说明就假定有完全现成的和静止的交际以及同样静止的交往。

这可表述如下:已知两个社会成员 A(作者)和 B(读者);这时他们之间的社会关系是静止不变的;还有某种现成的信息沟通 X,只需要把它由 A 转达给 B。在这现成的信息沟通 X 中,可区分出"什么"("内容")和"如何"("形式"),同时艺术语言的特点是"重在表达"("如何")。

上述表述早在形式方法发展的初期就形成了,当时把诗歌作品与生活实用的、现成的和自动化的表述对立起来。作品成为这种表述的反面。

上述表述是根本错误的。

实际上,A 与 B 之间的关系处于不断的变化和形成之中,就是在交往过程之中它们也发生变化。

也没有现成的信息沟通 X。它是在 A 与 B 交际过程中形成的。

再说,它完全不是由一个人传给另一个人,但是它像一座意识形态的桥梁一样在他们之间建立起来,在他们相互影响的过程中建立起来。这个过程既决定形成中的作品主题的统一,也决定其实现的形式;两者无法分开和区别,如同一层一层地剥葱头时无法找到内核一样。

假如我们能从这个生动的客观社会过程中分出现成的作品这样的东西的话,那么我们面对的将是一些本身无任何运动、无形成过程和相互影响的抽象物。

然而形式主义者试图赋予这些抽象物以某种生命力,迫使它们相互影响和互为条件。

作品只有在社会交际之中并作为其不可分割的成分,才能相互之间发生真正的、实际的相互联系。这种相互影响完全不需要通过主观意识的中介,因为后者不是离开客观交际中的物质表现而出现的。发生相互联系的不是作品,而是人,但是他们通过作品的媒介发生联系,这样也把他们带入所反映的相互关系之中。

形式主义者把作品变为不是外在于主观心理的东西,而是外在于进行交际的人们的相互关系和相互影响的东西,认为作品是在他们之间建造("创作")的,并在他们之间,在他们历史更替过程中继续存在。作品的每一个成分可以比作拉在人们之间的一根线。整个作品是这些线织成的网,这张网使掌握作品的人们相互之间产生复杂的和有区别的社会影响。

处于人们之间的思想表述以及诗歌作品,首先取决于他们之间最接近的相互关系,取决于他们的社会的同等性或对立性的最接近的形式。这些直接的和个性化的相互关系决定表述的最变化不定的和最有个人特点的成分,决定它的表达的语调、个人对词和词语的选择等。

还有,表述就其最典型的和最重要的成分来说,决定于作为一定社会集团和利益的代表(归根结底作为阶级的代表)的说话者之间固定不变的和比较一般的相互关系。

这些相互关系的最深层,可以离开说话者的主观意识而存在,然而仍决定他们的表述深层的结构成分。

作品作为人们交际的意识形态的实体而处于人们之间,如果离开人们组成的相互关系的这些形式,其任何一个功能就不可能得到理解和研究。

问题不在于说话者或从事艺术创作的人的主观心理,问题不在于他们想到的、感受到的和需要的是什么,问题在于他们的相互关系的客观的社会逻辑向他们提出什么要求。这一逻辑最终也决定人们的感受("内部言语")本身。这些感受只是已组成的社会性的相互关系的同一客观逻辑在意识形态上的另一种比较不大重要的折射。

形式主义者把作品与人们的相互影响(作品是其中的一个成分)割裂开来,从而他们也就破坏了所有的本质联系。他们只把作品与某个脱离历史的、不变的,只要求定期以可感觉的东西取代自动化的东西的人相互联系起来。接受的人不能在作品中感觉到另一个人、另一些人,包括敌人和朋友;他只感觉到物,更确切地说,只有一种由这个物引起的空洞的感觉。

"外"与"内"的辩证法

　　交际的形成决定文学和每一部单独的作品的各个方面——在作品的创作和接受过程中——的形成。另一方面,交际的形成也辩证地决定于作为自身的一个因素的文学的形成。在这个形成过程中,发生变化的完全不是作品的那些保持不变的成分的组合,变化的是这些成分本身,同时它们的结合、整个整体也发生变化。

　　文学和单个作品的这种形成,只有在意识形态视野的整体中才能理解。当我们使作品脱离这一整体时,它就变成内在静止不动的、僵死的东西。

　　我们知道,意识形态视野不断地形成着。这种形成与任何形式一样,是辩证的。因此,在这一形成过程的每一时刻,我们都可在意识形态视野中发现冲突和内在的矛盾。

　　艺术作品也被卷入这样的冲突和矛盾之中。它吸收意识形态环境的一些成分,把它们接受下来;把另一些成分作为外在的东西而加以摒弃。因此,"外在的"和"内在的"东西在历史过程中辩证地调换了位置,在这种情况下当然并不完全等同。今天对文学来说是外在的东西,是文学外的现实的东西,明天可能作为内在的结构因素进入文学;而今天是文学的东西,明天可能成为文学之外的现实。

　　关于日常生活成为文学,而文学可成为日常生活这一点,形式主义者自己是知道的。他们也知道,文学在这种情况下仍然是文学,而日常生活也仍然是日常生活,在这样变换位置时这两个领域的独特性完全保留下来。

　　关于这一点蒂尼亚诺夫是这样说的:

　　"在日常生活进入文学的地方,它本身成为文学,并应作为文学事实来评价。观察一下艺术日常生活在文学发生转折和革命的时代所起作用,是很有趣的,那时众所公认的、占统治地位的文学派别崩溃了、完结了,而另一种流派尚未确立。在这样的时期,艺术日常生活本身暂时成为文学,占据它的地位。当罗蒙诺索夫的高雅的诗法走向衰落时,在卡拉姆津时代家庭日常文学生活的琐事——友好的通信、三言两语的笑话——成为文学事实。但是这里现象的全部本质就在于日常生活的事实被提高到了文学事实的高度。在高雅体裁占统治地位的时代,同样的家庭通信只不过是日常生活的事实——它与文学没有直接关系。"①

遗憾的是,形式主义者把文学与文学之外的现实(这里讲的是文学性的日常生活)的相互关系说成其中一方单方面地吞没另一方的关系。他们在承认日常生活可以进入文学、可以"提高到文学事实的高度"的同时,认为它因此不再是日常生活了,它是靠放弃自己的日常生活意义而获得文学结构意义的;日常生活意义被取消了。

实际上,这里完全不发生一种意义被另一种意义代替的情况,而是把一个意义放到另一个意义之上,当然这不是机械的叠放。是给事实的日常生活意义增添文学结构意义。假如事实没有日常生活意义或者在进入文学时失去了它,那么这个事实对文学来说是无用和无益的。

这种说法对文学之外的其他所有现象来说也是正确的。哲学思想从哲学进入文学或从文学进入哲学(例如陀思妥耶夫斯基的许多思想进入了俄国哲学),它在这进出过程中并不失去自身的意识形态本质。而且当这个日常生活事实或这个思想处于文学之外时,它们与文学之间也发生积极的和非常重要的相互影响。因为如果日常生活的这一事实处于文学之外,那么在文学之中会有另一个日常生活的事实,它与头一个事实发生某种相互关系(例如,发生矛盾)。而且除此之外,文学本身作为文学,既面向整个日常生活,也面向这种具体的日常生活。

当文学感到某些社会因素和社会要求是它外在的东西,与它的本

---

① 蒂尼亚诺夫:《诗歌语言问题》,第123页。——作者

性格格不入时,绝不能得出社会因素本身与文学格格不入的结论。实际上,只有当一个社会因素与文学本身之中带有另一个阶级的倾向性的另一个社会因素相对立时,这个因素才是真正的外在因素。

与这个社会因素相对抗的不是文学的本性,而是成为这一时期文学的内在因素的另一个敌对的社会因素。

两种社会倾向的这种斗争,采取各种不同形式,例如宣布"为艺术而艺术""艺术具有自治的本性""任何艺术具有审美的假定性"等。所有这些理论的基础,是某种艺术与某些社会条件相矛盾这一实际存在的事实。但艺术的内在社会本性在这些观点中表现得很清楚,清楚的程度并不逊于艺术与时代的社会要求直接联系和协调一致的情况下的表现。对文学和文学之外的现实(意识形态的和其他的现实)的"外在的"和"内在的"东西的辩证理解,是建立真正的马克思主义文学史的必要条件。

艺术假定性问题

这里必须简单地讲一下"艺术假定性"(художественная условность)的概念。

这个概念在艺术学和文艺学中非常流行。形式主义者也经常使用它。

艺术本身之中的某些实际现象符合这个概念。有时进入艺术结构的意识形态材料确实在其中变成了假定性的东西,某些派别、流派或个别艺术家的特点就是如此。但是把这一特点推广到整个艺术上去,是完全不能允许的。

值得注意的是,当某种意识形态价值在艺术中变得具有假定性时,它对这个流派的代表来说,在艺术之外也变得具有假定性。材料变得具有假定性,通常在某一流派被取代之前,即在它的生命行将结束时,即在多数情况下掌握在模仿者手中的时候。例如,古典主义者所用的意识形态材料,在古典主义瓦解的时代成为假定性的东西。浪漫主义也是如此。我国象征主义所用的意识形态材料,无论在艺术、生活还是在哲学中,他们都是当作真的东西看待的。而这种材料在阿克梅主义者那里就成为假定性的了。但是由于生活没有提供新的材料和新的思想激情,因而在阿克梅主义的基础上产生了关于艺术材料完全具有假定性(虽然采取适当的形式)的学说;不过激情尚未完全消失。

这个过程就反映在文学中。材料之所以不再被否定,完全不是因为它由于心理技术的原因而在艺术结构中自动化了,而是因为它不再是意识形态视野以及这个时代的社会经济条件中迫切需要的东西了。如果它是迫切需要的,那么任何重复对它来说都不可怕。

假如形式主义者在说明接受过程的心理技术条件时能研究一下实际的心理技术学,那么就会在其中发现这样一个基本原理:对一个对象的兴趣愈浓厚和强烈,那么对它的观察和感觉就愈清楚和全面。

当一个在意识形态视野方面没有很大分量的材料进入艺术时,它在意识形态方面的直接的迫切性之不足,应通过某种其他途径加以补偿。这种补偿通常是通过加强和扩大此材料在纯文学范围内的联系而实现的。在这材料的四周聚集起了其他文学作品、流派、派别以及时代的各种纯艺术的、引起联想的相似物。材料周围出现纯艺术的联想、反响、暗示。它的文学性因此而能特别强烈地感觉到。

极度加强意识形态分量较轻的材料在文学范围内的联系,有两种做法。艺术家可以采取正面的方法,通过积极的追忆和联想,选择该材料与其他文学作品共鸣的东西。但是艺术家也可努力制造差别的感觉,制造所谓的"差异感"[①](дифференциальные ощущения)。

两个做法通向同一个目标:使该材料在纯文学范围内由于总的来说得到扩大的情况下更加牢固地在其中扎根。用这种方法加以补偿的意识形态分量较轻的材料,就成为假定性的了。

不错,这种假定性与平淡的、模仿者的假定性有所区别。因为这

---

① 布罗德尔-克里斯蒂安森的术语。——作者

里还是想通过诉诸文学的过去,改变和革新它的前后联系来唤起材料的思想激情,加强它的重点,而模仿者的假定性只不过是重复那些带有意识形态上已经失去意义的死材料的文学公式的结果。

应该严格区别以下两种情况:一种是通过有意制造区分感来更新材料;另一种情况是,在某些读者群的意识中产生的这些区分感,完全不包括在艺术家的构思之中或为某些别的目的服务。例如,感伤主义者完全不想制造对古典主义的区分感,如果说有时在艺术上有意地制造了这种感觉的话,那么这是为了不仅把文学的东西,而且把一般意识形态的东西与古典主义敌对地对立起来。感伤主义者的材料具有充分的意识形态的现实性,不需要所反对的流派的引起联想的艺术相似物。

形式主义者通常不区分这些情况,而且也区别不了,他们仍然相信自己和信守自己的那种否定材料的意识形态实质的理论。

时代的意识形态视野的价值中心是文学的基本主题

还有一个问题需要分析一下,这个问题与形式主义者关于作品是外在于意识之外的实体的学说相联系。

他们把作品隔绝开来,把它完全封闭起来,使之与意识形态视野相脱离,这样他们就给自己堵塞了理解文学材料的一个非常重要的特点的道路。

艺术家寻找的是那种处于几个意识形态系列的交点上的材料。材料中纵横交错的意识形态道路愈多,它所触及的意识形态内容愈多样,那么它愈能被强烈地感觉到。

每个时代都有其意识形态视野的价值中心,意识形态创作的所有道路和意向,似乎在它那里会合。正是这个价值中心成为这个时代的文学的基本主题,或者更确切地说,成为各种主题的基本复合体。而我们知道,这些主要主题是与一定的体裁相联系的。

每一个文学时代占首位的主题,从来都是贯穿于意识形态创作的所有领域的主题。而在意识形态各领域具有统一的现实问题的背景上,每个领域的特点显得特别清晰。

艺术以表现时代的意识形态视野共同的价值中心为目标,它不仅不因此而失去其独特性和特殊性,恰恰相反,这里能最充分地表现出特殊性。艺术上完成具有历史现实性的东西,是一项最困难的任务,这一任务的解决是艺术的最大胜利。

已经失去历史现实性的东西,已经完成的,或者更确切地说已为历史本身所取消的东西,要完成它并不困难,但是这种完成将不会被感觉到。因此,艺术家使用历史材料时,他使它与现实发生价值联系,从而赋予它以意识形态的现实性。

如果这种联系找不到的话,那么这个历史材料就不能成为艺术完成的对象。因为主题的统一体固然可以推到任意的远方和过去,但作品的实体的展开是在当代社会交际的条件下进行的。通过贯穿一切的社会评价的力量使远方和过去与当代融为一体,这就是任何历史体裁的艺术结构的任务。

现在归纳一下。

形式主义者断定文学作品是外在于意识的实体,他们通过这种说法所清除的,并不是个人感觉的主观性和偶然性。不,他们使作品与所有使它成为历史地真实的和客观的东西的领域相脱离,使它脱离意识形态视野的统一体,脱离社会交际的客观现实,脱离作品产生的时代的历史现实性。

结果作品处于主观的空洞感觉的闭塞圈子里而与外界隔绝。而艺术创作的参加者和接受者也失去历史真实性,变成某些心理生理的个体,变成某种感觉装置。

这个学说是形式主义诗学的必然结果,它使得形式主义的文学史毫无用处。

第二章 形式主义关于文学历史发展的理论

形式主义关于文学历史交替的观点

形式主义者关于文学历史发展的观点,完全是由上述把作品看作外在于意识的实体的理论以及由他们关于艺术接受的学说得出的。

形式主义者在分析文学历史系列即艺术作品及其结构成分的系列时,完全不顾所有其他的意识形态系列和社会经济发展。形式主义企图在纯粹的和封闭的文学系列内部揭示出形式发展的内在规律性。

文学史发展的不间断的和有其自身的必然性的道路,似乎是一条从作品到作品、从风格到风格、从派别到派别、从一个主要结构成分到另一个主要结构成分的道路,它绕过文学之外的一切等级和力量。不管世界上发生什么事,不管出现哪些经济的、社会的和一般意识形态的变化和转折,文学系列总是以其不可动摇的内在必然性,从本身发展的一个环节走向另一个环节,不理会周围的一切。

这个系列受它之外的因素的影响,可能出现中断,可能发生变动。文学之外的现实可能阻碍它的发展,但是根据形式主义的理论,它不能改变这种发展的内在逻辑,不能给这逻辑增添任何新的和重要的内容。形式主义者那里是没有相互影响这一范畴的。在最好的情况下,他们只讲文学系列本身内部几个同时存在的方面之间部分的相互影响。他们只了解一个个时期的演化过程。

然而形式主义者对文学历史发展链条上环节变换本身的性质的看法,是与关于进化的一般看法大相径庭的。在前一环节和后一环节之间,从确切的和严格的意义上讲,没有继承联系。后一环节完全不是像在自然科学进化中那样,作为前一环节中蕴藏的潜能的进一步发展、进一步发挥和复杂化,而从前一环节演变而来。

严格地说,形式主义者所理解的文学史发展过程,无法称为进化或发展而不引起歧义。形式主义者所想象的更替,是服从于一定规律的,但这绝不是进化性的更替。

什克洛夫斯基说:"文学史沿着断断续续的、不断发生转折的路线前进。"这是由于文学派别和流派的继承"不是父子相传,而是叔侄相传"。所发生的是形式主义者称之为"后辈典范化"的现象。

这种关于文学历史更替的学说,是在形式主义发展的第一、二阶段之交形成的,后来一直未变。它的第一个完整的纲领是什克洛夫斯基在《罗扎诺夫》(诗语研究会,1921年)一书中提出的。他的这个提法后来做了一定的补充和详细的说明,进行了更深刻的论证,但是本质未变,它作为所有形式主义者的文学史著作的基础而一直流传至今。鉴于什克洛夫斯基最初的纲领性意见在历史上和理论上的重要性,现把它整个地引述如下。

什克洛夫斯基说:"在每一个文学时代,存在着不是一个,而是几个文学派别。它们同时存在于文学之中,其中之一是文学中成为典范的顶峰。其余的不作为典范而存在,显得默默无闻,如同普希金时代丘赫尔别凯和格里鲍耶陀夫诗中的杰尔查文传统与俄国轻松喜剧诗的传统和一系列其他传统(例如布尔加林的纯惊险小说传统)同时存在一样。

"普希金的传统不是接着它而继续发展的,也就是说,发生了类似天才们没有产生出天才的和才华出众的后代的现象。

"但是在这同时,下层中创造着新形式来代替旧艺术的形式,后一种形式给人的感觉至多不过是言语中语法形式给人的感觉,而这些语法形式已从艺术定向的成分成为辅助的、感觉之外的成分。后辈占据先辈的地位,轻松喜剧作者别洛皮亚特金成了涅克拉索夫(见奥西普·勃里克的著作),18世纪的直接继承人托尔斯泰创作了新的长篇小说(见鲍里斯·艾亨鲍姆的著作),勃洛克把'茨冈的情歌'的主题和节律定为典范,而契诃夫则把《闹钟》杂志的幽默小说引进俄国文学,陀思妥耶夫斯基把低级趣味小说的手法提高为文学规范。每一个新的文学派别的出现是一次革命,是某种类似新阶级的产生的现象。

"当然,这只不过是一种类比。被战胜的'派系'并不被消灭,仍然存在。它只是被从顶峰上推下来,到下面暂时休息,可能重新复活,成为终身的觊觎王位者。而且实际情况更为复杂,这是因为新的霸主通常不是从前的形式的单纯的恢复者,它变得很复杂,既有其他晚出现的派别的特点,又有从那曾占据王位、如今起辅助作用的先行者那里继承来的特点。"①

文学史发展的心理生理前提

这种观点的前提是什么呢?

基本前提是"自动化——可感觉性"的规律。

姑且假定形式主义者所理解的这个心理生理规律(无法给它下别的定义)是实际存在的,甚至假定它可以用来解释文学现象。但是这一规律仍然未得到任何论证,并不能说明什克洛夫斯基所描写的文学派别的更替。

我们已经知道,实际上这个规律只能在一个有机体的生命活动的范围内得到应用。因此,从旧形式到新形式、从自动化到可感觉性的过渡,应当在一代人的范围内完成,而且只是为了这代人而完成的。也就是说,旧形式对父亲一代来说既应当自动化,而且也应当具有最大限度的可感觉性,因而取代它的新形式也应有艺术上的理由。

但是在这种情况下,"自动化——可感觉性"的规律所能论证和说明的,只是新旧形式的历史的同时性,即先后派系的共存,而完全不是它们的交替。

进行这样的交替,下一代人——儿子一代——应赞同后辈的派系,能比父辈更强烈地感觉到它的形式。但是根据"自动化——可感

---

① 什克洛夫斯基:《散文理论》,第163页。——作者

觉性"的规律,完全没有这样做的理由。儿子一代在先后派系之间的处境,类似布里丹笔下的驴的处境①。两者的可感觉性的心理学前提是完全相同的,只有偶然的推动能使布里丹所说的驴动作起来,让它转向这个或那个方面。因此,后一派系达到典范化,而已成为典范的先前的派系平安无事地继续存在的现象,同样都是完全可能出现的。

可以做这样的设想。旧形式之所以对儿子一代来说比较自动化,是由于他们受到这种形式的耳濡目染,这种形式对他们来说是学校文选课本上的形式,对他们来说这是某种"预先找到的"形式。

然而这样的设想是完全不对的。

在学校教育和文选中共存着各种所谓的"经典的范例"。学校教授的文学在多数情况下是一个特殊的有机整体,它并不与这一民族文学史上存在的任何一个艺术流派相吻合。儿子们从来不接受他们的父亲们积极从事的文学的教育。学校在绝大多数情况下都是与当代文学隔绝的。

而当代文学对学生们来说,是父辈的文学。"预先找好的文学"——教育和培养个体使其成长起来的文学——是一个特殊的和非常重要的文学史范畴,这范畴从根本上区别于诸如"艺术流派""艺术派别""艺术趣味"等范畴。"预先找好的文学"部分地与"古典作家"(从不属于某流派的意义上说)的作品相一致。在我国预先找好的文学中,普希金与涅克拉索夫、普希金与屠格涅夫、屠格涅夫与托尔斯泰等和睦地共处着。

艺术流派或派别开始作为一定的艺术事实而被感觉到,在时间上要晚一些,这时接受者已经几乎是成年人了。他们同样地接触到前辈和晚辈的作品,"自动化——可感觉性"的规律并不为他喜欢这一种文学而不喜欢那一种文学创造任何前提。决定这种选择的,当然完全是另一些前提。

---

① 出自 14 世纪法国哲学家布里丹的譬喻,说的是一头驴被置于完全相同的两捆干草和两桶水之间,它不知道选哪捆干草和哪桶水为好。——译者

可见，形式主义者从他们的前提出发不能加以解释的，正是这种一个流派为另一个流派所取代的历史的交替。

这是完全可以理解的。任何心理生理规律都不能作为解释和说明历史的基础。它正好不能解释和说明历史。

文学进化的图式

但是在什克洛夫斯基的议论中，还有一个对形式主义者来说极有代表性的设想。

后出现的派系在多数情况下不是某种绝对新的东西，而是现时典范化的派系的先行者，即是上一阶段之前的派系。例如在普希金时代，杰尔查文的传统还继续存在于丘赫尔别凯的诗中；又如18世纪的直接继承者托尔斯泰创立了新的小说。

不错，形式主义者认为新的和首创的后起派系也可能存在和达到典范化，但这完全不是形式主义的图式所要求的。根据它的图式，这种新颖是偶然性的和不可解释的。它不是由文学内部发展的要求引起的。

艾亨鲍姆以下的一段话很值得注意：

"新的艺术形式的创造，不是一种发明，而是一种发现，因为这些形式潜藏于以前的阶段的形式之中。莱蒙托夫当时应当发现的是这样的诗歌风格，这种风格应成为走出20年代之后形成的诗歌创作的死胡同的出路，并且它已以潜伏的形式存在于普希金时代某些诗人的创作之中。"[1]

实际情况是，形式主义所讲的文学内部发展的规律完全不要求发明新的形式。

形式主义的图式只需要有两个相互对立的艺术流派存在就行，例

---

[1] 艾亨鲍姆：《莱蒙托夫》，第12页。——作者

如杰尔查文的传统和普希金的传统的共存,这里暂且假定它们处于形式主义理论所要求的相互对立之中。杰尔查文的传统为普希金的传统所取代。杰尔查文的传统又成为后起的派系。经过一段时间杰尔查文的传统取代普希金的传统,后者这时转而处于后起派系的地位。这个过程可无限地继续进行下去。不需要任何新形式。即使出现了新形式,从文学发展的观点来看,也是由于纯粹偶然的原因。

不管这一部由两个流派构成的 perpetuum mobile(永动机)是如何的荒谬,形式主义者却竭力想使它保持尽可能纯粹的形式,非常不愿意承认出现新形式的可能。当然不承认也是不行的,特别是因为要进行组合的话,也不只是组合两个流派即可,而应组合几个流派。

再说,根据形式主义的图式,其中各个成分的前后顺序完全是偶然的。

当然,如果第一个成为典范的是杰尔查文的传统的话,那么接踵而来的应是普希金的传统。但是根据公式本身,情况可能完全相反——先是普希金的传统,然后才是杰尔查文的传统。从图式本身来看,杰尔查文的流派正好存在于18世纪,而普希金的流派正好出现于19世纪初,这都完全是偶然的。

要解释清楚这种与时代的联系的必然性,需要打破纯文学系列的界限。在文学系列之中,各个成分的位置是可以移动的:不管怎样移动它们,它们将同样是相互对立的。

再补充一点:这整个图式要求有这样一个人,对他来说杰尔查文的传统为普希金的传统所取代。如果他死了,普希金的传统能否重新出现——对他的儿子来说是无所谓的。当然这个假设的人可能有无限多的替身;同时代人——一代人的代表可能很多。但是同一时代的人不构成历史上存在的人类。

我们丝毫也没有过分渲染形式主义关于文学进化的图式;我们只不过赋予它逻辑上的明确性而已。在形式主义者自己的著作中,这个图式充满着为它安排的历史材料,这些材料在一定程度上掩盖了它的

文艺学中的形式方法

219

荒谬性，使得初看时不易发现。

任何图式，不管它如何不正确，总是能用来归纳和整理自身有意义的历史材料的。但是如果公式不正确，那么这种整理将不符合现实情况，只能给人造成关于现实的错误观念。此外，所选择的将是非本质的材料；即使是本质的材料，也是因为没有照图式行事和由于偶然情况造成的。

可是形式主义者并不害怕彻底性，他们相当明确地提出了自己的图式，例如在上面引用的什克洛夫斯基的话里，就是这样做的①。

形式主义学说中缺乏对进化的真正理解

我们已经说过，"进化"这一术语，不能运用于形式主义者的理论。

从实际情况来看，我们能否把这个流派更替的图式称作文学的内部进化呢？当然不能。在前的形式不包含在后的形式的任何潜在因素，不包含对后一形式的任何暗示或指示。

符合"自动化——可感觉性"规律的对立的形式，可能不胜枚举。因而在前的形式丝毫也不以在后的形式为前提。所以可能有这样的情况，某个以前在历史发展中存在过的形式成为后来的对立的形式。

假如杰尔查文的传统要求以普希金的传统为前提，那么它就不可能在普希金的传统之后重新出现；反过来，普希金的传统不能预先决定在它之前存在的杰尔查文的传统。可见，根据形式主义的观点，在文学史上不断交替的形式之间，没有任何带有进化性质的关系，不管我们对"进化"和发展这两个词做如何广泛的理解。

蒂尼亚诺夫的纲领性文章《论文学的事实》对理解现代形式主义来说非常重要，他在其中发表的宣言式的意见说得特别明确：

"文学史家在为作为'本质'的文学制定'坚实的''本体论的'定

---

① 蒂尼亚诺夫的比较新的提法，下面将要谈到。——作者

义时,应当也把历史交替的现象看作是和平继承、和平地和有计划地展开这个'本质'的现象。这样就出现一种整齐清晰的图景:'罗蒙诺索夫产生杰尔查文,杰尔查文产生茹科夫斯基,茹科夫斯基产生普希金,普希金产生莱蒙托夫'。普希金关于自己的所谓先辈的明确意见(杰尔查文是'不识俄国字的怪物',罗蒙诺索夫'对文学产生了有害影响')就被忽略了。也忽略了这样的事实:杰尔查文继承了罗蒙诺索夫,不过不用他的颂歌;普希金继承了18世纪的大形式,把卡拉姆津的小东西变成大形式;他们所有的人之所以能继承其前辈,只是因为排除了前辈的风格,排除了前辈的体裁。还忽略了这样的情况,即更替中的每一种新现象就其成分来说,是异常复杂的;只有在涉及派别和模仿的现象,而不是涉及文学进化(其原则是斗争和更替)的现象时,才能谈论继承性。"①

斗争和更替完全不是进化的原则。

不错,斗争可能发生在进化的范围内,但是它本身还不能左右进化。进行斗争的,可能是平行的、相互之间无进化联系的现象。

至于说到更替,那么问题正好在于:这种更替属于哪一类——它是进化中的更替还是另一种更替,例如机械的因果上的更替,或相互之间毫无联系的两种现象在时间上偶然的更替,或只有不大相干的和偶然的联系的现象的更替。譬如说,在一个人的意识中,两种毫不相同的现象能根据某种内心的联想而发生联系。

总之,无论是更替还是斗争,都不能证明进化。揭示两个现象的相互斗争和更替,还完全不意味着揭示它们进化上的联系。要揭示进化上的联系,需要揭示的完全是另一个东西:需要揭示出,这两个现象相互间具有本质联系,前一个现象本质上必然地决定后一个现象。

蒂尼亚诺夫未揭示出的,正好是这一点。相反,他力图说明,在文学中进化是完全没有的,居统治地位的完全是另一种类型的更替。后来又完全不加批判和违背任何逻辑,把这种更替称为进化。

---

① 《列夫》,1924年第2期(总第6期),第104页。——作者

其次，不知道为什么，蒂尼亚诺夫认为继承一定应当是和平的。可能存在完全不是和平的继承，但这仍然是继承。而且在一定程度上，任何继承都是非和平的。辩证联系也可称为继承（应用于一定现象），但它绝不是和平的联系。辩证的否定是在被否定事物内部产生和成熟的，例如，社会主义是在资本主义内部成熟起来的。现象本身必然为否定自身准备条件，从自身之中产生否定。如果否定来自外面，那么这不是辩证的否定。

蒂尼亚诺夫没有揭示，也不着力于揭示，杰尔查文废除罗蒙诺索夫的颂歌的做法是在罗蒙诺索夫的颂歌内部酝酿成熟的；罗蒙诺索夫的颂歌本身根据其内在的必然性准备了这种废除；颂歌之中积累起来的矛盾必然地要炸毁它，在它的位置上创造出新质的东西——杰尔查文的颂歌。

当然，我们并没有在这里肯定，在罗蒙诺索夫和杰尔查文的颂歌之间确实存在着这样的辩证继承性；我们暂时把这个问题作为一个悬案。但是，假如蒂尼亚诺夫揭示了这一点，他就有权谈论进化，谈论辩证的进化。然而蒂尼亚诺夫和其他形式主义者不仅没有这样做，而且也不想和不能这样做。

这样的理解，是与他们观点的基础不相容的，因为这样就谈不上历史系列的可逆性了。此外，还需要从这个文学形式本身之中揭示其被废除的必然性。但是这对形式主义来说，是"力所不及的"。

"自动化——可感觉性"
规律是形式主义的基础

形式主义者理解的文学进化，绝不是文学内部的事情。

因为根据他们的理论，一种形式到另一种形式的过渡，完全不是由文学独特的本性决定的，而是由"自动化——可感觉性"的心理规律决定的，是由与文学的独特本性毫无关系的最一般规律规定的。

杰尔查文废除罗蒙诺索夫的颂歌,完全不是因为颂歌本质的进一步发展要求这样做;不,之所以废除,是因为高雅的颂歌对杰尔查文及其同时代人来说,变得可以自动化地接受了。粗俗化是这种心理的自动化产生的结果。

蒂尼亚诺夫说:"在分析文学进化时,我们可以看到以下几个阶段:(1)针对已达到自动化的结构原则,开始辩证地形成相反的结构原则;(2)这个原则开始应用——结构原则寻找最容易的应用方法;(3)它被推广到极为大量的现象上;(4)它变成自动化的东西,产生相反的结构原则。"①

很遗憾,蒂尼亚诺夫在这段话里用了"辩证地"一词,但用得完全不是地方。蒂尼亚诺夫所列举的所有进化阶段,既不是一般的进化阶段,也不是文学进化的阶段。

根据蒂尼亚诺夫的说法,相反的结构原则是"针对已达到自动化的结构原则"形成的。可见,现有艺术结构的"自动化"就产生了对这结构的否定。但是由此就必然会得出这样的结论,这种否定与这种结构的内在本质绝对无关,完全不是这种本质产生的。因为"自动化"不作为一个成分包括在文学结构之中,"可感觉性"也不包括在结构之中。

我们应当把与文学相应的艺术接受包括在文学之中,因为离开这种接受文学将成为自然之物。但是这种包括在艺术结构之中的对文学的接受,也和结构本身一样与内容相适应,完全符合结构的独特性。对罗蒙诺索夫的颂歌的接受,与对杰尔查文的颂歌的接受有质的不同。

通过接受可掌握艺术结构的内在独特性以及借助于结构实现的价值。

自动化和可感觉性却完全不是这样。自动化和可感觉性,不管是属于罗蒙诺索夫的颂歌的,还是属于杰尔查文的颂歌的,完全是一样的;哪一种颂歌达到自动化和哪一种变得可感觉到——这完全取决于由谁和什么时候来感觉。自动化和可感觉性同样地适用于任何作品,

---

① 蒂尼亚诺夫:《论文学的事实》,第108页。——作者

或者更确切地说,同样地与作品的内在独特性无关,只说明某种绝对处于作品之外的东西——接受者偶然的主观状况。

如果同一部作品今天能被感觉到,而明天出现自动化,或者同时可为一些人自动化地接受和为另一些人所感觉到,那么可感觉性和自动化无论如何不能认为是这部作品的内在特征,如同不能把听者的听觉迟钝、他们的无精打采,或者相反,他们异常的兴奋状态看作作品的内在特征一样。

假如形式主义者联系时代总的意识形态条件和社会经济条件来讲可感觉性和自动化,那么情况就会有所不同。虽然在那种情况下,可感觉性和自动化本身只是伴随现象。文学史家的工作将是揭示这一结构与时代的具体内容的不相适应,或者相反,将要揭示这部作品在历史视野中真正的历史现实性。因此,在这个条件下,可感觉性和自动化也仍然是纯形式的和空洞的概念。

但是它们至少可以从心理生理的范畴转入历史的范畴。不过这样的理解完全是与形式主义者的学说格格不入的。

再说,自动化和可感觉性不仅可加到文学作品上,而且可加到任何事物和现象上。可感觉性是任何自觉理解的 conditio sine qua non(必需的条件),不仅对理解任何意识形态现象如此,而且对理解自然现象也是如此。但正是作为 conditio sine qua non,可感觉性完全与理解的东西的内容无关。像这样一般的起码条件可以一概排除在外。

总之,无论是自动化还是可感觉性,不能认为是艺术结构本身的特征以及对它内在特点的说明。因此,蒂尼亚诺夫所说的进化的第一阶段,与文学的形成毫无关系。这里所说的,只是在能进行感觉的非历史的主观意识内一种结构替代另一种结构的现象。在这范围内两种结构虽发生接触,但要从这种非历史的和偶然的接触中得出文学本身实际的进化,无论如何是不行的。

蒂尼亚诺夫所说的进化的第二个阶段(在这阶段结构原则寻找最容易的应用方法)也是非历史的,而从文学本身的独特性的观点来看,是偶然性的。"最容易的"这一概念,也与可感觉性的概念一样,同样是相对的和心理技术的概念。

第三个阶段涉及现在的范围内已形成的、已有的现象的推广。它与历史和进化同样没有任何关系。

第四个阶段使我们回到整个"进化"的开头。当然,在这个阶段,可在完全符合蒂尼亚诺夫的进化图式的要求的情况下,回到前一个进化环节,也就是说,这种进化可以只有两个环节。

在蒂尼亚诺夫的进化图式的基础上,无论如何是无法理解出现全新的第三个环节的必然性,或者哪怕只是可能性的。如果文学中已经有了两个相互对立的流派,那么形式主义者所理解的文学内部便不可能产生任何创造性的动力,来推动第三个流派的产生。只有非文学活动的外来的干涉,才能促成第三个流派的创立。

令人惊异的是,形式主义者自己完全没有发现,他们的所有观点具有显而易见的心理主义基础。因为他们甚至不掩饰这个基础:他们处处把"可感觉性"和"自动化"这两个术语用在自己的图式里。如果有最起码的方法论的敏感性,他们就会注意到这些术语及其包含的意义的心理生理学性质。

形式主义的这样一些话,例如艾亨鲍姆下面的一段话,更使人感到惊讶。他在批评马克思主义者和托洛茨基个人时说:

"要知道有时甚至弄不清应如何评定这个文化现象——确定它符合还是不符合当前的社会政治需要。例如,不仅在艺术中,甚至在科学中,托洛茨基本人就指出,关于爱因斯坦的相对论是否与唯物主义相容的问题,如同关于弗洛伊德的心理分析理论的问题一样,还不清楚和尚未解决。如果是这样的话,那么就有这样一个问题:从是否与社会经济理论公式相符的观点出发,来观察那些就其与社会生活的联系来说更为复杂的艺术现象(要知道除文学之外,还有音乐、绘画、建筑、芭蕾舞)的做法,是否卓有成效?在这种情况下,一切具体的东西,一切特殊的东西是否会消失?所得出的是否会是什么也不能说明的简单的心理的形成过程而不是真正的进化?"①

但是,除了说明新形式简单的心理上的形成,指出它是由接受时的心理生理条件产生的以外,形式主义的进化图式又能说明什么呢?

马克思主义任何时候都运用历史的范畴。这些范畴,在形式主义者的学说里是没有基础的。艾亨鲍姆针对马克思主义和弗洛伊德主义提出的批评意见,只有对弗洛伊德主义来说才是正确的。但是这些批评意见对形式方法本身最为适用。

应当说,形式主义的心理主义前提是深深地植根于他们理论的基础之中的。修正和放弃这些前提,会使形式主义者的整个理论完全崩溃。

意识形态材料与文学史

如果把形式主义的文学发展公式应用到加入艺术结构的意识形态材料之上,会得出同样荒谬的结论:这个意识形态材料的新颖不仅是不需要的,而且对文学内在的发展来说简直是有害的。

确实,材料的新颖会削弱这个文学流派与前一流派的对立的可感觉性。它把作品与时代、与文学之外的现实联系起来,把注意力吸引到这个现实的方面来。

因此,形式主义者在他们的文学史著作中,特别细心地清除材料的任何直接的意识形态性。因为如果材料本身在周围生活中具有现实意义,那么就很难以需要与前一流派相对立这一点作为理由,来说明为什么要把这材料写入作品,连保持一个近乎真实的样子也不容易。形式主义者取消材料的直接意识形态意义的倾向有时会达到什么样的极端,这可由艾亨鲍姆的《年轻的托尔斯泰》一书中的一段话来说明。艾亨鲍姆从托尔斯泰青年时代的日记中引用了他在1847年写的农村生活的计划,得出了下述完全出人意料的结论:

---

① 艾亨鲍姆:《文学》,第285页。——作者

"很清楚,这不是实际活动的真正的、严肃的计划,多半是作为手法、作为目的本身的计划①。

"现把这个'作为手法的计划'的头几点列举如下:

"我这两年的农村生活的目的是什么?(1)学完大学毕业考试要考的整个法学课程;(2)学完临床医学和部分理论;(3)学好法语、俄语、德语、英语、意大利语和拉丁语。"②

有同样的理由可把任何人记事的台历称为作为手法的日历,因为人有时可能不照日历生活。不但如此,我们还应把托尔斯泰的离家出走看作是一种与托尔斯泰的整个艺术手法具有有机联系的手法。

艾亨鲍姆论涅克拉索夫的文章也以排除涅克拉索夫的主题的社会思想意义为主要目的。例如,他对涅克拉索夫写人民的主题这一做法做如下解释:

"很自然,涅克拉索夫在对文学中已成为典范的体裁采取论战态度的情况下,才求助于民间创作。这始终是艺术中发生急剧的转折,在与经典作斗争时用以革新艺术形式的源泉。我们今天也是如此,例如马雅可夫斯基就利用四句头③。"④

在形式主义者看来,不可能为了材料本身而从根本上革新材料。

形式主义观点中艺术
接受的纯逻辑性和分析性

这里还应指出形式主义者关于艺术接受的学说的另一个特点,这个特点特别明显地表现在他们的文学史著作中。

他们把消极的和创造性的接受归结为对比、比较、区分和对照的

---

① 艾亨鲍姆:《年轻的托尔斯泰》,第 19 页。——作者
② 《托尔斯泰青年时代的日记》第 1 卷,第 31 页。——作者
③ 四句头(частушка),一种押韵的俄罗斯民间短歌。——译者
④ 艾亨鲍姆:《文学》,第 106 页。——作者

行为,即归纳为纯逻辑的分析的行为。这些行为同样地组成读者相应的接受以及艺术家本人的创作意向。这样一来,艺术接受就变得极端的理性化,成为与"按照形式方法"进行的文学史分析不可分割的了。

不用说,对接受的这种理解根本不符合实际情况。

形式主义者把这种纯逻辑性和分析性与"自动化——可感觉性"的理论结合起来。结果得出这样的印象,似乎读者和作者需要通过形式的分析和历史的回顾,使得自己相信手法的自动化和可感觉性。

可感觉性失去任何的直接性,成为某种论证出来的、徒有其名的可感觉性。

形式主义文学史中
缺少"历史时间"的范畴

形式主义者关于文学进化的整个理论,缺少一个极其重要的成分——历史时间的范畴,这是分析他们学说的所有成分得出的必然结果。

实际上,形式主义者只知道某种"持续不断的现在""持续不断的现代"。

这是完全可以理解的。"自动化——可感觉性"的规律要求在一生、一代人中进行。在形式主义者的文学史中完成的一切,都是在某种永恒的现代中完成的。值得注意的是,他们心目中的文学继承性只是模仿。一切都应当纳入现代的范围之内。如果下一个时代继承前一时代的事业,不加以破坏和废除,那么这就是毫无成果的模仿的时代。

请问:那些只有在好几代人和经过几个时代的更替的长时间内才能基本解决的任务该怎么办呢?要知道这样的任务是真正历史的任务。在意识形态创作和社会生活的各个方面,我们都可以看到这些任务,而且它们是最本质的和最重要的。

不但如此,还可以指出这样的组织,例如政党,它们按照纪律和极严格的继承性解决着几百年才能解决的任务。假如这些政党照形式主义者所理解的辩证更替的规律实现进化,那么会怎么样呢?假如这里一切新事物都只是在与旧事物相对立之中构成的,那么科学将会怎么样呢?

当然,这里也经常发生革命,但是它们与任何革命一样,具有纯粹肯定的纲领。按照形式主义者的观点,除了沽名钓誉的自我标榜者外,每个科学家都应称为模仿者。

不管是创作和生活的哪一个领域,我们连运用形式主义进化公式的可能性的影子都没有发现。单只这一点至少已经可以说明,他们的图式能应用于文学史这一点也是大可怀疑的。

我们倾向于认为,形式主义文学史的中心思想源于未来主义,后者带有极端的现代主义性质,在完全没有内容的情况下,彻底否定过去的一切。有这样的印象,未来主义大喊大叫地破坏过去的做法,对形式主义者来说,不由得成为用来理解文学史上的一切图式的图式和雏形。

历史是理论的图解

现在我们可以总结一下。

形式主义者的观点使他们无法研究真正的历史。对他们来说,历史只是一个堆放用来说明他们的理论主张的大量材料的仓库。不是用历史事实来检验诗学,而是从历史中选择材料来证明和具体说明诗学——这就是形式主义者研究历史时提出的实际任务。也就是说,不是要理论去反映历史现实,不,只要用理论的目光,任何理论的目光都可以,就可以看清历史中的任何"材料"。

艾亨鲍姆在《文学和文学的日常生活》一文中说得很清楚:

"我们不是一下子看到所有事实,不是任何时候都看到同样的事实和需要揭示同样的相互关系。但是我们知道和可能知道的一切,在我们的思想中与某一意义的记号建立联系,从一种偶然的东西变成具有一定意义的事实。文献资料和各种回忆录中的大量材料,只有一部分写入历史(并不任何时候都是同一材料),因为历史提供根据和可能,把一部分带有某种意义记号的材料纳入自己的体系。离开理论,就没有历史体系,因为没有用来选择和弄清事实的原则。"①

这是为历史认识的明显的相对主义辩护:规律性无法在现实的历史中揭示出来;只有理论才给混乱的历史现实理出头绪,弄清其意义。但是由此可以得出结论,任何理论都是好的,因为借助于任何理论可以从历史中得到足够数量的事实。艾亨鲍姆就是这样推论的。

这种推论当然是有缺陷的。我们完全不需要把"意义的记号"加到历史现实上去。相反,我们自己的思想和行动只有在服从历史现实本身的意义记号时,才能理解清楚。只有作为历史的意义客观地存在于历史之中的意义,才成为历史的意义。揭示这个意义,正是历史和历史学家的任务。

历史唯物主义就揭示了历史过程的这个客观意义。文艺学及其各个部门,应结合文学的历史现实对其做详细的说明。的确,诗学的所有定义和理论都是原始的,但它们只是初步的。它们将从历史材料中得到最后的证明和实现具体化。把历史当作理论的图解,意味着借助于历史材料使错误变得不易克服,意味着用这材料来掩盖错误前提,使它很难被揭露。

艾亨鲍姆在那篇文章里公开承认:

"近年来研究者们在克服这个体系的同时,放弃了传统的文学史材料(包括传记材料),把注意力集中在文学进化的一般问题上。这样或那样的文学史事实主要用作一般理论原理的例证。"②

我们认为,对历史的这种态度,在很大程度上使得形式主义者不容易及时地认识自己的错误和及时地修正他们最初的学说的基本原理。他们似乎用选择来的大量历史事实把理论淹没了和塞满了。挑选事实很容易,而且可以是新的事实,因为理论也是新的,而历史材料

---

① 《在文学岗位上》,1927 年第 9 期,第 47 页。——作者
② 《在文学岗位上》,1927 年第 9 期,第 49 页。——作者

是无穷尽的。就是这一点诱惑了形式主义者。历史本来应该使他们清醒过来,结果却使他们更加固执地坚持他们最初的看法。

形式主义与文学批评

现在再就形式方法在文学批评中的作用说几句。

在形式主义发展的第一个阶段,文学批评占有重要的地位。那时他们的研究工作完全与他们现实的、有时是反映当前重大问题的文学批评相融合。就是到后来,形式主义者直接参加文学生活的愿望也很强烈。

恩格尔哈特完全正确地指出:"它(形式学派)的许多拥护者始终把参与当代文学放在首位,他们在制订客观地和抽象地研究诗歌的所谓形式成分的方法时,半无意识地把这些方法运用到批评方面。"[1]

形式主义者赋予他们的未来主义趣味以图式的形式,从而把批评引进了学术研究,把不好的学术观点引进了批评。

但是形式主义者的批评文章中最重要的因素,是他们的原则上的倾向性。

按照他们的意见,批评应是作家的喉舌,是一定艺术流派的代言人,而不是读者的喉舌。这样批评就失去了自己的功能,自己的主要作用——作为时代的社会要求和一般思想要求与文学之间的中介。

形式主义者作为批评家,他们不用艺术家能理解的和实质性的语言提出"社会订单",无批判性地评论已完成的"订货",却在学术研究和战斗性的文学倾向之间采取一种模糊的和荒谬的立场。因此他们一方面教给人们语言学,另一方面把未来主义的纲领强加于人,两种做法相互支撑。

当然这种情况是极不正常的,不能长久保持下去。现在看来,它已快到头了。形式主义者开始逐渐地站到读者和文学中间,尽管他们

---

[1] 恩格尔哈特:《文学史中的形式方法》,第116页。——作者

还想回到原来语言学与未来主义之间的位置上去。"列夫"正是由此产生的。未必需要强调指出,形式主义者并不掌握文学批评的真正的社会学前提。

结束语

在本书结尾不妨提出这样的问题:形式方法的历史意义如何?

今天在如何对待形式主义的问题上,历史任务是很清楚的。这任务就是:非形式主义者应进行无情的批判,而形式主义者本身应勇敢地、毫无畏惧地修正形式主义的所有基本原理。

但是,他们的理论过去有何意义?

对这个问题,我们将做完全另一种回答。形式主义总的说来起过有益的作用。它把文学科学的极其重要的问题提上日程,而且提得十分尖锐,以至于现在无法回避和忽视它们。尽管没有解决这些问题,但是他们的错误本身、这些错误的大胆和始终一贯,更使人们把注意力集中到提出的问题上。

因此,对形式主义置之不理或不在它本身的基础上加以批判,都是最不正确的做法。这两种做法只会导致妥协。学院派就是如此,最初他们对形式主义完全置之不理,现在却在寻找一半承认形式主义同时又不加理睬的根据。走向妥协的也有某些马克思主义者,他们过去从背后打击形式主义,而没有与它正面交锋。

我们认为,马克思主义科学也应感谢形式主义者,感谢他们的理论能够成为严肃批判的对象,而马克思主义文艺学的基础能在批判过程中得到阐明,变得更加坚实。

整个年轻的学科——马克思主义文艺学非常年轻——给予好的敌手的评价,应当比给予坏的战友的评价高得多。

李辉凡　张　捷　译

附：

现代活力论
——现代活力论的基本性质

一 生物学的三个流派

生命是什么？生物和非生物、有机物和无机物有什么区别？

如果我们向现代生物学家提出这个问题,会得到三种不同的回答。一些生物学家告诉我们:有机体当然是一种非常复杂的现象,它也正以这种复杂性区别于无机界的各种现象。然而,在生物体和非生物体之间并没有原则性的差异,因为是同样的物理和化学力支配着整个自然界,有机体连同它的一切表现整个地全都归结为这些基本的物理—化学力的活动。对科学来说,完成这一任务困难重重。事实上,用无机物的力的活动来解释所有的有机物现象,现代科学还无法做到。但这一难题原则上是完全可以解决的,这一点至少是不容怀疑的。

现代生物学家中一些人给我们做出了上述回答,这是所谓的机械论者。而另一些人的回答则不同。

生命和各种非生命现象的区别——所谓的活力论者的这一派告诉我们——不仅在于生命具有异常的复杂性,而且在本质上它是一种迥然不同的东西。生命自主独立,也就是说服从于自己独特的基本法则;在生命中起作用的,是非生物界所不具备的特殊的活力。当然,生命并不破坏各种物理和化学规律,但单靠这些规律无法全部地解释生命,因为在活的有机体中始终存在着某种生基(остаток),这种生基绝对不能被归结为物理—化学力的活动,它正是生物学家必须向我们解释的生命的独特本质,而物理学家和化学家对这一独特本质却束手无策。

活力论者的观点就是这样。但是,在现代生物学家中还有一些人代表第三种观点。

他们告诉活力论者和机械论者:用当代科学的各种手段全然不能解决我们的争端。或许将来确实可以将生命现象归结为物理—化学力的活动;或许这不可能。如果出现第二种情况,那将说明活力论者是正确的。但至少科学还没有解决把有机界归结为无机界的作用这一难题,毫无疑问,科学在目前也无法完成这一任务。我们无须为未来打保票,莫如坦白地承认:生物学的基本问题,即生命是什么,科学暂时还不能解决,莫如对生物生命力的一些个别的专门问题进行有效的研究,因为我们在这些专门领域具有坚实而可靠的基础。这样,我们至少会收集和准备必要的资料,以便将来能够使你们感兴趣的生物科学的基本问题得到解决。

也许在很多人看来,最后一种观点似乎最令人信服并且最符合科学的精神。尽一切可能不借助任何假设,反对脱离事实,反对无益的抽象推论,谨慎小心,善于经常把握可能的极限并相应地局限自己的任务——正是自然科学研究的这些特性,构成了自然科学的主要力量之所在。而且,真正的科学所以能取得巨大成就,恰应归功于上述的特性。如果从一开始就放弃对生命问题进行总体的和原则性的解决,而是把这个问题交给思辨的哲学家们,这样岂不是更符合科学的精神吗?

尽管第三种观点表面上似乎忠实于自然科学的精神,然而我们必须承认,这种企图在活力论和机械论的争论中保持中立的观点是根本站不住脚的,并且从一开始就不能令人接受。

本文将努力阐明这一点。评述中立论,能够使我们对生命问题本身做出更准确的表达,能够把这一问题摆到一个相应的正确的位置上。

二 生物学的方法问题

首先我们向中立论者提出这样一个问题:你们建议我们放弃研究有机体生命这个总体问题,转而研究生物学的一些专门问题,这很好。但是,我们应该用什么方法来进行这些局部的研究呢?我们进行这样或那样的观察,进行这种或那种实验,应该达到什么目的呢?我们是否应该在研究的现象中探寻各种因果联系、探寻为大家熟知的各种物理和化学规律,是否应该以此为目标来进行观察和实验?或者,我们从一开始就应该探究有机体生命的合理性和有序性,努力探索到"生命力",考察这种"生命力"在有机体内部的作用?显而易见,按照这样的方向、采用这样的方法进行研究,势必改变观察的方式,势必改变具体实验的方法。那么,究竟应该用什么方法进行生物学研究呢?

对这种纯粹从方法论角度提出的问题,必须做出确切的、不是模棱两可的和绝然的回答。这里自然不能提倡任何折中的方法,不能说:既要去探寻因果必然性又要去探寻合理性,既要去找物理—化学力又要去找活力;不管找到什么,都是好的。这种做法本身就等于说:不要进行任何的探索。科学家不能不是个积极主动者,因为虽然回答是由自然界的客观现实做出的,但问题是由科学家本人提出的(当然是在这一自然界的引导之下)。科学研究的方法不是别的,正是提出问题的基本方向。没有确定的方法,科学就不能存在。方法本身完全地决定着科学研究的具体的方法论,也就是说,决定科学工作的技术方面:研究时所使用的各种仪器的结构,使用这些仪器的方法,进行实验的技术等。

有关方法的中心问题,可以处于摇摆、小心摸索和某种不确定的状态中,但这仅仅是在某一科学发展的起始阶段。在这一初创阶段,科学还不能解释其所考察的各种现象的必然性,还不能人工地(实验)产生和改变这些现象;它不得不局限于对各种现象单纯进行描述和加以初步分类这种较为简单的任务。每一门科学都必须完成这种描述阶段,但不能停留在这一阶段上。任何一门科学的目的都在于解释所研究的各种现象发生和发展的必然性,就是说,认识支配这些现象的规律。而对自然科学来说,只有实验(在由实验室人为创造和变更的条件下任意产生和改变各种现象)是进行这种解释的保证。科学在其发展的这一高级阶段,才第一次能够实现自己伟大的实践宗旨——确立人在该现象领域的统治地位。

毋庸置疑,生物学已进入了科学发展的这种高级阶段。诚然,它的进入比物理学和化学这样的"兄长"科学要晚得多;诚然,迄今为止描述和纯描述性分类(分类学)在它的一些部门仍起着巨大的作用,而在它的某些领域(形态发生学)中实验只是刚刚出现①。尽管如此,生物学作为一门自然科学,其发展道路已一劳永逸地被确定了下来:既然它已经做出各种解释,并且进行着各种实验,那它便已经拥有自己的方法。所以,任何东西都不能阻碍人们清楚而明确地认识这一方法。介于机械论者与活力论者之间的中立论,根本谈不上有什么存在的根据。

我们不期待生物学现在就做出明确的回答,解释所有的生命现象,不期待并且不能期待完整而又全面地界定出什么是有机体。而且,任何一门科学都不能一劳永逸地规定自己的研究对象:须知这将意味着这门科学的终结,因为这意味着无处可以发展。对任何一门科学来说,全面完整地确定自己的对象,仅仅是永远推动科学而又永远无法达到的终极目标。如果从终极意义上理解生命问题,那么中立论

---

① 形态发生学中实验的出现(威廉·鲁及其学派),大概成了整个生物学研究中方法论问题尖锐化的原因之一。实验要求从事实验的学者发挥巨大的主动性,而如果不对基本的方法论问题做出明确的原则性解决,这是不可能做到的。值得指出的是,活力论的活跃正是以形态学为基础,与鲁的研究著作紧密相关,因为正是在这里,活力论者必须挽救和捍卫自己的立场。——作者

威廉·鲁(或鲁克斯)(1850—1924),德国生物学家,早期实验胚胎学的创始人之一。——译者

者当然正确,因为生物学不能给生命下一个完整的定义。但是,我们并不要求这一点,我们所问的是:科学如何解释有机体的生命现象(既然它已能够解释某些问题),科学认为什么可算是对各种生命现象的真正的科学解释,而什么不是这样的解释?机械论者回答:"只有物理—化学的、因果的解释才是科学的解释。"活力论者表示反对:"不仅仅是物理—化学的解释。真正生物学的解释不应如此,而是:各种有机体现象应归结为生命力的合乎目的的活动。"

在这场争论中,中立论是毫无立足之地的。如果在这场争论中不采取一种确定的立场,就连进行科学研究都不可能。

三 现代活力论的特点及其代表

活力论如同机械论学说一样,并不是今天才出现。在对有机体的理解问题上,早在古希腊就已经有了朴素的科学思想,可以很明确地区分成两大流派。有一派努力用一元论的观点解释整个世界:世界到处由同一种必然性所支配,处处存在着因果关系,一切都是机械地被预先确定了的。活的有机体,甚至于具有自己行为和历史的人,也无一例外:他们像整个无机界一样,服从于同样的法则。人作为特定的社会单位,其生命受他自己特殊的历史规律所支配。

另一派带有二元论性质:生物——首先是人——在世界上享有特权地位:随着生命的出现,世界舞台上便出现了一些新的力——目的、有序性、自由。针对所有活的生命体,特别是人的生命,人应给自己提出这样的问题:"为了什么目的""有什么目的",而不是"出于什么原因"和"有什么原因"。

希腊的活力论者,把动物有机体理解为人的类似物,而人在生命活动、社会交际中,则首先是一个伙伴:要与他斗争或与他并肩作战,指责他,赞美他,服从于他;那时对所有这些生命关系,都是从目的、自由、责任的角度加以理解的。在有目的的实践活动中形成的各种概念和方法,之后直接纳入到了对人和动物世界的理论认识领域中。

亚里士多德是第一位建立了生命活力理论的学者,虽然他的理论尚嫌幼稚,但非常一贯而且完整。正像我们所见到的,由他创立的一些基本术语至今还为活力论所沿用。

生物学思想的两大流派都跨入了新的时代。18 世纪和 19 世纪是活力论广泛统治的时期。在 17 世纪的开普勒、伽利略、笛卡尔和牛顿时代,活力论没有受到青睐。19 世纪下半叶,随着各种自然科学特别是化学领域取得辉煌成就,活力论几乎无人问津:它仿佛完全退出了舞台。然而,就在 19 世纪末和 20 世纪初,活力论再次复苏,显示出新的生机。

这一现代的、复兴的活力论,同 18 世纪和 19 世纪初的亲缘学说有着本质的区别(当然与古代活力论也有本质区别)。19 世纪的活力论可以称之为教条主义活力论,其代表人物关心的是如何借助"生命力""合理性"等来解释个别的具体现象。而在绝大多数情况下,他们对这种解释在原则上是否可行的问题根本不加以理会,因为他们不声不响地肯定了这种解释的可行性。一旦出现问题,那么这个问题的方法论原则仍然模糊不清。他们进行着下面这种幼稚的论证:我们不能确定活的有机体中的化学物质成分(所谓的"活物质"),不能在实验室人工制成这些活的物质,因此,根本无法从一般的化学和物理规律的角度理解它们,它们是由特殊的力创造而成的。或者,他们仅仅指出各种有机体的合理结构及其对环境的适应能力,举出了这方面的许多事实。

现代的活力论必须彻底地重新审视和评价自己的所有立场。旧活力论者们的幼稚的教条主义已根本无法被人接受。因此,我们可以把现代活力论称之为批判活力论,以区别于旧的活力论[1]。当然,我们这样做并非想说:活力论已经客观地变成批判性的了,我们没有这样认为。下面我们将会使读者确信,活力论就其本质来讲是无法克服教条主义的,也就是说,活力论归根结底只是一种个人信念,而绝不是具

---

[1] 新活力论最著名的代表杜里舒和伊克斯哥尔,把自己的学说与康德的批判唯心论联系起来。——原编者

有充分根据的科学认识。我们是在主观的意义上,把现代活力论称为批判性的活力论的,就是说,我们强调的仅仅是这样一个事实,即现代活力论的代表们都追求批判的态度,无论能否做到:也就是使自己的理论具有原则性的方法论形式,要努力考虑到机械论观点在生物学中的力量。新活力论的这一特点,是必须要指出来的。

在西欧,现代活力论最杰出的代表有德国生物学家和哲学家汉斯·杜里舒[1]、伊克斯哥尔[2]、莱茵克[3],心理学家斯特恩[4]以及哲学家哈特曼[5]与柏格森[6]。

我们上面列举的这几位代表人物,虽然他们的活力观有着共同的基础,却绝对没有形成统一的学派;他们当中几乎每一个人都有自己的学派,在许多问题(经常是极为重要的问题)上,相互之间存在严重的分歧。所以,根本谈不上有统一的活力论。

声望最高、实力最强的新活力论的代表人物是汉斯·杜里舒。他是作为一名优秀的实验胚胎学家开始从事科学活动的,他的一些关于实验胚胎学的论著曾在学术界起过举足轻重的作用[7],而目前他正讲授哲学。是活力论把他引上了哲学讲坛,下面我们可以看到,对活力论者来说这条道路是非常合乎逻辑的。

---

[1] 汉斯·杜里舒(1867—1941),德国活力论生物学家。——译者
    他的主要著作:《有机哲学》第1、2卷,1909年;《生物形态学概论》,1919年。他的著作译成俄文的有:《活力论》(А.Г.古尔维奇译)。——作者
[2] 伊克斯哥尔的主要理论著作:《理论生物学》,1920年。——作者
[3] 莱茵克的主要著作:《作为实在的世界》。——原编者
    莱茵克(1849—?),德国植物学家。——译者
[4] 斯特恩的主要著作:《人与物》。——原编者
    斯特恩(1871—1938),德国心理学家和唯心主义哲学家。1933年移居美国。——译者
[5] 在《生命问题》一书中哈特曼专门阐述了有机体生命的问题。——原编者
    哈特曼(1842—1906),德国唯心主义哲学家,非理性主义和唯意志论的现代学派的先驱者之一。——译者
[6] 柏格森主要在自己的著作《创化论》中论述了生物学的问题。——作者
[7] 汉斯·杜里舒在他早期的一些著作中曾赞成从物理—化学的角度来解释生命。——作者

杜里舒对活力论进行了最深思熟虑和最完整的论证。他重视机械论立场所具有的力量,没有接受他的前人和同时代人对活力论所做的任何一种论证,因为他认为,上述所有论证所依据的各种现象,原则上也可以用机械论来进行阐释。杜里舒寻找这样一种情况,那就是对有机体生命的种种表现根本不可能进行物理—化学的解释;那就是要能保证科学有它广阔的未来;那就是采用机械论的观点事实上不仅会劳而无获,并且会导致逻辑上的荒谬。但这种情况他并没有找到很多:在自己的主要著作《有机哲学》中,他对活力论或者按他的表述是生命自律(即生命的自主性、生活不能归结为物理—化学现象),只提出了四种例证。杜里舒向我们提出的,仅仅是最必要的、他认为已经完全无可争议的活力论的基本原理。这一切使他的研究和批评显得既非常适中又非常有效,因为我们不必陷入那些细枝末节而不知所措,同时在我们面前始终有一套研究问题的基本方法。此外,杜里舒没有像大多数活力论者那样用抽象和模糊的推理展开自己的论证,而是用具体的实验资料来进行,这些资料在科学性上是完全无可指责的,这样就更轻而易举地把似是而非的抽象推论与实际的实验资料区别开来。正因如此,我们下面的分析仅限于杜里舒的第一、三和四种论证[①],这样便足以达到我们的目的。

下面我们需要探讨一下生物学中哪个领域里展开了现代活力论的主要阵地。

四 机体调节(органическая регуляция)现象是现代活力论的重要基础

新活力论者主要依据的现象,通称为机体调节。

[①] 对第二种论证我们完全不加探究,因为这需要发生学方面的详细而专门的论证。——作者

调节指的是整个机体对某种损伤做出的反应，机体借助这种反应可重新恢复自己遭受破坏的完整性：这或者是遭受破坏的形式所应有的完整性（形态调节或再生作用），或者是遭受破坏的功能所应有的完整性（生理调节）。

如果把蚯蚓拦腰切断，那么经过若干时间，从其后半截将会长出器官完备的前半截。这样，毁坏形式的完整性重新得以恢复。这就是众所周知的一种机体调节情形（即再生情形，这种调节称为伤口愈合时的组织再生）。

水螅是最低级的一种腔肠动物，其特点是具有惊人的调节能力。这种小动物常见于我国淡水中，它呈管状，一端吸附于各种物体，另一端长着嘴和几条（一般为 6—7 条）长触手。把这种水螅任意截成几段，它都会把自己的被毁形状恢复成原样。

我们可以对水螅进行如下有趣的实验①。取两只水螅，将它们竖着剖开，平展在小薄板上，然后，把一只水螅叠放在另一只上面，并且用针把它们钉住。这种实验叫作植体（接体）(конплантация, сращивание)。经过若干时间，这两只水螅便会接植成一个有机体。通常在当天的傍晚（如果实验在早晨进行）就可获得一只完整的水螅，但它非常宽大，带有十二条触手，而不是普通的六条。在几天之内便可观察到这只植体水螅上发生的机体全面调节，这一调节过程极为有趣。

首先发生的是生理调节（功能的调节）。开始阶段，接植水螅的机能运转并不统一：仿佛一个机体中有两个机体在活动，譬如，每一组六条触手收缩时与另一组相互完全独立。一般在第二或第三天，触手的这种收缩功能逐渐协调：两组触手同时收缩，已经属于同一个动物体；它们很敏捷地捕捉水螅食用的水蚤，并把捕获的食物送入共同的口腔和胃部。这样，机体的功能已恢复正常。

接着进行形态调节（恢复正常形状）。经过一段时间后，有两条触

---

① 这一实验及下面的实验是已故教授伊萨耶夫进行的。见他的优秀著作《论机体调节》，载《列宁格勒自然科学研究者协会丛刊》第 33 卷 2 分册。——作者

手在根部开始靠近,并且最后连生在一起(也是在根部),形成一种叉状物——分叉触手。然后,分叉点逐渐移到触手顶端,支叉不断缩短,最后分叉点彻底消失:两条触手合成为一条具有普通形状的触手。这样,在我们实验的水螅上十二条触手现在变成了十一条。然后在另一对触手之间发生同样的合并过程,接着是第三对、第四对,等等,直至最后合并成六条(即该生物正常形状的触手数)。机体的正常形态就是这样恢复的。

然而,还可以进行更令人吃惊的植体实验。取几只水螅(三至五只),将它们切成极小的碎块,用滚针搅乱这些碎块并把它们混成一小团活物质。

这个失形的小团在第二天便开始了机体调节的强大反应。最初所有触手向外张出,接着在小团表面聚合起属于外胚层(外层)的所有碎块,而属于内胚层(内层)的碎块向小团内部潜移,并且开始占据通常的位置。然后,混聚在小团周围的各个水螅开始分化:形成具有同一中枢的水螅群体。在实验的这一阶段,整个实验物就像一只多头的勒耳那水蛇①。的确,如果我们切去实验物的头部,它们将会重新长出来(组织再生),完全像神话中的怪物。在以后的调节过程中,群体中的各只水螅进一步分化,获得正常的形状,并在最后彼此分离开来。

这次实验成功地恢复了有机体的完整形状,而且发现有机体在维护自己的整体性和物种典型性时,表现出极度的顽强和灵活;这些都比第一次实验更令人惊叹不止。

这就是有机体的调节。

现在读者已能清楚地了解到,现代活力论者怎样在有机过程的基础上,巩固了自己的基本的阵地。

凌建侯 译

---

① Лорнейская гидра 即 Лернейская гидра:勒耳那水蛇。希腊神话中的九头怪蛇,住在勒耳那大沼,威力无穷,头被砍断,会重新长出来。——译者

题　注

《学术上的萨里耶利主义》

本文最初发表在列宁格勒《星》杂志(1925年第3期)上,署名 П.Н.梅德维杰夫。他是巴赫金周围青年哲学研究者的重要一员。巴赫金等人早在维捷布斯克时期便接触形式方法的著述。1924年初巴赫金迁居列宁格勒后,小组重又积极开展学术活动。此文就是小组针对形式方法问题发表的第一篇文章,反映出巴赫金等人的基本观点和立场,与巴赫金早期著作的思想一脉相承。

《评托马舍夫斯基著〈文学理论(诗学)〉》

本文最初发表在列宁格勒《星》杂志(1925年第3期)上,署名 П.Н.梅德维杰夫。

《评奈菲尔德著〈陀思妥耶夫斯基(精神分析概述)〉》

本文最初发表在列宁格勒《星》杂志(1925年第3期)上,署名 П.Н.梅德维杰夫。

《评什克洛夫斯基著〈散文理论〉》

本文最初发表在列宁格勒《星》杂志(1926年第1期)上,署名 П.Н.梅德维杰夫。

《缺乏社会学的社会学观点》

本文最初发表在列宁格勒《星》杂志(1926年第2期)上，署名 П.Н.梅德维杰夫。

《文艺学中的形式方法》

本书出版于1928年，署名 П.Н.梅德维杰夫，列宁格勒。

本书据美国纽约白银世纪出版社1982年版译出。1989年由漓江出版社出版，现经译者校译，收入本集。原《出版说明》作为附录，供读者参考。

附录

出版说明

米哈伊尔·米哈伊洛维奇·巴赫金的名字在全世界研究符号学的学者中间享有很高的声誉。这是因为，当代符号学的许多理论原理同巴赫金早期著作中表达的思想非常接近。在这些著作中他批判了诗语研究会有关"自在的语言"的学说，并把词看作是一种多方面的意识形态的符号。但是，词——符号并不是永远能够用作基本的含义单位的。因此，巴赫金提出一种具有严整的硬性结构的话语来作为这样的单位。可见，这位学者更感兴趣的并不是词这种语言单位的相互关系，而是表述这种意义单位的相互关系①。

M.M.巴赫金的著作不仅使符号学家，而且也使文艺学家、民俗学家、人类学家、心理学家感到浓厚的兴趣。很有意思的是，巴赫金在半个多世纪以前提出的许多思想，却只是在不久前才汇入世界科学的主流。这可能有两个原因：第一，大概是这位学者超越了自己的时代，当

---

① 在伊万诺夫的《M.M.巴赫金关于记号、话语、对话的思想对现代符号学的意义》一文中可以看到对巴赫金的思想的详细叙述。《关于记号体系的著作》第6卷，塔尔图，1973年。——原编者

时的科学还没有"成熟到"能够理解他的思想的程度。第二,巴赫金学术活动成果的归属问题搞得很乱,几乎像是侦探故事一样扑朔迷离,关于这一点下面将要谈到。

巴赫金1895年出生在奥勒尔城,毕业于圣彼得堡大学,在涅维尔和维捷布斯克工作过,1924年迁居列宁格勒。30年代初,巴赫金在西伯利亚与哈萨克斯坦交界的库斯坦奈市"定居"(照 B.B.柯日诺夫的说法),只是在1937年他才有机会迁到莫斯科近郊的吉姆雷城。战后,巴赫金在莫尔多瓦的萨兰斯克大学主持俄国和外国文学教研室,并继续从事学术活动,1969年退休后迁到莫斯科,1975年辞世。

20、30年代和战前尽管是巴赫金工作成果最多的时期,但用他的名字发表的却只有《陀思妥耶夫斯基创作问题》(列宁格勒,1929年)。成书于30年代初的重要著作《长篇小说话语》直到1975年才得以发表。论拉伯雷的专著在1940年就已经完成,曾于1946年作为学位论文提出,也被束之高阁,直至1965年①。20年代巴赫金还写有三本书和一些学术论文,它们在当时也已经问世,不过……却是用别人的姓名发表的——不是用的假姓名,而是用的实有其人的姓名:文艺学家 П.Н.梅德维杰夫②和维捷布斯克音乐学院教师 B.H.沃洛希诺夫③。哪怕是作为这些著作的合作者的作者,也从未提及 M.M.巴赫金。

我们不知道这种"骗局"的确切原因。不过,未必能够同意美国学者 A.沃勒(《形式方法》的英译者)的意见。他认为,改名换姓的事件的发生,是由于当时新经济政策时期笼罩着整个国家,包括巴赫金周围的"狂欢节的"气氛,也由于作者对形形色色的"非正式的"创作的偏爱。原因多半是实际性质的,而不是文学性质的。30年代初从列宁

---

① 基本的传记资料引自 B.B.柯日诺夫和 C.C.孔金的《米哈伊尔·米哈伊洛维奇·巴赫金》一文。收在论文集《诗学与文学史问题》一书中,萨兰斯克,1973年。——原编者
② П.Н.梅德维杰夫:《文艺学中的形式方法》,列宁格勒,1928年。——原编者
③ B.H.沃洛希诺夫:《弗洛伊德主义》,莫斯科—列宁格勒,1927年;《马克思主义与语言哲学》,列宁格勒,1929年;《论文集》,1926—1928年。——原编者

格勒"迁到"库斯坦奈的贵族巴赫金可能不能或不愿意越出纯文学活动的范围,不能或不愿意进入与意识形态密切相连的领域。

只是在60年代,即中断了三十余年之后,巴赫金的著作才重新在出版界出现。在70年代,他的早期著作才恢复了这位学者自己的名字。考察一下这一过程的发展(从胆怯地暗示到直接地肯定巴赫金是作者)是很有意思的。1970年底莫斯科大学为这位学者举办了七十五岁生日纪念会,О.Г.列夫济娜在这次会议的总结中写道:"在20年代末,М.М.巴赫金提出了一系列新的思想……这些思想反映在当时的一系列出版物之中。"①在注脚里列举的书籍有署名为 В.Н.沃洛希诺夫和 П.Н.梅德维杰夫的《弗洛伊德主义》《马克思主义》和《形式方法》②在这篇短文的稍后部分里,О.Г.列夫济娜为了回避作者问题,使用一种模糊的说法:"故而可以看出,早在20年代,心理分析的文学符号性质就已经被发现了……"在注脚中举出的书是署名沃洛希诺夫的《弗洛伊德主义》。这样,读者就该自己得出结论,这些反映了巴赫金的思想的出版物是谁的,又是谁"发现了心理分析的文学符号性质"。一方面,这些注脚好像在指出 П.Н.梅德维杰夫和 В.Н.沃洛希诺夫是作者;另一方面——文章的上下文又把这些出版物同巴赫金的名字紧密地联系在一起。既然这个时期没有用 М.М.巴赫金的名字发表过任何一部著作,那么,他又能在什么地方"提出一系列新思想"呢?

В.В.柯日诺夫在自己的一篇概述中企图调和这个矛盾。原来,"М.М.巴赫金并不急于发表自己的研究成果",他不过喜欢与自己的朋友 П.Н.梅德维杰夫和 В.Н.沃洛希诺夫交谈,于是,"在这种交谈的基础上……后来便形成了一系列文章和书"。但是,甚至在这里,我们也能看到其模糊的无人称的说法:不是沃洛希诺夫和梅德维杰夫写出了一系列文章和书,而是"形成了一系列文章和书"。是在谁那里形成

---

① 《语言学问题》,1971年第2期。——原编者
② 即《马克思主义与语言哲学》和《文艺学中的形式方法》。——编者

的,却没有具体说出来,虽然与 O.Г.列夫济娜的短文有所不同:上下文指的是沃洛希诺夫和梅德维杰夫。

同是在1973年,塔尔图大学的学报刊登了伊万诺夫的一篇研究巴赫金创作对当代科学的意义的大文章。这篇文章乃是伊万诺夫在上面提及的1970年莫斯科大学举办的会议上宣读过的报告文本的扩充。就是在这个报告里直接地肯定了由 П.Н.梅德维杰夫和 B.H.沃洛希诺夫署名发表的这些著作的基本文本实际上是 M.M.巴赫金的,而他的"学生们……对这些论文和书只是做了一些文句上的增补和个别章节的改动"。从这个时候起,巴赫金是作者这一点好像自然而然地被认为是(至少被苏联作家认可)毋庸置疑的事实了。C.Г.鲍恰罗夫在给巴赫金的文章《作者问题》写的前言里,把《形式方法》《马克思主义》等作为 M.M.巴赫金的著作来引用时,甚至没有提及沃洛希诺夫和梅德维杰夫①。也是他在为巴赫金的著作选《话语创作美学》(莫斯科,1979年)所做的注释里重申了伊万诺夫的论点:《弗洛伊德主义》《马克思主义》和《形式方法》……的基本文本是属于巴赫金的。应当再补充一点,A.沃勒在《形式方法》美国版的前言里引用 B.B.柯日诺夫的话。B.B.柯日诺夫曾通告说:巴赫金在临死前签署过一个文件(此件现在保存在全苏版权协会里),在这个文件中巴赫金宣布自己是上述著作的作者,并请求在重版上述著作时,用他的名字。

可见,著作出于巴赫金的手笔这一点看来是不会引起任何怀疑的。但是在这件事情中却有一些令人警惕的因素。这种假托的做法本身对于俄国科学界传统的学院派性格来说,是并不完全正常的。至于谈到20年代末知识分子的情绪,那么,尽管是新经济政策时期,它也并不是 A.沃勒所想象的那种"狂欢节式的"。关于这一点,可以根据 Ю.奥列沙的长篇小说《嫉妒》或根据属于最接近巴赫金的圈子的K.瓦吉诺夫的散文作品加以判定。因此,作者姓名的更换,多半是迫于绝不是游戏性质的而是社会政治性质的情势。这种解释,即使不是

---

① 《哲学问题》,1977年第7期。——原编者

首先会被想到，那么无论如何也会与其他情况一样被想到。为什么要翻旧账，挑起多余的问题，为不同解释制造根据呢？我们以为，恢复真相和公正的自然意向在这里只起次要的作用。这是在60年代；正当再版论陀思妥耶夫斯基的书(1963)、出版论拉伯雷的专著(1965)、发表为数众多的论文的时候，使一切都正常起来，正是时候。但是，为了这却还得用上十年左右的时间，只是在70年代，当"纠正错误"的时髦早已过去之后，才开始出现关于巴赫金的著作权的声明。关于这种不及时的行为的解释，应当到诸如苏联科学的威望、优先权这些概念的范围中去寻找。巴赫金的著作和论文在60年代发表之后，学者的名字不仅在苏联，而且在西方赢得了广泛的声誉。因此，给这一声望增添一分首先发现者(如前所述，巴赫金在20年代提出的思想对当代符号学的许多原理都预先想到了)的光荣的想法，可能是很有诱惑力的。在西方，实际上谁也不知道 В.Н.沃洛希诺夫和 П.Н.梅德维杰夫，不把作者姓名改回来，这些思想连同这些思想的优先权就可能不名誉地被人们完全忘记。在这种情况下，显然必须寻找争取恢复巴赫金著作权运动的根据。属于对立学派①的一些知名的苏联学者也是出于这一点而普遍地在口头上和文字上捍卫这位杰出学者的著作权的。

尽管这一运动的这种内情在我们看来是最有可能的，但我们却没有任何理由怀疑苏联学者在直接地篡改事实，怀疑他们的论点和声明的真实性。在此种场合下，只不过是一种得到实现的"两全其美"的稀有机缘罢了，即既可以服务于祖国，同时又可以恢复正义。

《现代活力论》

此文最早发表在《人与自然》(*Человек и Природа*)杂志(1926年第1、2期)上，署名是 И.И.卡纳耶夫。1975年11月3日，И.И.卡纳耶夫亲自给负责编辑巴赫金著述的 С.Г.鲍恰罗夫写信说："这篇文章

---

① 莫斯科大学的结构主义者和团结在《语境》年刊周围的反结构主义流派的一群学者。——原编者

完全是М.М.巴赫金写的,我只是给他提供了文献资料,并帮助在刊物上发表,我同刊物的编辑部熟悉。"由于文章涉及的完全是生物学的问题,所以在收入本集时做了删节。И.И.卡纳耶夫(1893—1983)是巴赫金好友,生物学家。